KB235976

Classic Devotions Edited for Today's Reader

Teach Me to Pray
Andrew Murray

BETHANYHOUSE
Minneapolis, Minnesota

ANDREW MURRAY

앤드류 머레이 의

기도

김병제 옮김

도서출판 누가

앤드류 머레이의 **기도**

· 초판 1쇄 발행 2003년 7월 15일
· 초판 3쇄 발행 2004년 2월 15일

· 지은이 앤드류 머레이
· 옮긴이 김병제
· 펴낸이 정종현
· 펴낸곳 도서출판 누가

· 등록번호 제 20-342호
· 등록일자 2000. 8. 30.
· 서울시 동작구 노량진 2동 311-29(2층)
· Tel (02)826-8802, Fax(02)825-0079

· 정가 11,000원
· ISBN 89-89344-36-0 03230

· 파본은 교환해 드립니다.
· 이 출판물은 저작권법에 의해 보호를 받는
  저작물이므로 무단 복제할 수 없습니다.
· 독자의 의견을 기다립니다.
· www.lukevision.co.kr
· luke@lukevision.co.kr

· 미주지역 총판
  JOY 기독백화점
  3170 W. Olympic Bl., #E, L.A., CA 90006
  Tel:(323)766-8793
  Fax:(323)766-8796

앤드류 머레이는 1828년 남아프리카에서 출생하였습니다. 스코틀랜드와 홀랜드에서 교육을 받고 다시 남아프리카로 돌아온 머레이는 거기서 목사와 선교사 생활을 오래 합니다. 그리스도의 보혈, 겸손, 하나님의 치유, 하나님을 섬김 등의 경건서적으로 잘 알려져 있습니다.

Teach Me to Pray
Copyright © 1982, 2002
Andrew Murray

Newly edited and updated for today's reader by Nancy Renich.
Formerly published under the titles *With Christ in the School of Prayer* and
The Believer's School of Prayer

Cover by Amos/Smith Photography

Published by Bethany House Publishers
A Ministry of Bethany Fellowship International
11400 Hampshire Avenue South
Bloomington, Minnesota 55438
www.bethanyhouse.com

Printed in the United States of America by
Bethany Press International, Bloomington, Minnesota 55438

Library of Congress Cataloging-in-Publication Data
Murray, Andrew, 1828-1917.
    Teach me to pray : classic devotions edited for today's reader / by
Andrew Murray. — Rev. and updated.
        p. cm.
Rev. ed. of: The believer's school of prayer. 1982.
    ISBN 0-7642-2596-0 (pbk.)
    1. Prayer—Christianity. I. Murray, Andrew, 1828-1917. Believer's
school of prayer. II. Title.
    BV210.3 .M875   2002
    248.3'2—dc21   2002002803

　　"내 안에 거하라"는 명령과 연관된 주님의 온갖 약속 중에 "무엇이든지 원하는 대로 구하라 그리하면 이루리라"는 약속처럼 귀한 것이 없습니다(요 15:7). 물론 주님 안에 온전히 거한다는 걸 생각하면 "내가 이미 얻었다 함도 아니요 온전히 이루었다 함도 아니라"는 고백이 절로 나오지만 말입니다(빌 3:12). 주님 안에 거함으로써 하나님과 함께 하는 능력이 생기는데 이는 사람이 얻을 수 있는 가장 고귀한 것이라 하겠습니다.

　　그리스도를 닮는 일 중에서도 아버지 앞에서 항상 살아 간구하시는 그리스도의 사역, 즉 주님의 중보 사역에 동참함으로 그분을 닮는 일처럼 크고 영광된 일은 달리 없습니다. 우리가 그리스도 안에 거하고 더욱 그분을 닮아갈수록 그리스도의 대제사장의 생명이 우리 안에서도 살아 활동하게 되며, 우리의 삶이 더욱 그리스도의 삶을 닮아갈수록 우리도 남을 위해 기도하게 되는 것입니다.

　　"저희로 우리 하나님 앞에서 나라와 제사장으로 삼으셨으니 저희가 땅에서 왕 노릇하리로다"(계 5:10). 왕이나 제사장에게서는 권세와 영향력, 축복이 흘러나오는 법입니다. 즉 왕으로서 아래로 권세를 나눠주고, 제사장으로서 위로 기도하여 응답을 얻어냅니다. 우리의 복되신 제사장-왕이신 예수 그리스도를 보면 왕으로서 그분의 권세는 "자기를 힘입어… 온전히 구원하실 수 있으니 이는 그가 항상 살아서 저희를 위하여 간구하심"이라는 그분의 제사장 되심에서 나온다는 사실을 알 수 있습니다(히 7:25). 이 사실은 제사장으로서 왕 노릇해야 할 신자들에게 이르러서도 마찬가지입니다. 중보의 사역을 통해서 교회는 최상의 권세를 발휘하는 것이지요. 중보 사역을 통해서 교회의 구성원들은 하나님과 사람 모두를 향한 권세를 지녔고 이를 발휘했던 이스라엘의 영적 후손임이 입증되는 것입니다.

이 책을 쓰게 된 까닭은 신자들이 기도가 그리스도인 생활에서 차지하는 위치와 권세가 무엇인지 잘 모르고 있다는 생각에서였습니다. 기도를 그저 자신의 신앙생활만을 위한 수단으로 삼는다면, 이는 기도가 본래 어떤 것이어야 하는지 모르는 소치입니다. 하지만 기도가 우리에게 맡겨진 가장 중요한 사역이요 다른 온갖 일이 다 여기에 뿌리를 두고 여기서 힘을 얻어야 하는 것임을 안다면, 제대로 기도하는 법을 알고 실행에 옮기는 일보다 더 중요한 일이 어디 있겠습니까?

주님께서 기도를 단계적으로 가르치시고 또 지상 생애 마지막

날 밤에 우리가 해야 할 일 및 맺어야 할 열매와 관련해 굉장한 약속을 주셨는데(요 14:16), 그 가운데 한 가지 분명하게 드러나는 사실이 있습니다. 즉 교회가 중보 사역이라는 거룩한 사명에 헌신해야만 그리스도의 권세를 드러낼 수 있다는 사실입니다. 그러므로 하나님께서 이 책을 도구 삼아 하나님의 자녀들이 하나님이 주기 원하시고 또 연약한 세상이 목마르게 기다리는 권세와 영향력을 발휘할 수 있게 되길 기도드립니다.

아버지께서는 믿음의 기도를 듣기 원하시며 예수의 이름으로 구한 무엇이나 들어주고자 하십니다. 그런데도 우리는 하나님의 크신 사랑과 약속을 멋대로 한정짓고 있습니다. 주님의 말씀은 그렇게 단순하고 분명하건만 우리는 말씀을 그렇게 읽지 못하고 무언가 임의로 덧칠하면서 읽는다 그 말입니다. 이제 교회는 기도 응답이 하나님의 뜻이라는 사실을 다시 배워야 합니다! 기도 응답을 진정으로 믿는 이에게 하나님께서 어떤 일을 행하시는지 우리는 아직도 제대로 모릅니다. 하나님은 기도를 들어주신다고는 누구나 말하지만 정작 그 의미를 제대로 모르고 그 힘을 온전히 체험하는 이는 드문 형편입니다. 하지만 누가 이 책을 읽고 주님의 약속을 말 그대로 단순하게 받아들이자고 마음먹는다면 제 목적은 달성되는 것입니다.

그리스도가 우리의 생명이라는 사실을 온전히 깨달았기 때문에 말할 수 없는 축복을 누리며 산 사람들이 많습니다. 그리스도는 우리의 전부요 모든 것이 되셔야 할 분이기에 우리의 존재와 활동에는 오로지 그리스도가 필요하다는 사실을 이들은 알았던 것이지요. 어떻게 이 진리를 기도생활에 적용하느냐 하는 것이 이제 우리의 과제입니다. 믿음을 갖고 기도하기가 힘들다고 불평하고 기도로 무언가 이뤄본 일도 드물다고들 불평합니다. 그러나 예수께서 친히 우리에게 기도를 가르쳐주기 원하십니다. 하늘에서 그분은 항상 살아 우리를 위해 간구하고 계십니다. 우리 안에 있는 그리스도의 생명도 늘 기도하는 생명입니다. 우리가 그분을 신뢰하고 맡기기만 하면 알게 됩니다. 그리스도는 명령과 가르침, 약속을 통해서도 가르치시지만 무엇보다 그분 자신이 늘 살아 기도하시는 중보자이심을 드러냄으로써 가르치십니다. 이 점을 믿고 주님 안에 거하여 기도생활을 한다면 제대로 기도하지 못하며 산다는 두려움은 이내 사라지게 될 것입니다. 그리고 기도를 가르쳐주실 뿐만 아니라 우리 기도의 생명과 힘 그 자체가 되어주시는 주님을 기쁨과 승리감으로 더욱 신뢰하게 될 것입니다.

부디 하나님께서 눈을 열어주시어 우리를 제사장으로 성별하

시어 맡기신 중보 사역이 무엇인지 보게 해주시길 빕니다. 그리
고 우리 기도가 얼마나 큰 영향력을 품을 수 있는지 깨닫게 하시
고, 예수께서 우리 안에 늘 살아 우리를 위해 간구하심을 깨닫
게 됨으로써 소명을 감당하지 못할까 두려워하던 모든 것이 사
라지게 되길 기도합니다.

-앤드류 머레이

차례

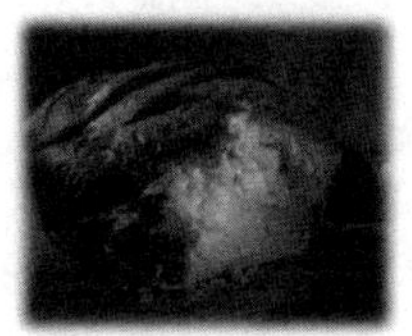

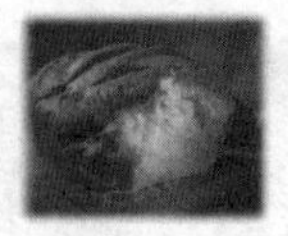

1장
유일한 스승

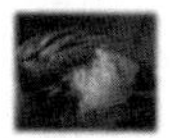

그리스도와 함께 지내면서 제자들은 그분이 기도하시는 모습을 자주 보게 됩니다. 그리고 그분의 활동과 기도는 서로 밀접한 관계가 있다는 사실도 깨닫게 됩니다. 그리고 기도라는 영역에 있어 그분만한 스승이 없다고 믿게 됩니다. 그래서 제자들은 그분께 와서 "주님, 저희에게 기도를 가르쳐 주옵소서" 하고 청하게 된 것입니다. 아마 제자들은 그럴 수만 있다면 오늘날 우리에게 기도에 관한 한 그리스도의 가르침을 능가할 만한 것은 없다고 자신 있게 말해줄 것입니다.

오늘 누가복음 이야기를 보니 제자들은 자기 스승을 찾아와 전에도 몇 번 청했을 내용을 청합니다.

주님, 저희에게 기도를 가르쳐 주옵소서

사실 그리스도인으로서 성장해갈수록 주님께서 늘 중보자로서 변함이 없는 분이라는 사실이 얼마나 위안이 되는지 모릅니다. 그리고 나 자신도 "그리스도와 같은" 중보자가 되고 싶다는 열망이 생기지요.

주님께서 우리를 위해 늘 기도하신다는 사실을 알게 되고, 또 그분처럼 기도하고 가르칠 수 있는 이가 달리 없음을 생각할 때, 우리도 제자들처럼 "주님, 이제 저희에게 기도를 가르쳐 주십시오" 할 수밖에 없습니다. 더구나 주님이 우리의 생명 그 자체이심을 생각한다면 마땅히 그렇게 청해야 합니다. 그러면 주님은 기꺼이 우리를 가까이 이끄시어 당신과 더 깊이 사귀며 당신처럼 기도할 수 있도록 가르쳐 주십니다.

그러므로 이제 우리도 제자들처럼 주님께 "기도를 가르쳐 주옵소서" 하고 간청합시다. 이때 간청의 말을 마디마디 곱씹어 본다면 그 의미를 충분히 깨달을 수 있을 것입니다.

먼저 기도는 배워야 한다는 것입니다. 기도는 단순해서 어린아이라도 할 수 있지만, 또한 사람이 할 수 있는 가장 고귀하고 거룩한 일입니다. 보이지 않는 분, 그러나 가장 거룩하신 존재와 사귀는 것이 기도입니다. 영원한 세계의 힘이 이 기도에 따라 우선순위가 달라집니다. 참된 종교의 본질이 바로 여기에 있습니다. 온갖 축복과 능력, 생명의 비밀이 전달되는 통로가 기도인 것입니다. 하나님은 기도로 하나님과 그분의 능력을 맛볼 수 있는 권리를 누구에게나 허락하셨습니다. 약속이 성취되길 기다리는 자리, 왕국이 도래하길 기다리는 자리, 또 하나님의 영광이 온전히 드러나길 기다리는 자리가 곧 기도입니다.

그러나 알다시피 우린 너무나 연약하고 이 거룩한 일에 합당하지 못한 존재입니다. 하나님의 영만이 기도를 기도답게 만들어 주십니다. 그런데 우린 얼마나 허울 좋게 기도의 형식에만 매달리고 정작 기도의 능력을 잃고 마는지 모릅니다! 어릴 때 받은 교육이나 교회의 가르침, 습관, 감정의 발동 등으로 해서 정작 영적 힘은 없는 기도를 할 수도 있습니다. 참된 기도, 즉 하나님의 능력을 붙들고 천국 문이 활짝 열린 그런 기도는 제대로 배워야만 "누가 나에게 제대로 기도하는 법을 가르쳐 줄까!" 하고 탄식하지 않게 됩니다.

주님은 능력 있는 기도를 제대로 하기 원하는 그리스도인들을 위해 기도학교를 열어주고 계십니다. 그러니 우리도 이 기도학교에 입학해 "주님, 배울 것을 배우게 하소서, 그리고 제대로 기도할 수 있도록 가르쳐 주소서" 청하도록 합시다.

주님, 저희는 말씀을 통해 옛날 구약의 백성들이 기도의 힘을 믿었으며 또 놀라운 이적이 기도의 응답으로 일어났다는 사실을 배웁니다. 옛 계약의 시대, 즉 준비 시대에도 그런 일이 일어났다면, 이 성취의 시대에는 주님이 우리 가운데 계시다는 확실한 징표가 더 많이 일어나야 하지 않겠습니까! 주님께서 사도들에게 당신 이름으로 드리는 기도에 어떤 능력이 따를지 약속해 주신 말씀도 읽습니다. 저희에게도 같은 약속을 주시는 줄 압니다. 과연 주님께 온전히 믿고 맡기는 이들에게 주님 영광과 능력의 징표가 나타났다는 이야기는 오늘날에도 그치지 않고 들려옵니다. 저희에게 한결같은 소원이 있습니다. 즉 저희도 그들처럼 기도할 수 있게 가르쳐 달라는 소원입니다! 주님의 약속은 그들에게나 저희에게나 한결같사오니 저희도 응답 받는 기도를 드릴 수 있도록 가르쳐 주소서! 주님께서는 주님의 일을 저희에게 맡기셨습니다. 주님 나라가 임하는 문제가 이제 저희 기도에 달려 있사옵니다. 그러니 주님, 저희 기도로 주님의 이름을 영화롭게 하소서! 그렇습니다, 주님. 이제 나를 드려 배우고자 합니다. 바로 주님을 배우고자 합니다!

얼른 생각하면 세상에 기도처럼 간단한 일도 없는 것 같습니다. 그런데 이 간단한 일이 갈수록 배우지 않고는 제대로 할 수 없다고 느껴집니다. 그리고 나중에 가서는 세상에 이렇게 어려운 일도 달리 있을까 생각하게 됩니다. 정말 어떻게 기도해야 할지 모르겠다는 고백이 우리 입술에서 나올 수밖에 없습니다. 물론 하나님의 약속은 분명하지만, 죄가 우리 마음을 어둡게 해서 그 약속의 말씀들을 어떻게 적용해야 좋을지 혼란스럽습니다. 영적인 일에 이르러 우리는 가장 중요한 것을 구하지 못할 때도 많고, 기도라는 거룩한 성역의 법칙을 따라 제대로 기도하지 못할 때도 많습니다. 그러니 지나갈 세상의 일을 놓고서 아버지께서 주신 기도의 자유를 따라 필요한 것을 얻으며 살지 못합니다. 설령 무엇을 구해야 할지 아는 경우라도, 그 기도가 실제로 응답 받는 기도가 되게 하는 일은 또 다른 문제입니다. 하나님의 뜻에 완전히 복종해서 믿음의 확신을 갖고 예수의 이름으로 드리되 결코 중간에 좌절하지 않는 인내로써 하나님께 영광을 드려야 응답을 받을 수 있습니다. 이 모든 것은 배워야 합니다. 그리고 이 배움은 오로지 많이 기도하는 중에만 얻을 수 있고, 부단한 연습을 통해서만 완성될 수 있습니다. 나는 제대로 모른다, 또 무가치하다는 생각과 고통스럽게 씨름하면서, 믿음과 회의를 오가면서 응답 받는 기도라는 천상의 예술을 배우게 된다 그 말입니다. 자주 잊어버리지만 우리 믿음과 기도의 시작이요 끝이신 분이 계셔 우리 기도를 살피십니다. 또 이분을 믿는 사람은 누구나 다 이분의 기도 학교를 통해 배워야 완성에 이를 수 있습니다. 그러므로 기도할 때는 그 바탕에 나는 무지하다는 고백과 주님만을 완전한 기도의 스승으로 신뢰하는 겸손함이 흘러야 합니다. 그래야 제대로 배울 수 있습니다. 능력 있는 기도는 그렇게 배운다는 말입니다. 우리가 내내 잊지 말고 붙들어야 할 것이 있습니다. 즉 주님이 친히 우리에게 기도를 가르쳐 주신다는 사실입니다.

배우는 학생은 자기 일의 성격을 잘 알뿐만 아니라 가르치는 재능도 있어서 학생의 수준에 맞게 인내와 사랑으로 이끌어 줄 수 있는 교사를 만나야 합니다. 예수께서 바로 그런 교사이십니다. 아니 그 이상이시지요. 그분처럼 가르칠 수 있는 이가 없습니다. 예수는 자신도 기도하는 분으로서 우리에게 기도를 가르쳐 주십니다. 그분은 기도가 무엇인지 아는 분이십니다. 지상 생활의 온갖 시련과 눈물을 거쳐 그분은 기도를 배우셨습니다. 천상에 오르신 후에도 기도는 여전히 그분이 가장 기뻐하시는 일입니다. 즉 중보의 기도가 주님의 천상 생활이라는 말입니다. 아버지의 품안에 함께 있을 사람을 찾아내는 것보다 더 주님을 기쁘게 하는 일은 없습니다. 주님은 그 사람도 기도의 능력으로 덧입혀 주변 모든 이들에게 하나님의 복이 내리게 하는 기도자로 삼으십니다. 또 그 사람을 훈련시켜 당신과 함께 중보의 동역자가 되게 하시어 하나님의 나라가 이 땅에 드러나게 하십니다. 주님은 긴박한 위기를 통해서도 기도를 가르치시고 기쁨에 찬 일을 통해서도 기도를 가르쳐 주십니다. 말씀을 통해서, 또 기도의 응답이 어떤 것인지 체험한 사람들의 간증을 통해서도 가르쳐 주십니다. 주님은 성령으로 우리 마음에 찾아오시어 우리에게 어떤 죄가 있어 기도를 막고 확신을 갖지 못하게 하는지, 왜 하나님을 기쁘게 해드리지 못하는지 일깨워 주십니다. 또 무엇을 어떻게 구해야 할지 생각나게도 해주시지만, 무엇보다 주님은 친히 우리 안에서 기도의 호흡을 함께 하시며 중보자로 내주하여 가르쳐 주십니다. 그러니 이 사실을 알 때 우리는 놀라움과 기쁨으로 "주님처럼 가르쳐 주실 수 있는 분이 어디 있습니까?" 고백하지 않을 수 없는 것입니다.

주님은 제자들에게 설교하는 법을 가르치지 않고 기도하는 법을 가르치셨습니다. 하나님께 말씀드리는 법을 배우는 것이 사람에게 말하는 법보다 훨씬 중요하기 때문입니다. 가장 중요한 것은 사람이 아니라 하나님과 함께 하는 능력이기 때문입니다.

주님께서 하신 말씀을 묵상할 때 무엇보다 기도에 관해 가르치신 내용을 특별히 눈여겨 살펴보시기 바랍니다. 주님과 같은 기도의 스승에게는 정말 잘 배울 수 있으리라는 기대감을 가지고 말입니다. 그리고 묵상만 하지 말고 기도도 함께 하면서 보좌 앞에 엎드려 중보사역을 제대로 훈련받도록 기대해 봅시다. 비록 더듬거리는 기도라 하더라도 중보자 주님은 내 기도를 통해 당신의 일을 아름답게 이루시리라 확신하면서 말입니다. 주님이 우리 안에 당신의 생명을 불어 넣어주시는 것이 바로 기도입니다. 그분이 우리를 이끌어 당신의 의로움과 생명의 자리에 들어오게 하신다는 말은 곧 주님의 중보사역에 우리도 동참하게 된다는 말입니다. 그리스도의 몸의 지체로서 또 거룩한 제사장으로서 우리도 인간을 위해 늘 하나님께 청하고 간구하시는 주님의 제사장 일에 동참한다는 말입니다. 그러니 비록 무지하고 연약하오나, 주님, 저희에게도 기도를 가르쳐 주옵소서!

복되신 주님, 늘 기도로 사시오니 저희 또한 기도로 사는 법을 가르쳐 주소서. 주님께서는 저희도 늘 기도하며 하나님의 임재 앞에 제사장으로 서게 하시어 하늘의 영광을 저희와 나누시옵니다.

주 예수여, 어떻게 기도해야 마땅한지 알지 못함을 고백합니다. 기다릴 줄 알게 하소서. 주님께서 저를 훈련시켜 참 기도자로 세우실 시간을 드리게 하소서. 제 무지를 깊이 깨닫고, 기도가 얼마나 놀라운 특권이며 능력이 있는 것인지 깊이 깨닫고, 기도의 영이신 성령께 기대야 함 또한 사무치게 깨달아 감히 스스로 안다고 생각했던 모든 것을 겸손히 내려놓게 하소서. 영적 온유함과 가난으로 주님 앞에 무릎 꿇도록 이끌어 주소서.

주님, 주님을 스승으로 하면 참된 기도를 배울 수 있다는 확신을 주소서. 예수를 나의 스승으로 삼고, 아버지께 늘 기도하시며 교회와 세상의 운명이 손에 쥐신 분과 함께 한다면 저는 아무 것도 두려워할 필요가 없사옵니다. 기도 세계의 온갖 신비를 필요한 만큼 주님은 제게 열어 보여주실 것입니다. 그러나 알아야 할 필요가 없을 때는 그저 하나님께 영광을 돌리면서 믿음 안에 강하게 설 수 있도록 가르쳐 주옵소서.

복되신 주님, 주님께 배우고자 하는 제자를 부끄럽게 마소서. 저 또한 주님의 은총을 입어 주님을 욕되게 하지 않겠사옵니다. 아멘

2장
참으로 예배하는 자

예수께서 사마리아 여인에게 하신 말씀이 기도에 관해 기록된 주님의 첫 번째 가르침입니다. 그 말씀에는 기도의 세계를 엿볼 수 있는 놀라운 가르침이 들어 있습니다. 아버지께서는 참으로 예배하는 자를 찾으신다는 말씀입니다. 예배란 사랑하는 아버지의 마음을 그토록 흡족하고 기쁘게 하는 것이지요. 그런데 하나님이 찾으시는 참 예배자는 그리 많지 않다는 것이 문제입니다. 참된 예배란 신령과 진정으로 드리는 예배입니다. 아들은 바로 이러한 참 예배의 길을 열기 위해 오셨고 또 그 길을 우리에게 가르치신 것입니다. 기도 학교에서 배워야 할 첫 수업도 바로 신령과 진정으로 기도한다는 게 무슨 뜻인지 이해하고 어떻게 하면 그런 기도를 드릴 수 있는지 배우는 것입니다.

사마리아 여인에게 우리 주님은 세 가지 다른 예배가 있다고 말씀하십니다. 첫째, 사마리아인들처럼 알지 못하고 드리는 예배가 있습니다.

> 너희 사마리아인들은 알지 못하는 것을 예배하는구나
> (요 4:22)

둘째, 유대인들처럼 하나님에 대한 지적인 지식을 갖고 드리는 예배가 있습니다.

> 우리 유대인은 아는 것을 예배하노니 이는 구원이 유대인에게서 남이다 (요 4:22)

그리고 마지막으로 예수께서 친히 일러주고자 오신 새로운 영적 예배가 있습니다.

> 아버지께 참으로 예배하는 자들은 신령과 진정으로 예배할 때가 오나니 곧 이때다 (요 4:23)

이 예배의 서로 다른 점들을 살피건대 "신령과 진정"이란 말이 흔히 생각하듯 "진심으로, 가슴에서 우러나오는, 성심껏" 등의 의미가 아님이 분명합니다. 사마리아인들도 모세 오경을 갖고 있었고 하나님에 대한 지식이 없지 않았습니다. 그리고 그들 중에 하나님께 진정으로 열성껏 기도하는 사람이 전혀 없었다고 보기는 어렵지요. 물론 유대인들한테는 하나님을 충분히 계시해 주는 말씀이 있고 그들 중에는 전심으로 하나님을 찾는 경건한 사람들이 있었습니다. 그러나 그때까지도 "신령과 진정으로" 드리는 예배는 아직 이루어지지 않았던 것입니다. 예수께서 "한 때가 올 것인데 그때가 곧 이때"(요 4:23)라고 말씀하신 까닭은 오직 당신 안에서, 당신을 통해서 드리는 예배만이 하나님께 신령과 진정으로 드리는 예배가 되기 때문입니다.

그리스도인들 안에도 세 종류의 다른 예배자들이 있습니다. 어떤 이들은 자기가 무얼 구하는지 제대로 알지 못하면서 기도합니다. 이런 사람들은 열성껏 기도해도 응답을 누리지 못합니다. 어떤 이들은 좀 더 알면서 기도하니까 보통은 더 열심히 기도하긴 하지만 이들도 신령과 진정으로 기도하는 데 따르는 완전한 축복을 누리지 못합니다. 그러므로 우리는 주님께 세번째 종류의 기도자가 되게 해 달라고 청해 신령과 진정으로 드리는 예배가 무엇인지 알아야 하겠습니다. 오직 신령과 진정으로 드리는 예배만이 참 영적 예배가 됩니다. 그리고 그런 예배를 드려야 하나님 아버지께서 찾으시는 예배자가 될 수 있습니다. 신령과 진정으로 드리는 예배를 어떻게 이해하고 실천하느냐에 기도의 모든 것이 달려 있습니다.

> 하나님은 영이시니 예배하는 자가 신령과 진정으로 예배할 지니라 (요 4:24)

이 구절에서 주님께서 말씀하시는 첫째 요점은 하나님과 예배자가 서로 일치해야 한다는 것인데 하나님이 영이시므로 그분을 예배하는 자들도 영적이어야 한다는 것입니다. 이는 사실 우주의 법칙을 따르는 것입니다. 즉 어떤 대상이 있으면 그 대상을 드러내거나 인식하는 기관은 그 대상과 서로 상응하는 것이어야 하는 법이지요. 예컨대 눈에는 빛에 상응하고 귀는 소리와 상응합니다. 그러므로 하나님을 참되게 예배하고자 하는 사람, 그래서 하나님을 발견하고, 알고, 소유하고, 기뻐하고자 하는 사람은 마땅히 하나님과 조화해야 그분과 상응할 수 있는 법입니다. 그런데 하나님은 영이시니 예배는 마땅히 영으로 드려야 합니다. 하나님이 그러하시니 예배자도 그러해야 하는 것이지요.

무슨 말입니까? 사마리아 여인은 주님에게 사마리아와 예루살렘 둘 중 어디가 참 예배 장소냐를 물었습니다. 이에 주님은 이제부터 예배는 특정한 장소에 국한되지 않는다고 답하셨습니다.

> 여자여, 내 말을 믿으라, 이 산에서도 말고 예루살렘에서도
> 말고 너희가 아버지께 예배할 때가 이르리라 (요 4:21)

하나님은 영, 즉 시간과 공간에 제한 받지 않으시고 완전함 가운데 언제 어디서나 동일하신 분이기 때문에 그분께 드리는 예배 또한 장소나 형태에 제한 받지 않고 하나님이 영이신 것처럼 영적이어야 한다는 말입니다. 정말 중요한 말씀입니다. 그런데도 우리 신앙이 특정한 시간과 장소에 고착되기 때문에 얼마나 어려운가 말입니다! 교회 혹은 기도처에 가서만 열심히

기도하는 사람은 한 주간, 혹은 하루의 정말 중요한 시간대는 막상 기도의 대상인 영과는 정말 어울리지 않는 태도로 사용하는 셈입니다. 그가 드린 예배란 고정된 장소와 시간의 일이지 자기 전존재를 드리는 일은 아닌 것이지요. 하나님은 영이십니다. 그분의 존재는 영원히 변함이 없으십니다. 언제 어디서나 그분의 존재는 동일하십니다. 그러기에 우리가 드리는 예배 또한 그런 의미에서 신령하고 진정한 것이어야 합니다. 그리고 그렇게 드리는 예배란 우리 삶 자체여야 합니다. 하나님이 영이시듯 영으로 드리는 예배란 삶 전체여야 한다는 말입니다.

두 번째 요점은 신령한 예배란 바로 하나님 자신에게서 비롯되는 예배라는 점입니다. 하나님은 영이십니다. 오직 하나님만이 영을 나눠주실 수 있습니다. 그렇기 때문에 아들을 보내셔서 우리로 하여금 참된 예배자가 되도록 성령을 주신 것입니다. 예수께서 두 번이나 "때가 올 것"인데 그때가 "바로 지금"이라는 말씀을 하셨습니다(요 4:21, 23). 주님은 성령의 세례를 주시기 위해 오셨습니다. 그런데 주님이 영화롭게 되시기 전에는 성령을 부어주실 수 없었습니다(요 1:33, 7:37-38, 16:7). 주님께서 보혈로 죄를 이기시고 가장 영화로우신 자리에 오르셨을 때, 그리고 거기서 우리 모두를 대신해서 성령을 받으셨을 때(행 2:33), 비로소 우리에게 성령을 보내실 수 있었습니다. 이때 비로소 그리스도께서 우리를 구속하신 것이며 그리스도 안에서 우리도 하나님 자녀의 지위를 제대로 얻게 되는 것입니다. 성령이 오셔야 그 성령에 힘입어 "압바(Abba), 아버지" 하고 외칠 수 있기 때문입니다. 이렇게 그리스도의 영, 즉 하나님 자녀 된 영 안에서 아버지께 드리는 예배가 신령으로 드리는 예배입니다.

"진정으로"란 말도 흔히 생각하듯 "정성껏"이란 의미가 아닙니다. 말씀의 진리에 따른다는 뜻 또한 아닙니다. 이것은 깊고도 비범한 의미가 담긴 표현입니다. 예수는 "아버지의 독생자의 영광이요 은혜와 진리가 충만"하신 분입니다(요 1:14).

> 율법은 모세로 말미암아 주신 것이요 은혜와 진리는 예수 그리스도로 말미암아 온 것이라 (요 1:17)

또 주님은 "내가 곧 길이요 진리요 생명"이라 말씀하셨습니다(요 14:6). 구약의 모든 것은 그림자요 장차 이루어질 약속이었는데 예수께서는 그 실체요 내용이요 소망하던 바를 가져다주신 것입니다. 그분 안에서 영생의 축복과 권능이 실제로 생기고 경험할 수 있는 것이 된 것입니다. 예수는 은혜와 진리가 충만하십니다. 그런데 성령은 진리의 영이십니다. 이 성령을 통해서 예수 안의 은혜가 실제로 또 참 진리로서 우리 것이 됩니다. 그렇게 해서 하나님의 생명이 우리에게 부여됩니다. 그러므로 신령으로 드리는 예배란 곧 진리의 예배, 참 예배요 하나님과 실제로 나누는 사귐이요, 영이신 아버지에게 성령 안에서 자녀 되어 기도함으로써 이루는 참된 조화요 상응의 예배인 것입니다.

물론 사마리아 여인은 예수께서 이렇게 말씀하시는 뜻을 얼른 알아들을 수 없었지요. 제대로 이해하려면 성령 강림이 필요했습니다. 우리도 주님의 기도학교에 들어가 얼른 이러한 가르침을 깨닫기에는 너무나 준비되어 있지 못한 사람들입니다. 하지만 차츰 더 이해하게 될 것이니까 지금은 그저 주님께서 말씀하시는 대로 받아들여 봅시다. 사실 우리는 너무나 육적인 존재여서 하나님께서 찾으시는 예배를 제대로 드릴 수가 없습니다. 그러나 예수께서는 우리에게 성령을 주시기 위해 오셨습니다. 그리고 그분은 실제로 성령을 보내주셨습니다. 그러므로 기도할 때 우리 존재의 지위를 주님의 말씀이 일러주는 대로 이해하도록 합시다. 그래서 자신은 하나님을 기쁘시게 할 예배를 드릴 수 없는 존재임을 고백하고, 오직 어린아이 같이 겸손하게 하나님께 배우고 성령의 숨결에 모든 것을 맡기는 단순한 믿음밖에 내세울 것이 없음을 깊이 고백합시다. 무엇보다 복된 진리, 즉 하나님이 우리 아버지이시며 우리 마음에 당신의 무한한 부성을 드러내신다는 것, 또 사랑으로 아들과 영을 주시어 우리로 하여금 당신의 참 자녀가 되게 하신다는 것을 믿는데 신령과 진정으로 드리는 기도의 비밀이 있습니다. 이것이 바로 그리스도께서 우리에게 열어주신 새롭고도 살아있는 길입니다. 아들이신 그리스도와 성령, 곧 아들의 영이 우리 안에 거하여 아버지를 드러낼 때 우리는 참으로 예배하는 자가 되는 것입니다.

복되신 주님, 물 한 잔 선뜻 내주기를 꺼렸던 여인에게 하나님을 예배한다는 것이 무엇인지 가르쳐주신 그 사랑을 찬미합니다. 신령과 진정으로 기도하길 원하는 마음으로 주님께 나아오는 제자라면 누구에게나 그같이 가르쳐 주시리라 확신하여 기뻐하옵니다. 거룩한 스승이시여, 이 복된 비밀을 알게 하옵소서.

영적인 예배는 사람이 제 힘으로는 드릴 수 없고 오직 주님에게서 나와야 한다는 사실, 그 예배는 시간과 절기가 문제가 아니라 주님 안의 생명이 흘러나오는 것이라는 사실을 가르쳐 주소서. 기도할 때 저의 무지함과 주님께 드릴 것이 아무 것도 없음을 깊이 자각하게 하시되 한편으로 주님, 나의 구주께서 어린아이 같이 더듬거리는 제 기도에 성령의 호흡이 있게 하신 섭리를 깊이 깨달아 주님께 가까이 가게 하소서. 찬양하오니 주님 안에서 제가 어린아이처럼 자유롭게 다가갈 수 있게 하셨습니다. 찬양하오니 주님 안에서 제가 자녀의 영, 즉 진리로 예배할 수 있는 영을 지녔습니다. 무엇보다 복되신 성자여, 어떻게 아버지께서 드러나심이 기도의 확신이 되는지 가르쳐 주소서. 그래서 하나님의 무한한 부성애, 그 사랑이 제 기도와 예배 생활의 기쁨이요 힘이 되게 하소서. 아멘.

3장
오직 하나님과 단둘이

너는 기도할 때에 네 골방에 들어가 문을 닫고 은밀한 중에 계신 네 아버지께 기도하라.
은밀한 중에 보시는 네 아버지께서 갚으시리라.

마태복음 6:6

예수께서 제자들에게 처음 공적 가르침을 베푸신 것이 산상수훈입니다. 산상수훈을 통해 주님은 하나님의 나라와 그 법칙, 생명에 대해 상세히 풀어주셨습니다. 그 나라에서 하나님은 왕이시지만 또한 우리의 아버지이시기도 합니다. 거기서 그분은 우리에게 모든 것을 주시지만 사실 그분 자신이 모든 것이십니다. 하나님을 알고 그분과 사귀는 것 자체로 이미 상급인 것이지요. 그러므로 기도 및 기도생활의 내용이 무엇인지 알려주는 것은 곧 예수께서 시작하고자 오신 하나님 나라를 가르치는 데 빠질 수 없는 부분입니다. 모세만 해도 기도에 관해서는 직접 무얼 말하거나 규정을 내놓은 바가 없습니다. 예언자들조차도 기도를 어떻게 해야 하는지 직접적으로는 별 말이 없습니다. 오직 그리스도만이 우리에게 기도를 가르쳐 주셨습니다.

그런데 주님께서 제자들에게 기도에 관해 가르치신 첫 번째가 은밀한 기도처를 마련해야 한다는 것이었습니다. 누구나 하나님과 단둘이 있을 수 있는 고독한 장소가 있어야 한다는 것이지요. 교사한테는 가르칠 교실이 있어야 하는 법입니다. 그런데 예수는 기도학교에서 우리를 가르치시는 교사이십니다. 그분이 이미 사마리아에서 예배란 시간과 장소에 국한되는 것이 아니라고 가르쳐 주셨습니다. 참으로 영적인 예배란 영과 생명에 관한 것입니다. 한 사람의 전체 삶이 영적이어야 하고 생활 전체가 신령과 진정으로 드리는 예배 자체여야 한다는 것이지요. 그럼에도 불구하고 매일 하나님과 단독으로 만날 수 있는 장소를 마련하는 일이 실제로 얼마나 중요한지 예수께서는 아셨습니다. 이 골방, 이 고독한 처소가 바로 예수라는 스승에게서 기도를 배울 수 있는 교실입니다. 물론 이 처소는 어디라도 상관없습니다. 가족과 일 때문에 매일 이곳저곳을 움직여야 하는 사람한테는 이 처소가 매일 달라져도 관계없는 것이지요. 그러나 어디가 되었든 은밀한 곳에서 조용한 시간을 가짐으로써 기도를 배우는 학생은 주님의 임재 앞에 자신을 내놓아 제대로 아버지께 예배할 수 있도록 준비할 수 있습니다. 예수께서는 바로 그러한 장소에서 우리에게 기도를 가르쳐 주시는 것입니다.

교사는 누구나 자기 교실 환경을 깨끗하고 환하며 공기가 잘 통하게 해서 학생들이 와 머물고 싶은 곳으로 만들고자 합니다. 산상수훈을 보면 예수께서는 기도생활에 매혹적인 조명을 환하게 비추시는 것만 같습니다. 우선 예수께서는 기도의 대상을 정확히 알아야 한다고 일깨워주십니다. 세 번이나 주님은 하나님을 "아버지"라 부르셨습니다.

네 아버지께 기도하라… 네 아버지께서 갚으시리라 (마 6:6)

구하기 전에 너희에게 있어야 할 것을 하나님 너희 아버지께
서 아시느니라 (마 6:8)

홀로 골방에서 기도할 때 유념해야 할 첫 번째 사항인즉 이 아버지를 만나야 한다는 것입니다. 기도의 골방을 환히 비쳐야 할 빛은 바로 하나님 아버지의 얼굴에서 비치는 빛이어야 합니다. 예수 스승의 기도 교실을 가득 채우는 하늘의 맑은 공기, 우리가 숨쉬고 호흡해야 할 공기는 바로 하나님의 아버지 사랑, 무한한 부성애인 것입니다. 기도의 호흡 가운데 우리가 일으키는 생각과 청원 하나 하나를 어린아이가 아버지를 대하듯 단순하면서 정직하게 해야 합니다. 이것이 바로 기도의 스승께서 우리에게 일러주시는 기도법입니다. 주님은 우리가 아버지의 품, 그 살아 계신 임재 안에 들기를 원하십니다. 이렇게 기도할 수 있다면 우리는 기도로 정말 많은 것을 성취할 수 있을 것입니다.

보이지 않는 네 아버지께 기도하여라 (마 6:6, 공동번역. 개역
에는 "은밀한 중에 계신 네 아버지"로 되어 있다. - 역자 주)

하나님은 육안으로는 보이지 않는 분이십니다. 그러므로 예
배를 드리면서 자기 생각의 움직임에만 마음이 가 있다면 영이
신 하나님을 만날 도리가 없습니다. 그러나 세상과 육신의 모
든 것에서 물러나 오로지 하나님 한 분만을 바라고 기다리는
사람에게 하나님은 자신을 드러내십니다. 세상적 삶을 끊고 자
신을 항복시켜 그리스도의 인도를 받는다면 하나님 임재의 비
밀을 깨닫게 될 것이며 아버지의 사랑이 우리를 환히 비칠 것
입니다. 골방과 닫힌 문, 주변의 모든 것과 차단된 은밀함이란
바로 내면의 영적 제단, 휘장으로 가려진 하나님의 언약궤의
비밀스러움을 상징하는 것이지요. 우리의 영이 보이지 않는 분
과 접촉하는 자리가 바로 그곳입니다. 따라서 효과적인 기도를
배우고자 시작하는 이 마당에 맨 먼저 우리가 배워야 할 것은,
오직 아버지와 단 둘이 있을 수 있는 은밀한 자리를 마련해야
기도를 제대로 배울 수 있다는 점입니다. "보이지 않는 아버지
께 기도하라"라는 말로 예수께서는 하나님이 우릴 기다리고
계시는 자리, 우리가 언제고 하나님을 뵈올 수 있는 자리가 어
디인지 일러주신 것입니다.

개인기도가 생각 같이 되지 않는다고 불평하는 신자들이 종
종 있습니다. 자신이 너무 연약하고 죄가 많은 것 같다고 이분

들은 말합니다. 마음도 너무 냉랭하고 어둡고 말이죠. 그래서 기도할 것도 별로 없는 것 같고 믿음도 기쁨도 거의 느끼지 못합니다. 이런 분들은 생각만큼, 또 바라는 만큼 아버지 하나님께 다가가지 못한다는 생각에 지레 풀이 죽어 기도를 멀리 합니다. 하지만 마음이 냉랭하고 기도할 수 없을 때가 바로 사랑의 아버지 하나님께로 가야 할 때입니다. 아비가 자식을 가엽게 여기듯 주님께서 여러분을 가여워 하십니다. 그러니 하나님께 드릴 게 별로 없음을 염려하기보다 그분이 여러분에게 얼마나 주고 싶어 하시는지를 생각하십시오. 주님의 얼굴만 바라보십시오. 그분의 부드럽고 자애 넘치는 사랑을 생각해 보십시오. 그리고 자신이 얼마나 죄가 많고 냉랭하며 어둡게 느끼고 있는지를 말씀드려 보십시오. 아버지 하나님의 사랑에 넘치는 가슴이 여러분에게 빛과 따스함을 전해 주실 겁니다. 그러니 예수께서 말씀하신 대로 따릅시다. 가서 문을 닫고 보이지 않는 아버지께 기도하시라는 말씀 말입니다.

은밀한 중에 보시는 네 아버지께서 갚으시리라 (마 6:6)

예수께서는 은밀히 드리는 기도에 반드시 열매가 있다는 말씀을 하고 계십니다. 그 축복이 확실히 우리 삶에 나타난다는 말씀입니다. 은밀히 하나님과 단 둘만 있으면서 사람이 아니라 하나님께 자신의 삶을 드리면 하나님은 공개적으로 우리에게 갚아주십니다. 즉 기도하는 사람은 기도의 응답이 축복으로 나타나는 것을 보게 된다는 것입니다. 그러니 주님께서 지금 가르치는 바는, 하나님께서 무한한 아버지의 사랑과 신실함으로 은밀한 중에 우리와 만나시듯이 우리 또한 기도는 반드시 응답되리라는 어린아이 같은 단순한 믿음과 확신으로 아버지와 마주해야 한다는 것이지요.

> 하나님께 나아가는 자는 반드시… 그가 자기를 찾는 자들에게 상 주시는 이심을 믿어야 할지니라 (히 11:6)

골방의 축복은 내가 기도하면서 느끼는 강렬함이나 뜨거움에 있는 것이 아니라 내 모든 필요를 맡긴 아버지 하나님의 사랑과 능력에 있습니다. 꼭 기억하십시오. 여러분의 아버지이신 하나님은 은밀한 중에 분명히 보시고 분명히 들으십니다. 그러니 기도의 골방으로 가십시오. 그리고 골방에서 나올 때는 하나님께서 내게 반드시 상 주시리라는 확신을 갖고 나오십시오. 하나님께만 맡기고 그분을 의지하십시오. 아버지 되신 하나님께 드린 기도는 헛되지 않습니다. 분명히 여러분에게 상급이 있을 것입니다.

하나님께서 사랑의 아버지이심을 확신시켜 주시려고 그리스도께서 세 번째로 이렇게 또 말씀하십니다.

> 구하기 전에 너희에게 있어야 할 것을 하나님 너희 아버지께

서 아시느니라 (마 6:8)

얼른 들으면 우리가 기도할 필요조차 없다는 말씀 같이 들립니다. 하나님께서 내게 필요한 것이 무엇인지 더 잘 아신다고 하니 말입니다. 그러나 기도가 도대체 뭔가 깊이 생각해 본다면, 위의 말씀은 도리어 믿음을 더욱 강하게 하라는 말씀임을 깨달을 수 있습니다. 우선 이 말씀은 이교도들처럼 말도 많이 하고 억지 간청을 해서 신으로 하여금 맘에 없는 일을 하게 하듯 기도하지 말라는 가르침입니다. 그리고 침묵 가운데 "내 아버지께서 과연 내가 청하는 바가 정말 필요한 것으로 알고 계실까?" 묵상해 보도록 이끄시는 말씀이기도 합니다. 그래서 내가 청하는 바가 성경 말씀에도 부합되고 하나님께 영광을 돌리는 것이 되리라는 확신을 성령께서 주신다면 그때는 믿음을 갖고 "내 아버지께서 과연 내가 구하는 것이 내게 꼭 필요한 것임을 알고 계신다!" 말할 수 있게 됩니다. 설령 기도의 응답이 늦어지더라도 조용히 인내하며 기다리도록 가르치는 말씀이기도 하구요. 아버지! 제게 그것이 필요함을 알고 계십니다! 우리 스승 그리스도께서는 바로 이렇게 아버지께 다가가는 어린 자녀의 자유로움과 단순함으로 우리가 하나님께 나아가길 원하십니다. 그러니 성령께서 내면에 작용하실 때까지 기다리며 하나님을 바라봅시다. 어떤 때는 너무나 열렬히 간청하는 데만 마음이 사로잡혀 아버지께서 내 구하는 바를 알고 또 듣고 계신다는 사실을 잊을 위험도 있습니다. 이런 때는 그저 조용히 머물러 "내 아버지께서 보고 계신다, 내 아버지께서 듣고 계신다, 내 아버지께서 알고 계신다" 되뇌는 것으로 족합니다. 그러노라면 기도의 응답을 확신하게 되고 "우리가 무엇이든지 구하는 바를 들으시는 줄을 안즉 우리가 그에게 구한 그것을 얻은 줄을 또한 아느니라" 하고 말할 수 있게 됩니다(요일 5:15).

이제 이상의 모든 가르침을 마음에 품고, 하나님께 맡기면서 실행에 옮겨 여러분 안에서 이 가르침이 완성되도록 하십시오. 세상과 일과 번다한 의무들로 향하는 문을 닫아걸고 자주 골방에 가 거기 머무십시오. 하나님 아버지께서 거기서 여러분을 기다리고 계십니다. 그리고 거기서 기도의 스승 예수께서는 기도를 가르쳐 주십니다. 은밀한 중에 아버지와 단 둘이 있으십시오. 그리고 그것이 가장 으뜸가는 기쁨이 되게 하십시오. 은밀한 중에 드린 기도를 아버지께서는 공개적으로 응답하시고 결단코 축복 받지 못한 채로 외면하는 법이 없다는 사실을 깊이 확신하시기 바랍니다. 그리고 매일 이 확신의 힘으로 살아가십시오. 아버지께서 내게 필요한 바가 무엇인지 아시기 때문에 여러분은 도리어 온갖 필요한 바를 다 하나님 앞에 가져올 자유를 얻습니다. 여러분의 아버지 되신 하나님께서 그리스도 예수의 영광 안에서 당신의 부요함을 따라 우리 필요한 바를

공급해 주실 것이기 때문입니다.

복되신 주님, 온 마음을 기울여 주님을 찬미하오니 골방으로 제자 된 우리 한 사람 한 사람을 만나주시고 또 아버지를 드러낼 자리로 삼으셨습니다. 주님, 제 믿음을 굳게 하시어 아버지의 사랑과 자애를 확실히 믿게 하여 주소서. 그래서 제게 처음 드는 생각이 비록 죄스럽고 혼란스럽더라도 아버지께서 기다리고 계시는 그 자리, 기도가 절대로 외면당하지 않는 그 자리로 용기 있게 나아갈 수 있게 하소서. 제가 구하기도 전에 제게 필요한 바를 알고 계시오니 이로써 믿음의 안식을 누리며 또 아버지께서 자녀의 청을 들어주시리라 확신하게 하소서. 은밀한 기도의 자리가 이 세상에서 제가 가장 아끼고 사랑하는 자리가 되게 하소서.

주님, 제 기도를 들으시어 당신의 사랑하는 백성이 기도하는 모든 은밀한 자리를 복되게 하소서. 주님께서 자애로우신 아버지를 드러내셨사오니 아직 어린 신자들로 하여금 은밀히 드리는 기도가 짐이나 의무라는 생각을 버리고 도리어 인생의 가장 큰 특권이요 기쁨이요 복인 것을 깨닫게 하소서. 그리고 자기가 내놓을 게 아무 것도 없다는 생각에 기도를 멀리하는 이들을 돌이켜 주소서. 그들이 도리어 자신의 공허함을 있는 그대로 지닌 채 모든 것, 모든 희락을 주실 수 있는 분께 나아갈 수 있음을 보게 하소서. 아버지께 무얼 가지고 와야 하는가가 아니라 도리어 아버지께서 무얼 기꺼이 그들에게 주고자 하시는가만 생각하게 하소서.

주님, 종들 내면의 골방에 복 주시어 하나님의 진리와 은혜가 드러나는 자리, 매일 그들이 신선한 향유로 기름 부음 받는 자리, 새로운 힘을 얻는 자리, 그래서 자신이 믿음으로 받은 복을 가지고 남들도 축복하는 자리가 되게 하소서. 주님, 우리 모두를 그 골방의 자리로 이끌어 주님께, 또 아버지께 더 가까이 나아가게 하소서. 아멘.

4장
주기도문-기도의 모범

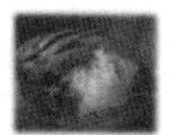

마태복음 6:9-13

가르치는 사람이라면 모범을 보여주는 것이 얼마나 힘이 있는지 알 것입니다. 아이들한테 무엇을 어떻게 하라고 말해 주는 걸로 그치지 않고 실제로 보여주는 것이지요. 우리 연약함을 아시는 거룩한 스승께서도 우리가 아버지 하나님께 나아 갈 때 그대로 쓸 수 있는 기도의 언어를 가르쳐 주셨습니다. 이 기도에서 우리는 영원한 생명의 신선함과 완전함을 호흡할 수 있는 기도의 모범을 발견합니다. 혀 짧은 아이들이라도 따라 할 수 있을 만치 간단하지만 하나님께서 주실 모든 것을 담고 있으니 풍부한 기도이지요. 이 기도는 다른 모든 기도의 모범 이자 영감의 원천 구실을 했습니다. 그러면서도 하나님 앞에서 우리 영혼이 깊이 기도할 때는 다시 그 기도 말로 돌아가기 일쑤였으니 바로 "하늘에 계신 우리 아버지" 하는 기도입니다. 하나님을 흠숭하는 이 기도의 깊은 의미를 이해하려면 우선 성경에서 이전의 그 누구도 감히 하나님을 아버지라 부를 생각을 못했다는 점부터 기억해야 하겠습니다. 하나님을 아버지라 호칭하면서 기도하게 하는 그 자체가 이미 예수 그리스도께서 오셔서 당신의 아버지를 우리의 아버지로 삼게 하셨다는 그 놀라운 계시의 핵심으로 우리를 초청하는 것입니다. 이 안에 구원의 신비가 다 들어 있습니다. 그리스도께서 우리를 저주에서 구출하시어 하나님의 자녀가 되게 하셨습니다. 오랜 세대에 걸친 비밀이요, 성령께서 우리를 거듭나게 하시어 새 생명을 누리게 했다는 것이 이 뜻이며, 신앙의 신비가 바로 이것입니다. 주님은 제자들이 미처 구원의 완성을 이루기도 전에 이 기도를 주시어 앞으로 다가올 복된 체험을 예비케 하신 것입니다.

　주님이 가르쳐 주신 이 기도야말로 기도의 핵심체요 모든 기도의 열쇠입니다. 이 기도를 연구하자면 시간이 걸립니다. 사실 완전히 이해하려면 영원의 시간이 필요할 것입니다. 하나님이 사랑의 아버지라는 사실을 아는 일이 기도학교에서 배울 첫째요 가장 단순한-한편 끝이자 가장 고귀한-수업입니다. 이 살아 계신 아버지와 인격적인 관계를 맺고 그분을 의식하고 사귀는 데서 기도는 시작됩니다. 성령이 계시하는 대로 하나님의 아버지 되심을 아는 데서 기도는 힘 있게 뿌리를 내리고 자랄 수 있습니다. 영원하신 아버지가 무한한 자애로움과 불쌍히 여기심, 한량없이 참으심으로 우리를 만나 기도를 기꺼이 듣고 도와주신다는 데에서 기도 생활의 기쁨이 나오는 것입니다. 그러므로 성령께서 일하시어 주님 가르쳐 주신 기도의 말들이 우리에게도 신령과 진정이 되어 우리 마음과 삶을 채울 수 있도록 시간을 드립시다.

하늘에 계신 우리 아버지…

이 기도로 우리는 지성소 휘장 안으로, 즉 기도가 산 기도가 될 수 있는 능력의 은밀한 자리로 들게 되는 것입니다.

이름이 거룩히 여김을 받으시오며

우리는 보통 자신이 필요한 것부터 먼저 기도한 다음에나 하나님께 속한 것, 하나님께서 관심 가지실 일을 생각합니다. 하지만 주님께서는 그 순서를 뒤집으십니다. 먼저 아버지의 이름, 아버지의 나라, 아버지의 뜻을 앞세운 다음, 우리에게 무얼 주시고 용서하시고 우리를 구원하시라는 기도는 나중에 나옵니다. 우리 생각보다 주님의 가르침을 앞세워야 합니다. 진정한 예배라면 아버지가 첫째요 모든 것이 되셔야 합니다. 오직 하나님만이 영광 받으시라는 소원 가운데 자신을 빨리 잊으면 잊을수록 그만큼 더 풍요롭게 기도는 나에게 축복을 불러올 것입니다. 하나님 아버지를 위해 희생할 때 잃는 것은 아무 것도 없습니다.

기도에는 두 종류가 있으니 자신을 위한 기도와 남을 위한 기도가 있습니다. 대개 보면 남을 위한 기도에는 시간과 기운을 덜 쓰는 게 보통입니다. 하지만 그리스도의 기도학교에서 주님은 우리를 특별히 당신이 이루신 공로와 사랑의 축복을 주변에 전하는 중보자가 되도록 훈련하십니다. 기도의 목표를 그렇게 갖지 못하면 기도에 깊이 성장하는 일은 가능하지 않습니다. 어린아이야 아빠에게 그저 자기가 원하는 것만 달라고 할 테지요. 그러나 조금만 더 크면 "제 동생한테도 무엇을 주세요" 할 줄 알게 됩니다. 아버지가 하는 사업에 동참할 수 있으리 만치 장성한 아들 같으면 더 큰 것을 구하고 얻을 것입니다. 마찬가지로 예수께서도 모든 관심을 아버지의 이름과 나라와 뜻에 복종시키는 헌신과 봉사의 삶을 우리에게 훈련시키고 싶어하십니다. 그러므로 "아버지" 하고 하나님을 부를 때는 내가 하는 모든 행위는 다 "아버지의 이름, 아버지의 나라, 아버지의 뜻"을 전하는 한 가지 목적만 있어야 한다는 의미가 됩니다.

"이름이 거룩히 여김을 받으시오며." 무슨 이름입니까? 바로 "아버지"라는 이름입니다. "거룩"이란 말이 구약의 중심 단어라면 신약에서는 "아버지"가 중심입니다. 하나님의 거룩하심

과 영광이 이제 다 이 "아버지"라는 사랑의 이름으로 함축되어
드러나고 있습니다. 하지만 어떻게 이름이 거룩히 여김을 받는
다는 걸까요? 바로 하나님 자신에 의해서.

> 너희가 그들 중에서 더럽힌 나의 큰 이름을 내가 거룩하게
> 할지라 (겔 36:23)

그러므로 우리가 드려야 할 기도인즉 모든 것 안에서, 어디
에서나 하나님께서 친히 거룩함과 권능, 그리고 "아버지"란 이
름에 숨겨진 영광을 드러내시옵소서 하는 것입니다. 아버지의
영이 곧 성령이십니다. 그러므로 성령의 인도를 받을 수 있도
록 헌신해야 하나님 아버지의 이름이 우리 기도와 삶을 통해
거룩히 여김을 받을 수 있는 것입니다.

나라이 임하옵시며

하나님 아버지는 당신의 나라가 있는 왕이십니다. 왕의 상속
자인 아들도 아버지 나라의 영광 말고는 달리 야망이 없는 법
입니다. 전쟁이나 위기가 닥치면 아들은 더욱 열렬히 아버지
나라의 영광을 지키려고 합니다. 그것 말고 무엇이 더 중요하
겠습니까? 그런데 하나님의 자녀들은 여기 적의 영토 안에 있
습니다. 아직은 하늘에서처럼 아버지의 나라가 분명히 드러나
있지 않은 곳이지요. 이 영토에서 하나님의 자녀들이 아버지의
이름을 영화롭게 하길 원한다 할 때 "아버지의 나라가 여기에

도 임하소서!" 열렬히 소망할 수밖에 없질 않습니까? 아버지의 나라가 임해야 아버지의 영광이 드러나고 그 자녀들도 복을 받고 세상도 구원받을 수 있으니 모든 것이 거기 달려 있습니다. 그런데 하나님 나라의 도래는 우리가 기도해야 그 결과로 이루어집니다. 그러니 모든 구원받은 자들이 함께 "아버지의 나라가 임하소서!" 하는 이 기도의 깊은 외침에 어찌 동참하지 않을 수 있겠습니까?

뜻이 하늘에서 이룬 것 같이 땅에서도 이루어지이다

이 기도는 주로 고통과 관련된 하나님의 뜻에 초점이 맞춰져 해석되기 일쑤였지요. 하늘에서 하나님의 뜻은 이루어져 있으니 주님께서는 이제 땅에서도 하늘에서처럼 하나님의 뜻이 이루어지도록 기도하라 가르치십니다. 하나님을 높이어 복종하는 마음, 언제고 기꺼이 순종하려는 마음으로 말입니다. 하나님의 뜻이 바로 하늘의 영광이기에 하나님의 뜻을 행한다는 것은 곧 하늘과 같은 복된 상태입니다. 하나님의 뜻이 이루어지는 곳이면 어디든지 이미 하나님의 나라가 도래한 것이지요. 믿음으로 아버지의 사랑을 받아들이고 순종으로 아버지의 뜻을 따르는 그 어디든지 말입니다. 그러므로 아버지의 뜻이 이루어지는 하늘에서와 같은 순종으로 살고 또 그 순종으로 기도하는 것이 바로 어린아이 같은 기도의 정신입니다.

오늘날 우리에게 일용할 양식을 주옵시고

아버지의 이름과 나라와 뜻을 위할 때 자녀에게는 일용할 양식을 구할 자유가 생깁니다. 주인은 종을 먹이고 장군은 부하들을 먹이며 아버지는 자녀를 먹입니다. 아버지께 헌신한 자녀를 하늘 아버지께서 왜 안 먹이시겠습니까? 분명한 확신을 가지고 "제가 아버지의 영예와 아버지의 일을 위해 살고 있으니 저를 돌봐주실 줄 압니다" 말씀드릴 수 있는 것이지요. 하나님과 그분의 뜻에 헌신해야 기도 중에 지나갈 것들도 맘껏 구할 수 있는 자유가 생기는 법입니다. 이 땅의 삶이 온통 아버지 사랑에 맡겨졌으니까 말입니다.

우리가 우리에게 죄 지은 자를 사하여 준 것 같이 우리 죄를 사하여 주옵시고

우리 몸은 빵이 있어야 살듯이 우리 영혼은 용서가 있어야 삽니다. 그것은 이쪽이 있어야 저쪽이 있듯이 매우 분명한 관계입니다. 우리가 비록 하나님의 자녀라고 하지만 죄인인 것도 사실입니다. 우리가 하나님의 임재 안에 들어갈 수 있는 것은 그리스도의 보혈과 용서 덕분이지요. 그러니 용서를 청하는 기도가 그저 형식에 그치지 않도록 주의해야 할 일입니다. 진심으로 고백해야 진정한 용서가 일어나니까요. 주님이 약속하신 용서가 영적 실재요 하나님과 우리 사이에 실제로 이루어지는

일임을 확실히 믿어야 할 것입니다. 용서를 생생하게 체험하려면 다른 사람을 용서하는 마음이 있어야 합니다. 용서받았다 하는 것이 하나님과의 관계를 표현하는 것이라면, 용서한다 하는 것이 지상에서 하나님의 자녀됨을 표현하는 것이기 때문에 그렇습니다. 기도할 때 나는 진정으로 사랑 못할 사람이 아무도 없다고 말할 수 있어야 합니다.

우리를 시험에 들게 하지 마옵시고 다만 악에서 구하옵소서

사실 일용할 양식을 구하고, 용서를 구하며, 죄와 악마의 힘에서 멀어지게 해달라는 세 가지에 우리 인간에게 필요한 모든 것이 들어 있습니다. 양식과 용서를 구하는 기도는 아버지의 뜻에 완전히 순종하는 마음, 그리고 내주하시는 성령께서 악마의 힘에서 지켜주실 것을 믿는 마음과 나란히 있어야 하는 것들입니다.

예수께서는 주기도문의 정신으로 우리가 하늘에 계신 아버지께 기도하길 원하셨습니다. 그러니 아버지의 이름, 아버지의 나라, 아버지의 뜻이 최우선이 되게 합시다. 그때 비로소 필요한 것을 공급하시고 잘못을 용서하시고 또 악에서 보호하시는 아버지의 사랑도 우리 몫이 됩니다. 주님 가르치신 기도에서 아버지가 모든 것이 되는 참 자녀의 삶을 배웁시다. 그러면 어떻게 아버지와 자녀가 하나가 되는지도 이해하게 됩니다. 또한

어떻게 하나님의 뜻과 영광으로 기도를 시작할 수 있는지 이해하게 되고, 자기 필요도 마음껏 청하는 믿음의 능력을 갖게 되는지 깨닫게 될 것입니다. 그런 기도라야 사랑의 사귐이요 나눔이 되어 늘 여러분이 시작과 끝이 되신 주님을 신뢰하며 예배할 수 있도록 붙잡아 줄 것입니다. "나라와 권세와 영광이 아버지께 영원히 있사옵나이다, 아멘" 하고 말입니다.

하나님의 독생자이신 주님, 저희도 하나님을 "아버지!"하고 부르며 기도하도록 가르치셨습니다. 주님께서 저희에게 주신 살아 있는 축복의 말씀들로 해서 감사드립니다. 그리고 주님께 기도를 배워 아버지를 알고 또 경배했던 수많은 사람들이 있어 감사드립니다. 그러한 신앙의 선조들이 저희에게 있으니 감사드립니다. 주님, 당신의 기도학교에서 몇 날 며칠이고 머물면서 주님 가르치신 기도 하나 하나의 깊고 풍부한 의미를 묵상해도 모자랄 것 같습니다. 그러나 주님, 주님을 의지하겠사오니 저희가 더 깊이 깨닫게 하소서. 비오니 당신 이름의 영광을 위해 그리 하옵소서.

주님께서는 "아들과 또 아들의 소원대로 계시를 받는 자 외에는 아버지를 아는 자가 없다"고 말씀하셨습니다(마 11:27). 그리고 또 "내가 아버지의 이름을 저희에게 알게 하였고 또 알게 하리니 이는 나를 사랑하신 사랑이 저희 안에 있고 나도 저희 안에 있게 하려 함"이라 하셨습니다(요 17:26). 주 예수여,

저희에게도 아버지를 알려주소서. 그분의 이름, 그분의 한없는 아버지 사랑, 독생자를 사랑하셨던 그 사랑이 저희와 함께 하게 하소서. 그러면 저희도 진정으로 "하늘에 계신 우리 아버지!" 하고 외칠 수 있겠습니다. 그러면 저희도 주님의 가르침을 따르면서 가슴으로 "우리 아버지, 그 이름, 그 나라, 그 뜻!" 할 수 있겠습니다. 그리고 그때 비로소 저희를 아버지로서 돌보시는 그분께 필요한 것과 죄, 유혹의 문제를 확신 있게 들고 나올 수 있겠습니다.

복되신 주님, 저희는 주님께 배우는 학생들이옵니다. 주님을 신뢰하오니 기도를 가르쳐 주옵소서. 아멘.

5 장
기도 응답의 확신

구하라 그러면 너희에게 주실 것이요 찾으라 그러면 찾을 것이요

문을 두드리라 그러면 너희에게 열릴 것이니

구하는 이마다 얻을 것이요 찾는 이가 찾을 것이요

두드리는 이에게 열릴 것이니라

마태복음 7:7-8

구하여도 받지 못함은 정욕으로 쓰려고 잘못 구함이니라

야고보서 4:3

우리 주님께서 이제 산상수훈을 통해 다시 기도에 대해 가르쳐 주십니다. 앞서 주님은 아버지를 은밀한 골방에서 만나라 하셨고 그러면 아버지께서는 분명히 상급을 주실 것이라는 가르침을 주셨지요. 그리고 모든 기도의 모범이 될 기도 하나를 가르쳐 주셨습니다(마 6:5-15). 이제 이 장에서 주님은 성경을 통틀어 기도에 관해 가장 중요하다 할 한 가지 교훈을 가르쳐 주길 원하십니다. 그래서 비슷한 표현을 반복하시는데 바로 "주실 것이요, 찾을 것이요, 열릴 것이다" 하신 말씀입니다. 그런 다음 그 약속을 확신해도 좋을 근거로 하나님 나라의 법칙 하나를 밝히십니다. 곧 "구하는 이마다 얻을 것이요, 찾는 이

가 찾을 것이요, 두드리는 이에게 열릴 것이니라" 하신 말씀이
지요. 이렇게 반복되는 표현을 보면 주님은 우리 마음에 이 진
리를 확실히 새기길 원하시는구나, 느낄 수 있습니다. 그러므
로 기도할 때는 응답을 확실히 기대해야 할 일입니다. 기도학
교에서 배우는 내용 중 하나님이 사랑의 아버지라는 가르침 다
음으로 이보다 더 중요한 수업은 없다 하겠습니다. 곧 구하면
누구나 얻는다 하는 가르침입니다.

　그런데 "구하라, 찾으라, 두드리라" 하는 말은 비슷해 보이
지만 의미상의 차이가 있습니다. 우선 구하라는 말은 기도로
선물을 구하라는 말입니다. 선물을 구할 때 선물 주는 이는 별
로 생각하지 않으면서 선물 자체만을 구할 수도 있습니다. 그
런데 찾으라는 표현은 성경에서 하나님 자신을 찾을 때 쓰이는
말입니다. 그러므로 그리스도께서는 이 말로써 우리가 하나님
을 찾아야 하며 또 분명히 찾을 수 있는 분이라고 확신시켜 주
시는 것이지요. 하지만 뭐가 필요할 때 그것을 얻고 또 그것을
주신 하나님을 찾는 것만으로 다가 아닙니다. 그분과 함께 넉
넉히 머물면서 사귐이 필요하다 그 말입니다. 두드린다는 말은
문안에 들어갈 허락을 받아 주인과 집안에 함께 머물라는 말입
니다. 무엇을 구하여 얻으려는 일은 그것을 주는 분과의 관계
를 찾는 일로 이어집니다. 그리고 나아가 그분 거하는 집의 문
을 두드려 열고 그분과의 깊은 사귐 안으로 들어가라는 것입니

다. 여기서 주님께서 가르치고자 하신 한 가지 분명한 것이 있습니다. 구하고 찾고 두드리는 일은 결코 헛되지 않으리라는 것입니다. 구한 것을 얻고, 하나님을 발견하고, 나아가 하나님의 열린 마음과 임재를 체험하는 것이 기도하는 자가 얻을 확실한 열매입니다.

그런데 주님께서 표현을 달리해 가면서 이 진리를 반복하셨다는 점이 의미심장합니다. 주님께서 우리가 얼마나 의심이 많고 신뢰심이 적은 사람들인지, 또 기도를 그저 종교적 의무로나 알뿐 응답 같은 건 기대하지 않을 사람들인지 잘 아신다는 얘기도 됩니다. 설령 기도가 응답된다고 믿더라도 하나님의 응답 약속을 믿는 기도를 실제로 한다는 것은 너무나 영적으로 높고 어려운 일이라 미지근한 신자들로서는 거의 기대할 수 없는 것으로 보는 경향마저 있습니다. 그래서 주님은 기도 수업 초반부터 기도는 응답된다는 진실을 우리 가슴에 깊이 새겨주고자 하신 것이지요. 기도는 과연 많은 것을 이루어냅니다. 구하라, 그러면 너희에게 주실 것이요! 구하라, 누구나 응답을 받을 것이라! 이것이 하나님 나라의 확고한 법칙입니다. 그런데도 기도의 응답을 받지 못한다면 뭔가 분명히 잘못되었거나 빠진 것이지요.

오래 참고 인내하십시오. 그래서 말씀과 성령이 여러분에게 제대로 기도하는 법을 가르칠 수 있도록 허락하십시오. 그리고 주님께서 우리 안에 심어주고자 하신 확신, 기도하는 자는 반드시 응답을 얻는다는 이 확신을 저버리지 마시기 바랍니다.

이 확신이 있어야 그리스도께 오래 참는 기도를 배울 수 있습니다. 아이들이 수학 문제를 풀고 답이 맞았는지 확인해야 하듯이 우리가 제대로 기도했는지 확인하는 방법은 응답 여부에 있습니다. 구하고도 받지 못한다면 올바로 기도하는 법을 배우지 못했음을 의미할 따름입니다. 그러니 그리스도의 기도 학교에서 배우는 모든 이들은 기도에 응답하시겠다는 주님의 약속을 아주 단순하게 있는 그대로 믿으십시다. 주님께서 그렇게 무조건적으로 말씀하신 까닭이 있길 않겠습니까? 그러니 사람 생각으로 약속의 말씀을 약하게 만들지 않도록 주의하십시오. 주님께서 천상의 일을 말씀해 주셨으니 그대로 그분을 믿자 그 말입니다. 확실히 믿고 받아들이는 사람에게는 말씀이 스스로 입증해 보일 것입니다. 행여 의문이나 난관이 생기더라도 말씀보다 그것들을 앞세우지 맙시다. 오히려 그것들조차도 주님께 드리십시오. 하나님께서 해결하시도록 말입니다. 우리가 할 일은 그저 주님의 약속을 받아들이고 굳게 붙드는 것뿐입니다.

주님의 가르침을 보면 기도에는 양면이 있습니다. 인간적인 면이 있고 신적인 면도 있는 것이지요. 여기서 인간적인 면이란 구하는 것이고 신적인 면이란 응답하는 것이 되겠습니다.

우리 인간 편에서 양면을 본다면 구하는 것과 얻는 것이 되겠습니다. 이 양면이 다 있어야 온전한 하나를 이룹니다. 그래서 주님은 우리더러 절대로 응답 받지 못한 채 반쪽으로 주저앉지 말라고 하십니다. 응답은 하나님의 뜻입니다. 당신의 자녀가 어린아이처럼 청하면 응답된다고 하는 것이 하나님 가정의 규칙입니다. 그러니 응답을 얻지 못했을 때 쉽게 체념하고는 하나님의 뜻이 아닌가 보다 지레 짐작하지 말라는 말씀입니다. 차라리 무언가 내 기도가 어린아이 같지 못했거나 믿음이 빠졌는가보다 생각해 봐야겠습니다. 사실 육적인 마음은 응답 받지 못한 채 포기하는 편이 쉽지 성령의 조명에 비추어 점검 받고 정화되는 쪽은 더 꺼리게 마련입니다. 그래야 믿음의 기도를 습득할 수 있는데도 말입니다.

오늘날 그리스도인의 생활이 약해졌다는 징표 중 하나가, 믿는다고 하는 사람들 중에 기도의 분명한 응답을 받지 못하고도 태연한 사람들이 너무 많다는 점입니다. 매일 기도하고 이런저런 간청을 수없이 드리고 또 그 중 어떤 기도는 하나님께서 들어주시리라 믿기도 합니다. 그러나 모든 기도가 직접적으로 분명하게 응답을 받는 것이 기준이어야 함은 제대로 알지 못합니다. 하지만 그러한 응답이야말로 아버지의 뜻입니다. 우리의 아버지 되신 하나님은 매일 자녀와 대화하면서 귀 기울여 청을 듣고 그 기도에 응답하길 원하는 분이십니다. 그분은 내가 매일 당신 앞에 나와 구체적인 청을 드리길 원하십니다. 그리고 매일 그 청을 들어주시길 원하십니다. 구약의 성도들도 이렇게 하나님은 살아 계셔서 기도에 응답해 주시는 분으로 알았고 그래서 감격에 넘쳐 찬미와 사랑을 드렸던 것이지요(시 34:66; 19; 116:1). 우리 기도의 스승께서도 기도와 응답—즉 자녀는 구하고 아버지는 들어주시는—은 뗄 수 없는 한 묶음이라는 사실을 분명히 우리 마음에 새겨주고자 하신 것입니다.

때로 하나님의 응답이 거절일 때도 있습니다. 이전에 하나님의 말씀이 있었음에도 불구하고 모세가 가나안에 들어갈 수 있게 청했던 것과 같은 경우에는 거절이 답이었습니다. 그러나 여하튼 응답은 있었던 것이지요. 하나님께서는 당신의 종을 혼란스럽게 버려두지 않으셨습니다. 이방인들의 신은 귀머거리요 벙어리였지요. 그러나 우리 아버지께서는 청한 바를 거절하실 때도 분명히 그 사실을 알려주십니다. 그래서 겟세마네에서 주님이 그러하셨듯이 구한 것을 철회하도록 하십니다. 모세도 그리스도께서도 기도할 때 이미 자신이 청하는 바가 하나님의 말씀과 상충된다는 것을 알고 있었습니다. 알고는 있지만 혹시 그 결정이 달라질 수 있는지 겸손히 물었던 것이지요. 말씀과 성령을 통해 하나님께서는 겸손한 사람들을 가르치십니다. 그러니 하나님께 시간을 드리십시오. 그분은 적당한 때에 여러분의 간청이 당신 뜻에 맞는지 분명히 보여주실 것입니다. 그래서 그 간청이 하나님 마음에 합하지 않음을 알았을 때는 철회합시다. 합하는 것이라면 그때는 응답이 올 때까지 인내로 기다리면 되는 것이고요. 기도란 응답을 얻자고 하는 것입니다. 그러한 기도와 응답을 통해서 아버지와 자녀간의 사랑도 오가는 것입니다.

우리 마음이 얼마나 하나님께로부터 멀어져 있는지는 우리가 이러한 응답의 약속을 선뜻 믿지 못하는 모습에서도 볼 수 있습니다. 비록 그 말씀을 받아들이고 그 진실을 믿는다 해도 가슴에서 믿음으로 온전히 그 말씀을 신뢰하고 기뻐하는 일은 정말 더디게 일어납니다. 그만치 우리 영적 생활이 너무 약하고 하나님의 마음을 미처 못 알아차리기 일쑤이므로 예수를 바라보면서 오직 그분만이 줄 수 있는 가르침을 청해야 하는 것입니다. 그분의 말씀을 액면 그대로 받아들이고 성령의 도우심으로 주님을 신뢰한다면, 분명히 주님은 이 약속의 말씀이 우리 삶 가운데 산 능력이 되게 하실 것입니다.

그러므로 주님의 이 가르침을 잘 배워 보겠다는 결심으로 그분의 말씀을 그대로 받아들이시기 바랍니다. 그리고 사람의 생각으로 그 말씀을 약하게 만들지 마십시오. 때가 되면 예수께서 말씀의 의미를 더 깊이 깨닫도록 해 주실 것입니다. 그러니 우선 당장은 흐리더라도 믿기 시작합시다. 이전에 불신했던 경험으로 믿음의 기대치를 재서는 안 되겠습니다. 그 어떤 경우에나 사람이 땅에서 기도하면 하나님은 하늘에서 응답하시게 되어 있다, 하는 확신을 굳게 붙드셔야 합니다. 예수께 응답 받는 기도를 가르쳐 달라 하십시오. 그러면 그분은 "구하라, 얻을 것이다" 하신 말씀대로 약속을 지키실 것입니다.

주 예수여, 주님이 약속하신 말씀을 그대로 믿고 깨달을 수 있도록 가르쳐 주소서. 주님은 우리가 아무 응답을 얻지 못하고도 어떻게 스스로를 위안하는지 아십니다. 내 기도가 하나님의 숨은 뜻과 맞지 않나 보다… 하나님이 더 좋은 것을 주시려고 하는 걸까? 응답이 없어도 기도로 하나님과 친교하는 것만으로 충분히 복된 일 아니겠는가?… 그러나 주님, 주님께서는 그렇게 말씀하신 적이 없고 그저 단순히 기도는 응답되는 것이고 또 그래야 한다고만 가르치셨습니다. 아이가 청하면 아버지는 들어주는 법이라고 말입니다.

주님, 주님의 말씀은 신실하시며 진리입니다. 그러니 제가 응답을 얻지 못한다면 잘못된 동기로 구한 탓이 분명합니다. 성령 안에 살지 못하고 기도에도 성령의 감동이 적었으며 믿음의 기도가 갖는 능력이 부족한 탓이옵니다.

그러니 주 예수여, 제게 믿음의 기도를 가르쳐 주소서. 아멘.

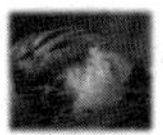

너희 중에 누가 아들이 떡을 달라 하면 돌을 주며, 생선을 달라 하면 뱀을 줄 사람이 있
겠느냐, 너희가 악한 자라도 좋은 것으로 자식에게 줄 줄 알거든 하물며 하늘에 계신
너희 아버지께서 구하는 자에게 좋은 것으로 주시지 않겠느냐.

마태복음 7:9-11

이제 기도는 확실히 응답된다는 주님의 말씀을 좀 더 살펴
봅시다. 의심을 없애고 응답의 약속이 얼마나 굳건한 기반 위
에 놓인 것인지 보여주시려고 주님은 우리 인간이 땅에서 경험
하는 진실에 호소하십니다. 우리는 다 누군가의 자식들입니다.
그래서 아버지란 어떤 존재인지 경험적으로 압니다. 그것을 어
떤 식으로 바라보든 간에 아버지가 자식의 말을 듣는 건 지극
히 자연스러운 일이지요. 그런데 주님은 죄인들인 이 땅의 부
모들도 자식을 그렇게 사랑하는데 하늘의 아버지는 얼마나 더
기꺼이 좋은 것을 자녀들에게 베풀겠는가를 생각하라고 하십
니다. 하나님께서 죄 많은 인간보다 훨씬 위대하시니 만큼 어
린아이 같은 간청을 들어주시리라는 확신도 훨씬 더 많이 가져
야 한다는 것이지요. 인간보다 하나님을 더 신뢰할 수 있으니
하늘의 아버지께서 땅의 아버지보다 기도를 들어주시는 것도

더 확실하다 그 말씀입니다.

이 비유는 간명해서 이해하기 어렵지 않습니다. 그런데 거기 담겨 있는 가르침은 간명한 만치 깊고 영적입니다. 이 비유로 주님이 깨우쳐 주시는 것은, 하나님의 자녀가 드리는 기도는 그가 하나님과 맺는 관계가 무엇이냐에 달려 있다는 것입니다. 자녀가 아버지의 집에서 아버지의 뜻을 섬기며 함께 살고 함께 동행하는 관계를 맺을 때 기도는 그 관계에 합당한 위력을 갖는다는 말입니다. 그러므로 "구하라, 얻을 것이다" 하는 약속의 힘은 이렇듯 합당한 관계에서 발휘됩니다. 믿음의 기도에 응답이 따르는 것은 자연스러운 일입니다. 오늘 배울 수업은 바로 이것입니다. 하나님의 자녀답게 살라, 그러면 자녀다운 기도를 드릴 수 있게 되고 자녀다운 응답을 받을 것이다!

그러면 참된 자녀의 표는 무엇일까요? 아버지가 함께 하는 걸 싫어하고 아버지의 사랑도 반가워하지 않는 자녀, 나아가 아버지의 집을 나가버린 자녀가 아버지한테 뭘 청해서 얻을 걸 바랄 수 있겠습니까? 오히려 얻지 못하는 게 당연하지요. 그러나 아버지의 사랑을 받고 아버지의 뜻을 받들기 기뻐하는 자녀라면 아버지도 그의 청을 들어주기 기꺼워할 테지요. 성경은 "무릇 하나님의 영으로 인도함을 받는 그들은 곧 하나님의 아들이라"고 말하고 있습니다(롬 8:14). 무엇이든지 어린아이처럼 간청하는 것이 성령의 인도하심 아래 어린아이처럼 살아가는 삶에 빠질 수 없는 모습입니다. 매일 생활 중에 자신을 헌신해 성령의 인도를 받는 사람이 기도 중에도 인도를 받는다는 건 당연하지요. 이런 사람은 성령이 이끄시는 대로 사는 어린아이 같은 삶에 하나님의 아버지다운 응답하심이 따른다는 사실을 체험하게 마련입니다.

그러면 어린아이 같은 기도와 믿음이 나올 근거인 어린아이 같은 삶이란 대체 무엇일까요? 산상수훈에서 주님은 하나님 아버지와 그분의 자녀들에 대해 가르치십니다. 이 가르침을 보면 기도의 약속과 생활의 계명은 서로 뗄 수 없는 것으로 나타납니다. 통으로 하나인 것이지요. 그러므로 주님께서 그렇게 하나로 연결지으신 것을 받아들이는 사람도 연결 지어 받아들여야 약속의 성취를 바랄 수 있습니다.

주님께서 "구하라, 그러면 너희에게 주실 것이라"(마 7:7) 말씀하실 때 주님이 암시하시는 바는 이런 겁니다. 나는 내가 진복 팔단(마 5:3-11)에서 말한 사람들을 대상으로 이 약속을 준다. 진복 팔단으로 나는 어린아이 같은 가난과 정결이 어떤 것인지 일러주었으며 그렇게 사는 이들을 가리켜 "하나님의 아들"이라 일컬었다(5:9). 내가 한 기도의 약속은 바로 "빛을 사람 앞에 비취게 하여 하늘에 계신 아버지께 영광을 돌리게 하는"(5:16) 그런 자녀들을 대상으로 한 것이다. 사랑으로 생활해서 "이같이 한즉 하늘에 계신 너희 아버지의 아들이 되리라"

(5:45) 한 사람들이요, "하늘에 계신 아버지의 온전하심과 같이"(5:48) 스스로도 온전하고자 추구하는 사람들이요, 금식하고 기도하고 선행을 베풀되 사람 앞에서 행하는 것이 아니라(6:1-18) "은밀한 중에 보시는 아버지께"(6:6) 행하고, 아버지께서 용서하듯이 남의 과실을 용서하는 사람들이요(6:14-15), 땅에서 필요한 모든 것을 아버지께 맡기고 오로지 하나님의 나라와 그 의를 먼저 구한 사람들이요(6:26-32), "주여, 주여" 부르기만 하지 않고 "하늘에 계신 아버지의 뜻"을 실행에 옮기는 사람들이다(7:21). 그렇습니다. 바로 그런 사람들이 하나님 아버지의 자녀요 그렇게 사는 사람이 아버지를 사랑하고 섬기는 사람입니다. 그리고 이렇게 하나님의 참된 자녀로 사는 사람에게는 확실하고도 풍성한 기도의 응답이 있다는 말입니다.

가르침의 의미가 이렇다면 주눅이 들 분들도 없지 않을 것입니다. 아니, 산상수훈에 나오는 말씀처럼 먼저 어린아이가 되어야 한다면 누가 기도 응답을 바랄 수 있겠는가 하고 말입니다. 하지만 여전히 기도 응답을 바랄 수 있지요. 아버지와 아이를 한번 비교해서 생각하면 위로가 되실 것입니다. 아버지와 비교하면 아이는 너무나 약합니다. 나이나 힘이나 너무 차이가 나지요. 주님은 우리더러 계명을 완전히 이루라 하신 것이 아닙니다. 단지 어린아이처럼 마음을 다해 아버지께 순종하고 진심으로 맡기라 하셨을 따름입니다. 더도 말고 덜도 말고 아버지께서 원하시는 것은 마음을 다하는 것입니다. 정직하고 꾸준한 태도로 자녀다운 삶을 살고자 애쓰는 것을 보실 때 하나님은 그 사람이 드리는 기도를 당신의 자녀다운 기도로 받아주십니다. 산상수훈을 읽고 그 말씀을 액면 그대로 받아들여 길라잡이로 삼는다면 여러분은 비록 연약하고 때로 실패하지만 기도의 약속을 주장하는 담대함이 점점 더 커질 것입니다.

예수께서는 우리가 힘 있는 기도의 비밀을 알기 원하십니다. 그 비밀은 바로 우리 마음이 하나님의 부성애로 가득 채워지는 데 있습니다. 그냥 하나님이 우리 아버지다 하고 아는 것만으로는 족하지 않습니다. 주님은 우리가 아버지라는 이름에 함축된 모든 것을 제대로 이해하길 원하시지요. 땅의 아버지에게서 그릴 수 있는 최고의 모습을 한껏 그려보십시오. 그도 자식이 다가오면 사랑하고 귀여워 해주며 납득할 만한 청을 할 때는 기꺼이 들어주지 않습니까? 그러니 무한한 사랑과 부성을 지니신 하나님께서 내가 그분께 다가가 청을 할 때는 얼마나 더 큰사랑과 자애로 나를 대하실지 예배하는 마음으로 생각해 보시라 그런 얘기입니다.

이해하기 어렵습니까? 하나님께서 우리 기도를 기꺼이 들어주시려 한다는 게 선뜻 믿어지지 않으십니까? 그렇다면 성령께 의탁하여 하나님의 아버지 사랑을 기도할 때뿐만 아니라 늘 생활 중에도 한껏 환히 비춰달라고 해 보십시오. 자식이 그저 뭐가 필요할 때나 아버지를 찾는다면 아버지로선 실망이 아닐 수 없습니다. 그러나 언제 어디서 무엇을 하든지 하나님을 아버지로 모시고 그분의 임재와 사랑 가운데 사는 사람이란, 그래서 그 크신 자비로 다가오시는 아버지를 늘 영접하는 사람이라면, 하나님의 한없는 아버지 사랑에 내맡기는 생활과 기도 응답을 계속 받는 일은 둘로 나뉠 수 없구나 하는 사실을 체험으로 알게 됩니다.

왜 매일 생활 중에 기도 응답이 그리도 적은지, 그 이유가 이제 조금씩 보이지요? 바로 거기에 주님이 가르치고자 하시는 핵심이 들어 있습니다. 그 핵심은 바로 아버지라는 이름에 있습니다. 뭔가 기도세계의 놀랍고 신비한 것이 나올 줄 알았더니 그리스도께서는 우리가 알아야 할 최상의 기도수업인즉슨 바로 하나님을 "압바 아버지!"(롬 8:15) 혹은 "하늘에 계신 우리 아버지"(마 6:9) 하고 부를 줄 아는 것이라 하신 것입니다. 하나님을 그렇게 진정 친밀하게 부를 수 있는 사람은 기도의 열쇠를 손에 쥔 사람입니다. 여리고 아픈 자식에게 한없이 자애를 쏟아 부으면서 귀 기울이는 아버지를 생각해 보십시오. 아이가 더듬거리며 하는 말도 마냥 벙실대며 듣는 아빠의 기쁨을 생각해 보십시오. 철없는 짓도 너그럽게 참아주는 아빠의 인내를 생각해 보십시오. 이 모든 것이 하늘의 아버지는 어떤 분이신가 비춰주는 거울입니다. 그래서 성경 말씀은 "하물며 하늘에 계신 너희 아버지께서 구하는 자에게 좋은 것으로 주시지 않겠느냐!" 하신 것입니다(마 7:11).

다음에 소개하는 내용은 마크 가이 피어스(Mark Guy Pearse)의 「거룩함에 대한 사색」(Thoughts on Holiness. 출판에 관한 정보 없음)에서 발췌한 것입니다.

"하늘에 계신 우리 아버지…" 우리는 그저 경건한 표현으로 이 말을 쓰는 게 보통입니다. 인간 생활에서 이미지 하나를 빌어서 하나님한테 적용한 무미건조하고 피상적인 표현으로 말입니다. 그러나 정작 하나님을 우리가 아는 부드럽고 자상한 아버지로 생각하기는 꺼립니다. 차라리 나에 대해 아는 게 별로 없는 서먹한 학교 선생이나 어쩌면 아예 개인 신상에 대해서는 아는 게 없되 그저 와서 훈계나 하는 교육감 정도로 생각하기 일쑤지요. 눈길도 학생이 아니라 교본에 둔 채로 그저 기준에 맞게 하고 있는지 여부나 관심 두는 차가운 존재로 말입니다.

그러나 하나님의 여린 자녀들이여, 가슴을 열고 귀를 기울여 보십시오. 그리고 영혼 깊숙이 그분의 말씀이 스며들게 해 보십시오. 하늘에 계신 우리 아버지의 사랑과 인내, 자비 안에 거룩함에 이르는 출발점이 있습니다. 거룩함의 길을 하나님이 우리를 괜찮게 생각하시도록 만드는 힘든 학교 수업과 같은 것으로 알아서는 안 됩니다. 오히려 우리를 기꺼이 돕고자 하시는 아버지와 집에서 함께 보내는 시간과 같은 것으로 알아야 하겠습니다. 하나님이 여러분을 사랑하시는 것은 여러분이 현명해서도 착해서도 아닙니다. 그분은 여러분의 아버지이시기 때문에 마냥 사랑하시는 것입니다. 그리스도의 십자가가 있어 하나님이 우리를 사랑하게 된 것도 아닙니다. 십자가는 그분이 우리를 사랑하신 결과요 그 사랑을 잴 수 있는 척도일 따름입니다. 하나님은 모든 자녀를 사랑하십니다. 아무리 누추하고 어리석고 보잘 것 없어도, 심지어 사회에서 추방된 자라 하더라도 하나님은 사랑하십니다. 모든 것의 배후에는 하나님의 사랑이 있습니다. 이 하나님 사랑에 그리스도인 생활의 기반이 있는 것입니다. 우리가 성장해서 하나님 사랑에 이르는 것이 아니라 하나님 사랑이 있어 우리가 성장하는 것입니다. 거기에 우리 출발점이 있습니다. 그렇지 않다면 우린 아무 데도 이르지 못할 것입니다. 이 진리를 굳게 붙드십시오. 우리 자신을 넘어서는 곳에서라야 소망을 찾을 수 있습니다.

"하늘에 계신 우리 아버지…" 우리는 이 표현에 담긴 부드러움과 포근함을 깊이 이해하고 안심할 필요가 있습니다. 뭔가 여기에 담긴 엄청난 진리의 맛이 느껴질 때까지 거듭 되뇌어 보십시오. 여러분이 하나님과 이 세상에서 가장 가깝고 친밀한 관계로 맺어져 있다는 뜻이요, 여러분에게 그분의 사랑과 능력과 축복, 나아가 기도의 모든 응답을 당당히 요구할 권리가 있다는 뜻입니다. 얼마나 담대히 하나님께 나아가라고 하는 말씀입니까! 얼마나 당당히 하나님께 요구하라는 말씀입니까! 그분이 우리의 아버지이십니다. 하나님의 무한한 사랑과 인내와 지혜가 우리를 감싸고 끌어안고 있다 그런 말입니다. 이 관계에 인간이 거룩할 수 있는 가능성과 현실이 놓여 있습니다.

여기 아버지의 오래 참으시는 사랑에서 우리는 시작해야 합니다. 하나님은 우리 각자를 아십니다. 각자의 특성, 약점과 난점을 다 포함해서 말입니다. 종을 부리는 주인은 결과로 종을 판단합니다. 그러나 아버지는 자식이 하고자 한 노력으로 판단합니다. 우리가 애쓴 노력의 대가를 살피시고 남들은 이를 소홀히 할지 몰라도 하나님은 가볍게 여기지 않으십니다. 작은 자가 변변찮게 시작해도, 남들한테는 그것이 서툴고 별 볼 일 없어 보여도 하나님의 사랑은 이를 다 허용하십니다. 이 모든 것, 그리고 더 많은 것이 하늘에 계신 아버지와의 복된 관계 안에 다 들어 있습니다. 그러니 두려움 없이 그 모든 것을 자기 것으로 삼으시기 바랍니다.

복되신 주님, 저희는 아버지의 사랑을 잘 모릅니다. 주님의 기도학교에서 배워야 할 첫 번째요, 가장 간단하고도 가장 영광스러운 내용이건만 가장 배우기 어려워하는 것도 바로 그것입니다. 아버지와 더불어 사는 법을 가르쳐 주소서. 그래서 아버지의 사랑이 육신의 아버지 사랑보다 더 가깝게, 더 분명하게, 더 귀하게 다가오게 하소서. 이 땅의 부모가 내 말을 들어주는 것보다 더 크게 하나님은 내 청을 들어주신다는 것을 확신케 하소서. 주님, 오직 우리 어린아이답지 못함만이 기도 응답을 막는 장애물임을 알게 하시고 하나님의 참 자녀다운 삶으로 이끌어 주소서.

하늘이 땅보다 높듯이 하나님의 아버지 사랑, 그리고 기꺼이 우리에게 주고자 하시는 마음이 우리가 생각하고 구할 수 있는 것보다 훨씬 크다는 믿음이 우리 기도에 늘 배어 있게 하소서. 아멘.

7장

전부를 담은 선물

너희가 악할지라도 좋은 것을 자식에게 줄 줄 알거든 하물며 너희 천부께서
구하는 자에게 성령을 주시지 않겠느냐.

누가복음 11:13

산상수훈에서 주님은 "하물며!" 하는 말씀을 주셨습니다
(마 7:9-11). 여기 누가복음도 비슷한 말씀이 나오긴 하지만
차이가 하나 있습니다. 마태복음에서는 좋은 것으로 되어 있지
만 누가복음에서는 "하물며 너희 천부께서 구하는 자에게 성
령을 주시지 않겠느냐?"로 나옵니다. 하나님께서 주시는 선물
중 가장 좋은 것은 결국 성령이십니다. 다른 모든 선물은 성령
안에 다 들어있는 것이지요. 성령은 아버지께서 주시는 선물
중 제일이요 가장 기뻐하시는 선물입니다. 그러므로 우리도 성
령 구하기를 제일로 삼아야 하겠습니다.

이 성령 선물에는 말할 수 없는 가치가 있다는 사실은 이해
하기 그리 어렵지 않습니다. 예수께서는 성령을 "아버지의 약
속하신 것"으로 말씀하셨습니다(행 1:4). 하나님의 아버지 되
심이 드러날 약속이 바로 성령입니다. 선하고 지혜로우신 아버

지께서 자녀에게 주시는 최상의 선물은 바로 당신의 영입니다. 그리고 자녀 안에 당신의 뜻과 성품을 심어주시는 것이야말로 아버지의 훈육에 있어 최고 목표라 할 것입니다. 자식이 아버지를 이해하고 그 뜻을 받들려면, 또 아버지와 자식이 서로 최고의 기쁨을 나누려면, 한 마음 한 뜻이 되어야 하는 게 당연합니다. 이렇게 볼 때 하나님께서 자녀에게 주실 선물 중 당신의 영 말고 달리 무엇이 더 나은 게 있겠습니까? 하나님이 하나님인 것은 당신의 영을 통해서입니다. 즉 성령은 바로 하나님의 생명 그 자체인 것이지요. 그렇다면 하나님께서 땅 위의 자녀들에게 성령을 주셨다는 말이 무슨 뜻인지 한번 생각해 보십시오.

예수께서 지상에서 아들의 영광을 드러냈다 하는 말이 바로 아버지의 성령이 그분 안에 있었다 하는 뜻 아니겠습니까? 요단강에서 세례 받으실 때 두 가지 일이 일어났었지요. 하나는 하늘에서 예수를 사랑하는 아들이라 선포하는 음성이 있었고 다른 하나는 성령이 비둘기처럼 그분에게 강림한 일입니다. 그런데 바울은 우리를 가리켜 이렇게 말합니다. "너희가 아들인 고로 하나님이 그 아들의 영을 우리 마음 가운데 보내사 아바 아버지라 부르게 하셨느니라"(갈 4:6). 왕이 자식을 교육시킬 때는 아들 안에 왕 같은 기상이 생기도록 애쓸 것입니다. 마찬가지로 하늘에 계신 우리 아버지도 우리를 교육시키실 때 당신을 닮아 당신이 거하시는 거룩한 천상의 생명이 우리에게 깃들길 원하십니다. 바로 그 일을 위해서 아버지께서는 당신의 가장 깊은 것 곧 영을 우리에게 주시는 것이지요. 피로써 구속을 이루신 주님께서 아버지께로 가 우리를 위해 성령을 보내시는 목적도 다 거기에 있는 것입니다. 아버지와 아들의 영으로서 성령은 아버지와 아들의 전체 생명과 사랑을 다 담고 계십니다. 그 성령께서 우리에게 강림하셔서 우리를 아버지와 아들이 나누는 사귐 안으로 들어올리시는 것입니다. 아버지의 영으로서 성령은 아들을 사랑하신 아버지의 사랑을 우리 가슴에 깃들게 하시어 그 사랑 안에 살아가도록 이끄십니다. 아들의 영으로서 성령은 일찍이 아들이 지상에서 보이신 것과 같은 어린아이 같은 자유와 의탁, 순종을 우리 안에 불어넣어 주십니다. 아버지께 주실 것 중에서 이보다 더 나은 선물이 무엇입니까? 이 하나님 자신의 영, 우리를 양자로 삼으시는 영 말고 말입니다.

이 같은 진실에서 자연히 모든 기도의 제일 가는 최고 목표도 하나님께서 주실 제일 가는 최고 선물이어야 한다는 결론이 나옵니다. 영적 삶에 따르는 모든 것을 채울 단 하나 필요한 것이 있다면 그것은 바로 성령입니다. 예수 안에 충만함이 있습니다. 이 은혜와 진리가 충만한 데서 우리가 받을 은혜도 나옵니다. 이때 성령이 도구가 되셔서 나를 채우시는 복된 경험이 있게 되고 이때 예수는 내 것이 됩니다. 성령의 특별한 사역이 바로 이것입니다. 성령은 예수 그리스도 안에 있는 생명의 영이십니다. 그러므로 성령께 나를 완전히 맡기고 그분이 나와 더불어 행하도록 할 때 다름 아닌 그리스도의 생명이 내 안에서도 표출되는 것이지요. 성령은 신성한 권능으로 그리스도의 생명이 우리 안에서도 꾸준히 이어지도록 일하신다 그 말입니다. 우리를 아버지의 보좌로 이끌어 거기 머물게 할 수 있는 기도가 있다면 그것은 바로 성령이 우리 안에 흘러 들어오고 또 우리 안에서 흘러 넘쳐 나오는 성령 충만의 기도뿐입니다.

성령께서는 은사를 다양하게 나눠주심으로써 신자들이 필요한 바를 채워주십니다. 성령의 이름을 한번 새겨보십시오. 그분은 예수 그리스도 안에 있는 모든 은혜를 알리고 또 전달하시기에 은혜의 영이십니다. 그분은 믿음의 길을 출발하여 믿음에 계속 자라도록 지도하시는 믿음의 영이십니다. 그분은 우리가 하나님의 자녀임을 증거해 주시고 확신을 주셔서 "압바, 아버지!" 할 수 있게 하시는 양자 삼으시는 영이요 확신의 영이십니다. 그분은 진리의 영이셔서 우리가 진리를 깨닫게 하시고 또 그 진리를 행동으로 참되게 옮기어 자기 것으로 삼을 수 있게 해 주십니다. 그분은 기도의 영이셔서 그분을 통해 우리는 아버지께 기도하고 아버지는 응답해 주십니다. 그분은 심판의 영이셔서 우리의 마음을 살피시고 죄가 죄인 줄 알게 하십니다. 하나님의 거룩하신 임재를 우리 내면에 심고 또 드러나게 하시기에 성령은 거룩함의 영이십니다. 아버지를 위해 기꺼이 봉사하면서 담대히 증언하고 효과적으로 일할 수 있게 하시기에 성령은 권능의 영이십니다. 마지막으로 우리가 상속할 영광, 다가올 영광을 준비하고 미리 맛보게 하시기에 성령은 영광의 영이십니다. 그러니 하나님의 자녀가 하나님의 자녀답게 살 수 있으려면 딱 한 가지가 필요합니다. 그것은 바로 성령의 충만함입니다.

그러므로 예수께서 우리에게 가르치고자 하는 핵심은 우리가 약속을 어린아이처럼 붙잡고 기도하기만 하면 아버지께서는 기꺼이 성령을 주신다는 것입니다. "너희가 악할지라도 좋은 것을 자식에게 줄 줄 알거든 하물며 너희 천부께서 구하는 자에게 성령을 주시지 않겠느냐!" "내가 나의 영을 풍성히 부어주겠노라" 하시는 하나님의 약속과 "오직 성령의 충만을 받으라"(엡 5:18)는 명령을 묶어 생각해 보면 하나님께서 주실 채비가 되어 있는 것, 그리고 우리가 얻을 수 있는 것이 무엇인지 가히 짐작할 수 있습니다. 물론 하나님의 자녀로서 우리는 이미 성령을 받았습니다. 그러나 계속해서 성령의 특별한 은사를 구하고 또 그 은사들이 활성화되도록 기도할 필요가 있는 것이지요. 뿐만 아니라 매순간 성령의 인도를 구해야 합니다. 가지는 이미 나무의 수액으로 차 있지만 계속해서 수액이 공급되어야 열매가 무르익을 수 있습니다. 마찬가지로 신자는 이미 성령을 모시고 있지만 계속해서 구하고 열망해야 하는 이치인 것입니다. 하나님의 약속과 명령 그 이하도 그 이상도 아닌 것을 기대하고 또 구해야 하겠습니다. 우리는 정말 충만히 채워져 있어야 합니다. 그러니 구하면 얻으리라는 것이 바로 하나님의 아버지 사랑에서 비롯된 약속임을 굳게 확신하면서 구하도록 하십시오.

그런데 성령 충만을 놓고 기도할 때 응답을 감정에서 찾으려고 하면 안 됩니다. 영적 축복이란 오로지 믿음으로 얻고 받는 것이지요. 아버지께서는 기도하는 자녀에게 진정 성령을 부어주십니다. 그러니 내가 기도할 때 믿음으로 "나는 내가 구한 것을 얻었다, 성령 충만은 내 것이다" 말하면서 계속 꾸준히 기도해야 할 일입니다. 하나님 말씀의 능력으로 구한 것이 이미 내 것임을 우리는 압니다. 그러므로 들어주셔서 감사하고 구한 것을 얻고 받아서 내 것이 되었음을 감사하면서 이미 주신 것, 그래서 내가 믿음으로 붙잡은 것이 기도에 꾸준할 때 마침내 나를 뚫고 들어와 존재를 가득 채우게 되는 것이지요. 이렇게 믿음으로 드리는 감사와 꾸준한 기도를 통해서 내 영혼이 열려 마침내 성령께서 나를 온전히, 방해받지 않고 소유하실 수 있게 됩니다. 이러한 기도는 단지 구하고 바라기만 하는 것이 아니라 완전한 축복을 붙들고 주장하고 마침내 상속받는다 그런 말입니다. 그러므로 이 땅에서 우리가 확신할 수 있는 한 가지가 있다면 바로 이것임을 잊지 마십시오. 아버지께서는 우리가 성령 충만하기를 원하시며 또 성령 주시기를 기뻐하십니다.

　나 자신이 한번 이 진리를 믿게 되면 이 하늘의 보화에서 하나님의 교회와 나아가 모든 육체에 성령 부어주시기를 청할 수 있는 담대함과 권능이 매일 흘러나올 수 있습니다. 기도를 통해 아버지가 어떤 분인지 알게 된 사람은 남을 위해서도 확신 있게 기도할 수 있기 때문이지요. 우리가 그렇게 특별히 남을 위해 구할 때 아버지께서는 구하는 자에게 더욱 성령을 주십니다.

　하늘의 아버지, 아들을 보내시어 우리에게 당신을 드러내시고 당신의 아버지 사랑을 알게 하셨습니다. 주님은 아버지의 선물 중 가장 뛰어난 선물이 성령이심을 우리에게 가르쳐 주셨습니다.

　나의 아버지, 아버지께 나아와 이런 기도를 올립니다. 성령 충만 말고는 바라는 것이 아무 것도 없다고 말입니다. 성령께서 가져다 줄 복됨 말고 달리 필요한 것이 없습니다. 성령께서 제 가슴에 아버지의 사랑을 깨닫게 하시며 아버지로 저를 채워주십니다. 제게 그리스도의 마음과 생명을 불어넣어 주시어 그분이 아버지의 사랑 안에서 아버지의 사랑을 위해 행하셨던 것처럼 살게 하십니다. 또 제 모든 걸음과 행함에 위로부터 오는 능력으로 덧입혀 주십니다. 이 모든 것을 구하옵니다. 아버지, 간

구하오니 이날에 성령의 충만함을 허락하소서.

내 주님께서 "하물며 너희 천부께서 구하는 자에게 성령을 주시지 않겠느냐" 하신 말씀에 의지하여 구하옵니다. 아버지께서 제 기도 들으신 줄 믿고 또 구한 바를 지금 받은 줄 믿습니다. 그러므로 아버지, 이제 성령 충만이 내 것이 되었다고 선언하며 받아들입니다. 이날에 성령 충만을 다시 받았사옵니다. 믿음으로 아버지께서 제게 약속하신 성령을 통해 일하고 계심을 받아들입니다. 아버지께서는 기다리는 자녀에게 성령을 부어주시어 계속 아버지와 친교를 나눌 수 있도록 하시옵니다. 아멘.

8 장
하나님의 친구 된 담대함

누가복음 11:5-8

우리 주님께서는 산상수훈을 통해 제자들을 처음 가르치셨습니다. 그런데 그로부터 일년쯤 지나 제자들이 주님께 와서 기도를 가르쳐 달라고 합니다. 그래서 가르쳐 주신 것이 주기도문으로서 무엇을 기도해야 할지 일러주는 것입니다. 그리고 이어서 어떻게 기도해야 하는지 일러주시면서 하나님의 아버지 되심과 기도 응답의 확실함을 다시 한번 말씀하셨지요. 그런 다음 드신 비유가 바로 여기 한밤중에 찾아온 친구의 비유입니다. 이 비유를 통해 주님은 자신만을 위해서 기도하지 말고 주변의 멸망해 가는 자들을 위해서 기도할 것이며, 이때 담대히 기도해야 하는데 이는 마땅하고도 하나님을 기쁘시게 하는 것이다 하는 말씀을 주고 계십니다.

이 비유는 중보기도란 어떤 것인지 일러주는 아주 깔끔한 교훈집이라 할 수 있습니다. 우선 아쉬운 사람을 돕고자 하는 사랑이 나타납니다. "내 벗이 여행 중에 내게 왔노라." 그 사랑에서 "먹일 것이 없노라" 하는 필요가 나옵니다. 그리고 도움을 청해도 좋다는 확신이 보입니다. "누가 벗이 있는데 밤중에 그에게 가서 말하기를 벗이여 떡 세 덩이를 내게 빌리라." 그런데 뜻하지 않은 거절을 당합니다. "나를 괴롭게 하지 말라 문이 이미 닫혔고 아이들이 나와 함께 침소에 누웠으니 일어나 네게 줄 수가 없노라." 그러나 청하는 자의 끈질김에는 거절이 가능하지 않습니다. "그 강청함을 인하여…" 마지막 그렇게 강청하는 기도의 대가가 나옵니다. "일어나 그 소용대로 주리라." 이렇게 해서 이 비유는 하나님의 복 주심을 얻는 기도의 한 방법을 아주 깔끔하게 예시해주고 있습니다.

하나님의 우정에 호소하는 기도에는 두 가지 교훈이 들어 있습니다. 우선 우리가 하나님의 친구로서 하나님 앞에 나아올 때 동시에 누군가 아쉬운 사람의 친구로서 나아와야 할 필요가 있다는 것입니다. 하나님께서 우리에게 베푸시는 우정과 우리가 남에게 베푸는 우정은 나란히 간다 그런 말입니다. 또 한 가지는 하나님과의 우정에서 나오는 최대한의 편안함을 도움이 필요한 친구들을 위해서 활용할 수 있다 하는 것입니다.

이렇게 기도에는 목적이 이중으로 있습니다. 첫째는 나 자신이 힘을 얻고 복을 얻고자 함이요, 둘째로 그리스도께서 우리가 참여토록 초대하시는 높고 영광스러운 기도라 할 중보의 기도입니다. 이 중보 기도에서 하나님의 자녀가 지닌 왕 같은 권능이 남을 대신해서, 또 하나님의 나라를 대리해서 발휘된다 하겠습니다. 성경을 읽노라면 구약에서도 아브라함이나 모세, 사무엘이나 엘리야 같은 이들이 남을 위해 기도할 때 어떻게 하나님의 권능이 드러나 승리하게 되는지 보지 않습니까? 우리가 자신을 남을 위한 축복으로 내어줄 때 하나님의 축복도 기대할 수 있습니다. 우리가 가난한 사람, 멸망하는 사람들의 친구로 하나님 앞에 나아갈 때 하나님도 우리에게 친구의 우정을 내어놓으십니다. 가난한 사람의 친구가 되어주는 의인은 하나님께도 특별한 친구입니다. 여기서 더욱 담대한 기도를 드릴 수 있는 자유로움이 나오는 것이지요.

주님, 제가 도와주어야 할 친구가 있습니다. 친구이기에 그를 돕는 짐을 지고자 합니다. 주님 안에서 제게는 무한히 자비롭고 풍성하신 친구가 있사옵니다. 그렇기에 제가 구하는 것을 들어주실 줄 확신하옵니다. 제가 비록 악할지라도 친구를 위해서 할 수 있는 것을 기꺼이 할 마음이 있는데 하물며 하늘에 계신 나의 친구는 얼마나 더 기꺼이 친구의 청을 들어주시겠사옵니까?

혹시 여기서 하나님의 아버지 사랑이 친구로서 베푸는 우정만 못해서 기도 응답의 확신을 부성애보다 우정에 기대어 설명하나 하는 의문을 가질 법합니다. 사실 아버지가 친구보다는 나을 터인데 말입니다. 그러나 하나님의 우정에 기대어 강청한다는 것도 새롭고 놀라운 깨달음을 우리에게 선사합니다. 아이가 아버지한테 무얼 얻는다는 것은 너무나 자연스러운 일입니다. 아버지가 되어 아이한테 뭘 준다는 건 당연한 의무니까요. 그러나 친구가 청을 들어준다는 것은 그런 자연스러움의 문제보다는 동정심과 성품의 문제라는 측면이 더 부각됩니다. 우정이란 보다 자유롭고 자발적인 친절에 기대는 것이니까 말입니다. 또 한 가지 비교해 볼 측면은 아이가 아버지한테 갖는 관계란 한쪽이 완전히 기대는 관계이지만, 친구란 서로 동등한 자격으로 맺는 관계라는 데 있습니다. 그러니까 주님께서는 기도의 영적 신비를 우리에게 열어 보이시면서 우리가 하나님께 이런 관계로 다가서길 원하셨던 겁니다. 하나님과 친구로서, 마음과 생활을 그분과 일치시키면서 말입니다.

하지만 이를 위해서는 우리가 진정 하나님의 친구로 살아야 하겠습니다. 나는 아직 어린아이요 나그네에 불과하지만 우정은 행위에 기초를 두는 것입니다.

너희가 나의 명하는 대로 행하면 곧 나의 친구라 (요 15:14)

네가 보거니와 믿음이 그의 행함과 함께 일하고 행함으로 믿

음이 온전케 되었느니라 이에 경에 이른바 아브라함이 하나
님을 믿으니 이것을 의로 여기셨다는 말씀이 응하였고 그는
하나님의 벗이라 칭함을 받았나니 (약 2:22-23)

그런데 "같은 성령"께서 우리가 그와 같이 믿음으로 하나님
께 받아들여졌다고 증거 해주고 계신 겁니다.

마찬가지로 같은 성령께서 우리 기도를 도와주고 계십니다.
하나님의 벗으로 사는 생활은 "친구한테는 한밤중에라도 찾아
갈 수 있다"는 놀라운 자유를 선사하는 생활입니다. 그러니 내
가 아예 그 우정의 영 안에 들어가 산다 할 때는 얼마나 나 자
신에게서도 하나님께 찾았던 것과 같은 자애로움이 나올 것이
며 하나님이 나를 도우셨듯이 남들을 돕고자 하는 마음이 나오
겠느냐 그 말입니다. 내가 하나님께 기도할 때 하나님이 보시
는 것은 청원 뒤에 숨은 동기입니다. 자기 위안이나 기쁨만을
위해 은혜를 구한다면 받지 못할 것입니다. 그러나 내가 하나
님의 복을 남에게 전달하여 하나님께 영광을 돌리고자 한다면
그 기도는 헛되지 않을 것입니다. 물론 남을 위하여 기도한다
고 하면서 남을 도울 만큼 부자가 될 때까지 손 하나 까딱하지
않는다면 거기 무슨 희생이 있고 믿음의 행위가 있겠습니까?
그런 기도는 응답을 기대할 수 없지요. 그러나 내가 이미 도움
이 필요한 친구를 떠맡는다면—즉 비록 가난하지만 나를 기꺼
이 돕는 친구가 있음을 믿고 사랑을 행동으로 옮긴다면— 기도

는 응답될 것입니다. 땅의 우정에 필요한 것을 하늘의 우정에 맡기면서 드리는 간청이 얼마나 힘이 있는지 모릅니다. "일어나 그 소용대로 주리라" 하신 말씀이 그대로 이루어질 것입니다(눅 11:8).

물론 모든 게 한번에 이루어지지는 않을지 모릅니다. 그러나 한 가지 사람이 하나님을 영화롭게 하며 그분을 누릴 수 있게 하는 것이 있다면 그것은 믿음입니다. 그런데 중보의 기도는 믿음을 훈련하는 학교의 필수과목입니다. 이 기도를 통해 내가 사람과 맺은 우정 및 하나님과 맺은 우정이 시험받습니다. 내가 도움을 필요로 하는 사람과 맺은 관계가 거기 기꺼이 시간을 들이고 안락함을 희생시키며 한밤중에라도 쫓아가서 그 사람한테 필요한 것을 구해올 정도로 진정한 것인가? 내가 하나님과 맺은 관계는 그분이 결단코 나를 멀리하지 않으실 것이기에 청한 것을 주실 때까지 꾸준히 기도할 수 있을 정도로 분명한 것인가?

끈질긴 기도에는 깊은 하늘의 신비가 들어 있습니다. 축복을 약속하시고 원하시고 또 확실히 주고자 하는 목적을 지니신 분이 정작 응답을 연기하십니다. 이것은 하나님께 중요한 일입니다. 왜냐하면 하나님은 땅 위의 친구들이 하늘의 친구를 확실히 알고 온전히 신뢰하길 원하시기 때문입니다. 그래서 하나님은 그들은 "지연되는 응답"이라는 교과목을 통해 훈련시키십니다. 그들이 오래 참아 마침내 승리하는 법을 배우고 또 그렇게 일관되게 집중할 때 얼마나 강한 하늘의 권능을 받아 쓸 수 있는지 발견하도록 말입니다. 믿음의 증거는 있되 약속은 받지 못한 믿음이 있습니다(히 11:13, 39). 기도해도 응답이 없어서 그토록 확신하고 믿었던 약속이 아무 효과도 없는 것 같을 때 금보다 귀한 믿음의 단련이 시작되는 것입니다. 이런 단련을 통해서 약속을 끌어안은 믿음이 정화되고 강하게 되며, 살아 계신 하나님과 개인적으로 나누는 거룩한 사귐이 깊어지면서 마침내 하나님의 영광을 볼 수 있도록 준비되는 것이지요. 이렇게 믿음은 약속을 붙들고 오래 참음으로써 눈에 보이지 않지만 살아 계신 하나님의 진리로 선포했던 바를 마침내 이루게 합니다.

그러니 아버지를 섬기며 그분을 사랑하여 행하고자 하는 하나님의 자녀들이여, 용기를 내십시오. 부모님들과 선생님들, 설교하는 사람들, 그리고 주리고 멸망하는 영혼들의 짐을 진 모든 사람들이여, 힘을 내십시오. 하나님께서 오래 참는 기도를 원하신다는 사실, 그래서 영적으로도 집요함이 필요하다는 사실이 쉽게 다가오지는 않습니다. 그래서 주님께서도 비유로 말씀하신 것입니다. 이 땅의 이기적인 친구도 집요하게 청하니까 굴복하여 응답했다면 기꺼이 주고자 하시는 하늘의 친구는 얼마나 더 응답하시겠느냐는 것이지요. 응답이 지연되는 것은 단지 우리가 영적으로 부족하고 아직 준비되지 않았기 때문이라는 겁니다. 그러므로 응답이 지연되는 것에 대해 주님께 감사하십시오. 이를 통해 참된 자기중심을 찾게 하시고 하나님과의 관계에 온힘을 다하도록 훈련시키시는 것이니까요. 그 훈련은 의심하지 않는 믿음과 신뢰로 하나님과 사귀어 진정 하나님의 벗이 될 수 있게 하는 훈련입니다. 그러니 서로 뗄 수 없는 삼 겹의 줄을 굳게 붙드십시다.

1. 도움이 필요한 주린 친구
2. 도움을 청하는 기도하는 친구
3. 필요한 것을 기꺼이 주고자 하는 힘센 친구

나의 선생이신 복되신 주님, 기도로 주님께 나아옵니다. 주님의 가르침은 영화롭지만 제가 선뜻 이해하기엔 너무 어렵습니다. 아버지 하나님을 감히 친구로 하는 담대함을 갖기엔 제 가슴이 너무 작고 보잘것없음을 고백하옵니다. 주 예수님, 당신의 성령과 말씀을 주시어 부디 약속의 말씀이 제 안에서 살아 권능 있게 하소서. "그 강청함을 인하여 일어나 그 소용대로 주리라"(눅 11:8) 하신 말씀을 붙들길 원하옵니다.

주님, 끈질긴 기도의 힘을 더 깨우쳐 주소서. 아버지께서는 우리의 내적 생명이 자라고 무르익어서 당신의 은혜가 언제 수

용되고 언제 우리 것이 될지 그때를 아십니다. 아버지께서는 우리가 실망스러울 때에도 하나님을 놓지 않는 강한 믿음을 훈련시키기 원하시옵니다. 그리고 우리 기도에 따라 당신의 은혜가 내리도록 하는 놀라운 자유를 우리 기도에 부여하셨습니다. 주님, 제가 이러한 것을 안다고 지금 말씀드리고 있지만 정말 신령과 진정으로 이해할 수 있도록 가르쳐 주소서.

이제 제게 하늘의 부요하신 친구를 대신하여 행하는 기쁨, 그래서 모든 주리고 멸망의 길을 걷는 사람들을 돌보기 위해 한밤중에라도 그리 하는 기쁨을 허락하소서. 제가 확신 가운데 그리 할 수 있사오니 이는 나의 친구 되신 하나님께서 끈질기게 강청하는 사람에게 소용대로 주실 것을 알기 때문이옵니다. 아멘.

9장
일꾼을 청하는 기도

이에 제자들에게 이르시되 추수할 것은 많되 일군은 적으니
그러므로 추수하는 주인에게 청하여 추수할 일군을 보내어주소서 하라 하시니라.

마태복음 9:37-38

주님께서 제자들에게 기도해야 하며 어떻게 기도하라는 말씀은 많이 하셨어도 무엇을 놓고 기도해야 하는지는 별로 말씀하지 않으셨습니다. 그 문제만큼은 제자들이 필요하다고 느끼는 대로, 그리고 성령께서 이끄시는 대로 따르도록 하신 셈이지요. 그런데 여기 한 가지만큼은 꼭 기억하라고 말씀하신 게 있습니다. 추수 때가 되었고 추수할 것이 많은 마당이니까 일군을 보내달라고 청하라는 것입니다. 한밤중에 찾아온 친구 이야기에서 그랬듯이 여기서도 기도는 자신만을 위해서 하는 게 아니라는 것이지요. 기도는 다른 사람을 축복할 수 있는 능력의 통로입니다. 그런데 우리가 성령을 위해 기도할 때 아버지께서 추수의 주인이시니 아버지께서 준비된 일군을 보내주시도록 기도하라는 것입니다.

주님께서 제자들에게 이런 기도를 하라는 게 좀 이상하지 않습니까? 주님께서 친히 기도하실 수도 있지 않습니까? 사실 주님이 드리는 기도 한번이 제자들이 드리는 수천 번보다 나을 텐데 말입니다. 그리고 추수의 주인이신 하나님께서 일군이 필요한 줄 모르실 리 없지 않습니까? 굳이 제자들이 기도하지 않아도 하나님께서 적당한 때에 일군을 보내실 수 있는 일 아니겠습니까? 이런 질문을 통해서 우리는 기도의 깊은 신비가 무엇인지, 기도가 하나님 나라에서 어떤 힘을 발휘하는지 더 깊이 깨달을 수 있습니다. 그래서 그 답을 얻고 보면 과연 추수하는 일의 성패 및 하나님 나라의 도래가 기도에 달려 있구나 확신하게 될 것입니다.

기도는 공허한 형식이나 쇼가 아닙니다. 주 예수께서 말씀하신 것은 진리입니다. 그분이 이 땅에서 하신 말씀 전부가 진리입니다.

> 무리를 보시고 민망히 여기시니 이는 저희가 목자 없는 양과
> 같이 고생하며 유리함이라 (36절)

바로 이때에 주님은 제자들에게 일군을 보내달라는 기도를 하라고 하셨습니다. 그렇게 절실할 때에 기도하라 하신 것은 기도에 힘이 있음을 믿으셨기 때문이지요. 우리한테는 보이지 않는 베일에 싸인 세계가 인간 예수의 거룩하신 영혼에는 투명하게 보였습니다. 그분은 깊고 멀리 내다볼 수 있으셨기 때문

에 영의 세계의 보이지 않는 인과율을 꿰뚫고 계셨습니다. 하나님께서 아브라함, 모세, 여호수아, 사무엘, 다니엘 같은 사람들을 부르시면서 당신의 이름을 부를 권리를 주셨던 것처럼 주님도 제자들에게 당신의 이름으로 필요할 때 하늘의 도움을 구할 수 있는 권리를 주셨습니다. 예수께서는 하나님의 일이 구약의 사람들 및 지상생활 중의 자신에게 위탁되었듯이 제자들에게도 하나님의 일이 위탁되리라는 것을 아셨습니다. 이렇게 일을 위탁한다는 것이 그저 형식적인 쇼에 불과한 것은 아니지요. 일의 성패가 이제부터 제자들한테 달린 것이며 그들이 얼마나 기도에 성실하냐 불성실하냐에 달린 것입니다. 또한 인간의 몸을 입고 한 개인의 제한된 삶을 사는 예수께서는 잠깐에 불과한 지상생활만으로는 주변에 널려 있는 목자 없는 양들을 위해서 할 수 있는 일이 많지 않다는 것을 알고 계셨습니다. 그러나 한편으로는 그들을 정말 잘 돌볼 수 있길 원하셨습니다. 그래서 그분은 제자들더러 기도하라 하신 것입니다. 그때나 후일 주님의 지상사역을 제자들이 떠맡게 될 때에도 추수의 주인께 추수할 일군을 보내주소서 청하는 이 기도가 그들의 주된 기도제목이 되게 하라고 말입니다. 하나님께서 그들에게 당신의 일을 맡기셨으니 일을 하다가 필요한 일군을 보내달라고 청할 권리도 주셨다는 뜻이며 또한 그렇게 일군이 공급되는 건 그들 기도의 몫이라 가르치신 것입니다.

　세상은 추수의 때로 누렇게 무르익었는데 그리스도인들은 일군의 필요성을 왜 이리도 못 느끼는지요! 우리 수고한 열매가 기도에 따라 얼마나 다른지, 또 소용대로 얻으려면(눅 11:8) 기도가 얼마나 필요한지 잘 느끼지 못합니다. 일군이 필요한 줄 몰라서도 아니고 필요한 걸 채우려는 노력이 부족한 문제도 아닙니다. 하지만 목자 없는 양처럼 떠도는 사람들을 짐으로 지는 마음이 모자라서 추수하는 주인에게 일군을 보내달라 실제로 청하는 믿음으로까지 이어지지 못하는 것이 문제입니다. 물론 일군을 보내달라는 기도가 없다고 해서 추수할 때가 된 땅이 모조리 황폐하고 말 수 밖에 없는가 하면 꼭 그렇지만은 않겠지요. 그러나 여하튼 일군을 청하는 기도는 매우 중요한 문제인 것입니다.

　주님께서 교회에 당신의 일을 완전히 맡기셨기에, 즉 오로지 당신의 몸 된 백성들이 어떻게 하느냐에 당신 사역의 성사 여부를 맡기셨기에, 주님께서 그들이 하늘과 땅에 행할 수 있도록 주신 권세 또한 그만큼 실질적입니다. 그렇기 때문에 추수할 일군의 숫자 및 추수의 방법도 그들이 어떻게 기도하는가에 달려 있습니다.

　이 얼마나 놀라운 노릇입니까! 그런데 왜 우리는 주님의 훈계를 온 마음으로 따르지 못하고 추수할 일군을 보내달라 간절히 청하질 않는 걸까요? 거기엔 두 가지 이유가 있습니다. 첫째, 우리는 예수께서 품으셨던 것만큼 사람들을 긍휼히 여기는 마음이 없습니다. 그래서 그분처럼 청을 드리지 못하는 것이지요. 구원받은 사람들에게 아버지 하나님께서 주신 계명이 이웃을 자신처럼 사랑하고 오직 하나님의 영광만을 위해 살며 멸망하는 사람들을 돌보는 일을 주님께서 자기에게 맡기신 사명으로 받아들이라는 것입니다. 잃어버린 사람들을 그저 추수할 땅으로서만이 아니라 주님처럼 사랑과 긍휼로 돌봐주어야 할 개인들로 볼 수 있을 때라야 전에는 미처 느끼지 못했던 간절함으로 "주님, 부디 추수할 일군을 보내주소서!" 외칠 수 있게 되는 것입니다.

하나님의 계명에 소홀한 두 번째 이유는 믿음의 부족에서 찾을 수 있습니다. 이 문제 또한 진정 긍휼함으로 도와 달라 간청할 때 극복될 수 있습니다. 우리는 기도가 구체적인 결과를 가져온다는 사실을 잘 믿지 못합니다. 그만치 하나님과 가깝질 못하고 그분을 섬기고 하나님의 나라를 위해 헌신하지 못한 탓입니다. 그래서 기도가 필경 응답 받는다는 확신을 감히 갖지 못하는 것이지요. 그리스도와 일치해서 그분의 긍휼히 여기는 마음이 내 안에서도 흘러나오게 해 달라고 기도하십시오. 그러면 주님의 성령께서 내 기도가 꼭 응답되리라는 확신을 주실 것입니다.

이렇게 기도하면 이중의 축복을 누릴 수 있습니다. 우선 하나님을 섬기는 데 온전히 헌신하고자 하는 열망이 커지는 축복입니다. 그리스도의 교회에서 사역자나 선교사, 말씀을 가르치는 역할을 맡은 사람들이 주님을 섬기는 열망이 부족하다면 정말 오점이 아닐 수 없습니다. 하나님의 자녀들은 자기가 속한 모임과 교회를 위해 기도해야 합니다. 그러면 참된 열망으로 헌신한 일군들이 나타날 것입니다. 주 예수는 추수의 주님이십니다. 그분은 영화롭게 높이 들리셔서 우리에게 성령의 은사를 부어주고 계십니다. 그리고 주님이 주시는 선물 중 최고는 바로 성령으로 충만한 사람들입니다. 교회의 머리와 몸이 긴밀히 연결되어 있으면 은사와 일군이 넉넉하게 공급되는 법입니다.

다른 축복도 위에 못지 않습니다. 사실 모든 신자가 다 일군입니다. 모든 구원받은 하나님의 자녀가 다 일할 부르심을 받았으며 해야 할 일이 있는 것입니다. 그러므로 우리는 주님께서 당신의 백성을 헌신의 영으로 부어주시어 포도원에서 빈들거리며 서 있는 자가 한 명도 없게 해달라고 기도해야 합니다. 일군이 부족하네, 유능한 일군이 없네 불평하지 말고 필요한 일군을 채워주시리라는 약속을 붙드십시오. 하나님께 미처 준비되지 못한 일이 어디 있으며 채워줄 일군이 없어서 못할 일이 어디 있겠습니까? 시간이 좀 걸리고 끈질긴 인내가 혹시 필요할지는 몰라도 주님께서 일군을 청하라고 명령하셨다는 사실은 곧 그 청은 응답 받으리라는 약속이나 마찬가지입니다.

일어나 그 소용대로 주리라 (눅 11:8)

우리 믿는 사람들이 세상을 위해, 또 하나님의 일을 할 수 있는 일군을 얻기 위해 기도할 수 있다는 것은 결코 과장된 사고방식이 아닙니다. 우리더러 그렇게 기도하라 하신 추수의 주인께서 그 기도를 들어주실 것입니다. 그렇게 기도하라고 특별히 이르신 그리스도께서 우리가 당신의 이름과 뜻을 위해 그렇게 기도할 때 필경 들어주시리라는 말입니다. 그러니 시간을 따로 떼어 그러한 목적으로 중보 기도를 드리십시다. 그러면 주님의 궁휼하심이 우리 마음에도 전달될 것입니다. 애초에 우리더러 일군을 청하는 기도를 하라 명하시게 했던 주님의 그 마음 말입니다. 그리고 우리가 하나님과 더불어 하나님의 나라를 위해 일하는 왕 같은 지위에 있음도 깨닫게 될 것입니다. 그러면 진정 우리가 지상에서 하나님과 함께 일하는 동역자임을 느낄 수 있겠지요. 하나님의 일을 함께 나누도록 우리는 부르심 받았습니다. 기도하지 않았으면 오지 않았을 응답이 오는 것을 보면서 우리는 주님의 산고뿐만 아니라 기쁨에도 동참하는 것입니다.

복되신 주님, 기도에 대한 놀라운 교훈을 다시 한번 저희에게 주셨습니다. 겸손히 청하오니 주님이 말씀하신 영적 실재를 명백히 볼 수 있도록 도와주소서. 추수할 일은 너무나 많고 지금도 멸망으로 치닫는 사람들은 수없이 많사옵니다. 잠든 제자들

이 깨어나 저들을 위한 일군을 청해주길 기다리는 사람들입니다. 주님, 저희를 가르치시어 긍휼히 여기는 마음으로 추수할 땅을 바라보게 하소서. 일군이 너무나 적습니다. 이를 놓고 기도하지 않는 죄가 얼마나 심각한 것인지 보게 하소서. 추수하는 주인께서 언제고 일군을 보내주실 수 있으며 또 보내실 채비를 하셨음을 알게 하소서. 저희의 기도가 얼마나 중요한 것인지 분명히 새기게 하소서. 그 기도는 기필코 응답을 받을 것이옵니다.

저희는 왜 주님께서 그리도 나태하고 성실치 못한 저희에게 그런 일을 맡기시고 그런 권능을 허락하셨는지 알지 못합니다. 다만 밤낮으로 일군을 보내달라고 주님께 청하고 있는 사람들로 해서 주님께 감사드릴 뿐입니다. 오직 성령을 모든 하나님의 자녀들에게 불어넣으시어 오로지 주님의 나라와 주님의 영광만을 위해 살게 하소서. 저희가 드리는 기도가 얼마나 놀라운 일을 성취할 수 있는지 온전히 깨어 믿을 수 있게 하소서. 살아 계신 하나님께 사랑에서 나오는 믿음으로 드린 기도는 확실하고도 풍성한 응답을 받는다는 확신이 저희 마음을 가득 채우게 하소서. 아멘.

10장

구체적으로 드리는 기도

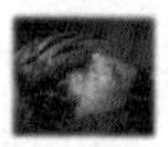

예수께서 일러 가라사대 네게 무엇을 하여주기를 원하느냐.

마가복음 10:51

소경은 계속해서 "다윗의 자손 예수여, 나를 불쌍히 여기소서!" 하고 소리쳤습니다. 그 부르짖음은 마침내 주님께 들렸고 주님은 그가 뭘 원하는지 아셨습니다. 그리고 그 원하는 것을 주실 채비가 되어 있는 상태였습니다. 그러나 주님은 그 소경에게 먼저 "네게 무엇을 하여주기를 원하느냐?" 하고 물으십니다. 그 소경이 자기 입으로 확실히 말해 주길 원하신 것입니다. 그저 불쌍히 여겨달라는 일반적인 청 말고 매우 구체적으로 무얼 바라는지 말입니다. 본인이 그것을 밝히고 나서야 소경은 치유를 받을 수 있었습니다.

지금도 주님은 많은 사람들에게 일찍이 소경에게 하셨던 같은 질문을 던지고 계십니다. 아직도 구하는 도움을 주님께 얻지 못하고 있는 많은 사람들에게 말입니다. 기도는 막연히 주님께 자비를 구하거나 마냥 축복해달라는 것이어서는 곤란합니다. 구체적으로 무엇이 필요하다고 표현해야 합니다. 주님의 마음은 사랑이 넘치는데 우리한테 뭐가 필요한지 모르실 리도 없고 들을 마음이 없으실 리도 없습니다. 단지 우리가 무얼 바라는지 구체적으로 기도하길 원하실 따름입니다. 사실 구체적으로 기도할 때 자신에게 필요한 것이 무엇인지 더 잘 알게 됩니다. 나한테 가장 필요한 것이 무엇인지 알려면 시간을 들여야 하고 생각해야 하고 자기를 점검해야 합니다. 내가 원하는 것이 정직하고 참된 것인지 알려면, 그래서 꾸준히 인내하면서 그것을 위해 기도할 수 있으려면 그 소원은 시험을 거쳐야 합니다. 그래야 내 소원이 하나님의 말씀과 합치하는 것인지, 또 내가 구하는 그것을 받을 것이다 믿고 있는지 분별하게 되는 것입니다. 또 구체적으로 기도해야 응답이 왔을 때 구체적으로 알아차릴 수가 있습니다.

하지만 우리가 드리는 기도는 너무나 모호하고 초점이 없을 때가 많지요. 마냥 자비를 베푸시라고 외치지만 왜 자비가 필요한지도 모르면서 그렇게 하는 사람도 있습니다. 어떤 이들은 죄에서 건져달라고 기도하긴 하는데 구체적으로 어떤 죄에서 건짐을 받아야 하는지 막연한 채로 그렇게 기도합니다. 혹은 주변에 있는 사람들을 축복해 주십시오, 이 땅과 이 세상에 하나님의 영을 부어주십시오 기도하건만 꼭 집어 어디에 어떻게 하나님의 응답이 임할지 알 수 없게 기도하는 이들도 있습니다. 사실 우리 모두에게 주님은 "네게 무엇을 하여주기를 원하느냐?" 묻고 계십니다.

그리스도인 각자는 한정된 힘밖에는 없고 또 그가 일해야 하는 영역 또한 한정되어 있습니다. 각자 기도로 끌어안아야 하는 그룹 또한 한정되어 있습니다. 각자가 속한 집단이 있고 가족이 있으며 친구, 이웃이 있습니다. 그런데 그들을 구체적으로 이름을 불러가며 기도할 때 기도학교 훈련의 또 한 과정에 들어가는 것이며, 하나님과의 관계에서도 개인적이고 구체적인 사항을 놓고 기도하는 관계가 서는 것입니다. 그렇게 구체적인 문제들을 놓고 믿음을 주장하고 응답을 받게 되면 그때는 일반적인 내용을 기도 드려도 믿음과 효과 면에서 차이가 나게 됩니다.

사냥을 하는 사람이 숲에다 대고 아무렇게나 총을 쏘는데 사냥감이 맞겠습니까? 구체적으로 겨냥하는 타깃이 있어야지요. 마찬가지로 기도도 타깃이 있고 목적이 있어서 겨냥한 데다 총을 쏴야 결과가 나오는 법입니다.

기도 제목 하나하나에 무얼 목적하고 무얼 기대하는지 시간 들여 음미하지 않고 대충 싸잡아 통째로 기도하면 과녁을 맞추는 기도가 별로 없을 것입니다. 그러나 고요한 영혼으로 주님께 나아와 "내가 정말 원하는 게 뭘까? 나는 진정 믿음으로 응답을 받을 수 있다는 기대를 하면서 기도하고 있는 걸까? 진정 자신의 문제를 아버지 손에 맡기고 그 문제로부터 떠날 마음의 준비가 되어 있는 것일까? 하나님과 나 사이에 이 문제를 놓고 응답을 받을 수 있을 만큼 뜻이 합치된 걸까?" 등을 스스로에게 묻는다면, 어떻게 해야 분명한 믿음과 분명한 기대를 갖고 또 분명한 응답을 얻는 기도를 할 수 있는지 터득하게 될 것입니다.

주님께서 이방인들처럼 중언부언하지 말라고 경고하신 한 가지 이유가 여기 있으니 그들은 말을 많이 해야 기도가 응답되리라 생각한다는 것입니다. 정말 뜨겁게 열심히 기도하면서 산더미 같이 청원을 쏟아놓지만 주님께서 거기다 대고 하실 말씀은 "네가 진정 나에게 원하는 것이 무엇이냐?"가 틀림없습니다.

저희 아버지께서 과거에 사업차 외국에 가 계시면 저는 두 종류의 편지를 아버지게 받습니다. 하나는 가족의 소식을 담은 편지로 정이 가득하고 좀 장황한 편지요, 다른 하나는 사업상의 편지니 이러 저런 것을 주문하여 보내고 또 처리하라는 내용입니다. 때론 이 두 가지가 뒤섞인 편지도 있지요. 여하튼 편지 종류에 따라 답이 다릅니다. 가족의 소식을 담은 편지에 대해서는 굳이 구체적인 답을 기대하지 않아도 무방합니다. 하지만 사업상 처리해야 할 일이 들어있는 편지는 해당 물건을 부치거나 여기서 꼭 처리하지 않으면 안 될 내용이 들어 있게 마련입니다. 그런데 이와 같은 사무적 요소가 하나님과의 관계에서도 있습니다. 무엇이 필요하다고 청원하거나 죄를 고백하고 하나님을 향한 사랑과 믿음을 표현하려고 할 때에도 무언가 우리가 꼭 집어 요청해서 받고자 하는 내용이 들어 있는 것입니다. 그러면 아버지 하나님께서는 그 요청을 사랑으로 수락해 주시고 구체적인 응답으로 그 수락하심을 나타내신다는 말씀입니다.

그러나 주님의 말씀은 이 정도로 그치는 것이 아닙니다. 주님은 그저 "무얼 원하느냐?"고만 물으신 게 아니라 "무엇을 뜻(의지)하느냐?"고도 물으십니다. 의지는 없이 원하기만 할 수도 있습니다. 내가 어떤 걸 갖고 싶어했는데 보니까 가격이 너무 높습니다. 그래서 사지 않기로 마음먹습니다. 이 경우는 원하긴 했지만 꼭 갖자고 뜻하지는 않은 셈이 되겠습니다. 게으름뱅이도 부자가 되고 싶어하긴 합니다. 그러나 부자가 되겠다는 의지는 부족하지요. 구원받고 싶은 사람은 많지만 정작 의지가 부족해서 멸망당하고 맙니다. 의지를 세우려면 온 마음과 목숨을 바쳐야 합니다. 내가 어떤 걸 원하고 또 그것이 내 손닿는 범위 내에 있다면, 그것을 얻을 때까지 나는 쉬지 않을 것입니다. 그러므로 예수께서 "네가 원하는 것이 무엇이냐?"고 물으셨을 때 그분은 우리가 어떤 희생도 마다 않고 기필코 얻고자 하는 바가 무엇이냐를 물으십니다. 여러분은 청원을 드릴 때 비록 하나님께서 응답을 늦추시더라도 기필코 들어 응답해 주실 때까지 쉬지 않겠다는 의지를 세우고 드리십니까? 슬프게도 기도가 그저 미약한 바램이나 늘어놓다가 얼마 안가 본인도 잊고 마는 경우가 얼마나 많으며, 그저 의무로나 기도를 바치고 응답이 없어도 별 상관이 없는 채로 넘어갈 때는 또 얼마나 많은지 모릅니다.

"하지만 우리 소원을 하나님께 알리되 무엇이 최선일지는 하나님께 맡기고 우리 의지를 주장하지 않는 것이 낫지 않을까요?" 말씀하실 분이 있으실 겁니다. 그렇질 않습니다! 예수께서 제자들에게 믿음의 기도를 훈련시키고자 하셨는데 그 핵심이 바로 이것입니다. 절대로 소원만 말하고 결정은 하나님께 맡기는 걸로 그치지 말라는 겁니다! 하나님의 뜻을 잘 모를 때는 그렇게 맡기는 기도를 할 수 있습니다. 그러나 분명한 말씀의 약속이 있어 하나님의 뜻을 찾았을 때에는 응답이 올 때까지 믿음의 기도를 바쳐야 하는 것입니다. 마태복음 9:28에는 예수께서 소경에게 "내가 능히 이 일 할 줄을 믿느냐?" 하고 물으시는 장면이 나옵니다. 그런데 마가복음 10:51에서는 "네게 무엇을 하여주기를 원하느냐?"고 물으십니다. 그리고 두 경우 모두 네 믿음이 너를 구원하였다고 맺고 있습니다(마 9:29와 막 10:52를 보십시오). 수로보니게 여인에게도 이렇게 말씀하셨습니다.

네 믿음이 크도다! 네 소원대로 되리라 (마 15:28)

믿음이란 하나님의 말씀에 기대어 "내가 이것을 얻어야만 하겠다!"고 외치는 의지의 지향이지 다른 게 아닙니다. 즉 정말로 믿는다면 분명히 의지를 발하지 않을 수 없다는 말입니다.

하지만 그러한 믿음의 의지란 하나님께 복종하고 의지하는 것과 상충되는 것이 아닐까요? 전혀 그렇지 않습니다! 오히려 그러한 믿음이야말로 진정 하나님을 영화롭게 하는 복종입니다. 자녀가 아버지의 뜻에 완전히 복종해야 아버지에게서 제 의지대로 할 자유와 힘을 얻게 됩니다. 그런데 말씀과 영을 통해 하나님의 뜻이 드러나고 믿는 사람이 이 뜻을 자신의 뜻으로 삼게 되면 그는 바로 그 새롭게 얻은 뜻을 가지고 도리어 하나님을 섬길 수 있게 되는 것입니다. 사람의 영혼에 이 뜻보다 더 고귀한 힘은 없습니다. 은혜란 무엇보다 이 뜻을 회복하고 성화시켜 ─원래 하나님의 형상대로─ 자유롭고 온전하게 발휘되도록 하는 것입니다. 아버지의 뜻을 받드는 자식이 사업을 같이 하더라도 아버지의 신뢰를 받을 것 아니겠습니까? 이런 자녀에게 하나님은 정성스레 "내가 네게 무엇을 하여주기 원하느냐?" 물으시는 것이지요. 영적으로 태만한 사람들이 종종 겸손을 가장해서 자신은 아무 원하는 뜻이 없다고 말하지만 이는 하나님의 뜻을 알려는 노력도 부족할 뿐만 아니라 알아내서 이를 믿음으로 선언하는 씨름이 두려운 탓입니다. 참된 겸손은 언제나 힘 있는 믿음과 나란히 가는 것입니다. 늘 하나님의 뜻을 찾고 "무엇이든지 원하는 대로 구하라, 그리하면 이루리라"
는 약속을 담대히 붙드는 것이 진정 겸손한 사람의 모습입니다
(요 15:7).

　　주 예수여, 마음과 뜻을 다해 기도할 줄 알게 하시어 조금도
의심 없이 구할 줄을 알게 하옵소서. 제가 청하는 것이 하늘에
기록되도록 소원한다는 것이 어떤 것인지 알게 하소서. 그 소원
은 땅에도 기록할 수 있사오니 매번 응답이 올 때마다 알아차릴
수 있게 하소서. 주님 약속하신 말씀을 분명히 믿음으로써 성령
께서 제 안에 일하시어 약속에 담긴 바를 분명히 내 의지로 삼
을 자유를 일으키게 하소서. 주님, 부디 저의 의지를 새롭게 하
시고, 힘주시고, 거룩하게 하시어 능력 있는 기도를 드릴 줄 알
게 하소서.

　　복되신 주님, 주님이 보여주신 정말 놀라운 겸양의 모습, 즉
무엇을 해주기 원하느냐고 저희에게 물으실 뿐만 아니라 저희
가 원하는 대로 해 주시겠다고 약속하시던 그 모습을 다시금 제
게도 보여 주시옵소서. 하나님의 아들이시여, 정말 저는 이해하
지 못하겠습니다. 그저 주님께서 홀로 저희를 구원하시고 저희
의지를 당신 섬기는 종으로 삼으신다는 사실을 받아들일 뿐입
니다. 주님, 제 의지를 온전히 바치오니 이를 통로 삼아 주님의
성령께서 제 전존재를 다스릴 수 있게 하소서. 성령이 저를 완
전히 사로잡아 주님 약속의 진리로 이끌어 들이시며 힘찬 기도

를 드릴 수 있게 하시어 저도 주님께서 "네 믿음이 크도다, 네 소원대로 이루어졌다" 말씀하시는 것을 들을 수 있게 하소서. 아멘.

11장

약속을 주장하는 믿음

그러므로 내가 너희에게 말하노니 무엇이든지 기도하고 구하는 것은 받은 줄로 믿으라.
그리하면 너희에게 그대로 되리라.

마가복음 11:24

이 얼마나 크고 거룩한 약속인지요! 우리의 한정된 이해력으론 도저히 다 파헤칠 수 없는 약속입니다. 사실 우리는 이 약속을 가능한 한 우리 생각에 안전하게, 혹은 있을 법하게 한정 지으려 듭니다. 주님께서 말씀하신 그대로 약속의 권능과 힘을 받아들이지는 않으면서 말입니다. 믿음이란 하나님 말씀의 진리를 머리로 이해해서 받아들이거나 어떤 확실한 전제에서 이끌어낸 결론을 받아들이는 일과는 거리가 멉니다. 믿음은 하나님께서 내가 무엇 무엇을 행하리라 말씀하시는 것을 들은 귀요 하나님께서 행하시는 것을 본 눈입니다. 그러므로 참된 믿음이 있는 곳에 응답은 반드시 오게 마련입니다. "구하는 것은 받은 줄로 믿으라" 하신 말씀이 우리가 해야 할 오직 한 가지 일이라면, "너희에게 그대로 되리라"는 말씀을 이루시는 것은 약속하신 이의 몫입니다. 역대하 6:4에서 보면 "이스라엘 하나님

여호와를 송축할지로다 여호와께서 그 입으로 나의 부친 다윗에게 말씀하신 것을 이제 그 손으로 이루셨도다" 하고 나옵니다. 솔로몬이 바친 긴 기도의 기조가 바로 거기에 있습니다. 사실 모든 참된 기도의 기조가 그것이라 해도 과언이 아닙니다. 입으로 말씀하신 것을 언제나 손수 이루시는 하나님께 기쁘게 드리는 찬미 말입니다. 그러한 찬미의 마음으로 예수께서 하신 약속의 말씀을 더듬어 봅시다. 그 약속의 한 부분 한 부분이 다 영적인 메시지를 담고 있습니다.

"무엇이든지 구하는 것은…" 이 첫 부분을 맞닥뜨리자마자 사람 생각은 즉각 의심을 일으킵니다. "이게 설마 문자적으로 진실이란 말은 아니겠지?" 그러나 문자 그대로 진실이 아니라면 무엇 때문에 주님께서 그 말씀을 하셨으며 구태여 "무엇이든지!" 하는 강한 표현을 쓰신 것일까요? 또 여기서만 그렇게 말씀하신 것도 아닙니다. "믿는 자에게는 능치 못할 일이 없느니라" (막 9:23) 하는 말씀이나 "너희가 못할 것이 없으리라" (마 17:20) 하는 말씀도 하셨지요. 믿음이란 하나님의 영이 하나님의 말씀을 통해 믿는 사람의 준비된 마음에 작용하는 것이어서 도무지 약속이 이루어지지 않는 일은 있을 수 없습니다. 믿음은 장차 올 응답의 보증서요 담보물입니다. 그래서 "무엇이든지 기도하고 구하는 것은 받은 줄로 믿으라"는 말씀이 가능한 것입니다. 사람의 생각은 여기다 뭔가 "그렇게 믿는 것이

편하다면"이라든지 "하나님의 뜻에 맞는다면"과 같은 조건을 자꾸만 넣고 싶어합니다. 너무나 과장되어 보이는 말씀의 힘을 어떻게든 약화시켜 보려는 것이지요. 그러나 주님의 말씀을 그런 식으로 다루지 않도록 주의하십시오. 그분의 약속은 말 그대로 진실입니다. "무엇이든지" 하고 반복해 하시는 그 말씀이 우리 마음에 새겨져 믿음의 힘이 어떤 것인지, 또 믿고 신뢰하는 자녀에게 아버지께서 당신의 권능을 얼마나 나누고 싶어하시는지 깨닫기를 주님은 원하십니다. 믿음은 이 "무엇이든지"에서 양식을 얻고 힘을 얻습니다. 그러므로 이 말씀을 약화시킨다면 믿음도 약화될 수밖에 없습니다. 이 "무엇이든지"는 무조건적입니다. 단 하나의 조건이 있다면 믿으라는 말씀에 암시된 바뿐입니다. 그런데 믿기 전에 먼저 하나님의 뜻이 무엇인지부터 확실히 알아야 합니다. 믿는다는 것은 말씀과 영의 영향에 복속한 영혼이 발휘하는 것입니다. 그래서 한번 믿게 되면 불가능이란 없습니다. 하나님께서 말씀하신 "무엇이든지"를 사람이 생각하는 가능성 정도로 격하시키는 것을 하나님은 금지하십니다. 그러니 그리스도의 말씀을 주신 그대로 우리 믿음의 척도와 소망으로 삼읍시다. 그 말씀을 씨앗의 말씀으로서 주신 그대로 받아 마음에 품는다면, 그 말씀은 뿌리를 내리고 열려 우리의 생명을 완성시키고 많은 열매를 낼 것입니다.

"무엇이든지 기도하고 구하는 것은." 무엇이든지 뜻하는 바를 기도 중에 하나님께 가지고 오고 또 하나님께 그것을 받으라는 것입니다. 응답을 받는 믿음은 기도로 나오는 열매입니다. 어느 면에서 보면 믿음이 먼저 있어야 기도할 수 있고 다른 면에서 보면 기도해야 그 결과로 믿음이 자라 나온다고 할 수 있습니다. 기도 중에 주님의 임재를 친히 맛보고 그분과 사귀노라면 애초에는 너무 높아 불가능해 보이던 것을 붙잡을 수 있는 믿음이 나옵니다. 기도하면서 우리는 자신의 바램을 하나님의 거룩하신 뜻과 그 조명에 비추어 그 동기를 점검 받습니다. 그럼으로써 우리가 바라는 내용이 진정 예수의 이름으로 구하는 것이며 하나님의 영광을 위한 것인지 알 수 있습니다. 기도를 통해 우리는 성령의 인도하심을 기다려 자신이 올바른 것을 구하고 있는지 깨닫습니다. 기도할 때라야 자신에게 믿음이 부족하다는 사실을 자각할 수 있습니다. 기도라야 우리는 하나님 아버지께 과연 믿노라고 아뢸 수 있으며, 또한 확신을 갖고 기다려 마침내 믿음이 실재였음을 증명할 수 있습니다. 기도 안에서 주님은 우리에게 믿음을 가르쳐주시고 또 부어주십니다. 기도하기를 꺼려하는 사람, 기도에 마음이 없는 사람은 응답을 받을 만한 믿음을 느껴본 적이 없기 때문에 그런 것인데, 이런 사람은 믿는다는 것이 무엇인지 배울 기회가 없습니다. 그러나 기도하는 사람은 어디에 있어도 주님의 보좌 앞에서나 마찬가지로 믿음의 영이 부어진다는 사실을 체험할 것입니다.

"받은 줄로 믿으라." 뭘 믿느냐 하면, 바로 구한 그것을 받은 줄로 믿으라는 것입니다. 여기서 주님은 하나님께서 최선이 무엇인지 아시므로 구한 것과는 다른 어떤 것을 주신다는 식의 얘기는 전혀 하질 않으십니다. 여기서 옮겨 바다로 빠지라 한 바로 그 산이지 다른 게 아니라는 것이지요. 물론 하나님께 청원을 드렸더니 달콤한 평화를 허락하시어 우리 마음이 쉼을 얻는 그런 기도도 있습니다. 맡기는 기도가 바로 그런 것입니다. 하나님의 뜻을 헤아리기 어려운 경우에 바치는 기도이지요. 아이들이 하루 생활 중에도 부모에게 이것저것 요구하는 것이 많지만 대개 결정은 부모가 보기에 제일 좋은 대로 내려지게 마련인 그런 경우라 하겠습니다. 그러나 예수께서 말씀하신 믿음의 기도란 그런 것이 아닙니다. 주님의 일을 할 때에나 매일 생활 중에 아버지를 영화롭게 하는 최선의 길로 바로 그분이 말씀하신 바―즉 구하는 것은 무엇이든지 이루어주겠다 하신―를 행하시리라는 믿음만한 게 없습니다. 성령이 이끄시는 대로 주님의 약속 위에 굳게 서서 내가 청한 바로 그것을 주님은 이루어 주시리라는 믿음 말입니다. 23절에서 주님께서 분명히 우리 앞에 내놓으신 바가 바로 그것입니다.

> 누구든지 이 산더러 들리어 바다에 던지우라 하며 그 말하는
> 것이 이룰 줄 믿고 마음에 의심치 아니하면 그대로 되리라

예수께서 말씀하신 믿음의 기도는 그와 같은 축복을 우리에게 가져다주는 것입니다.

"받은 줄로 믿으라." 너무나 중요하건만 잘못 이해되기 일쑤인 대목입니다. 청을 드린 바로 그것을 이미 받은 줄로 알라는 건데 언제 그렇게 하느냐, 바로 기도 중에 그렇게 하라는 말씀입니다. 물론 그 응답을 실제로 체험해서 믿은 바를 눈으로 보게 되는 일은 나중에 일어나겠지요. 그러나 보지 않고도 지금 하늘의 아버지께서 구한 것을 이미 주셨다고 믿어야 한다는 것입니다. 기도의 응답을 받는 일은 예수를 모시는 일, 혹은 용서를 받아들이는 일과 마찬가지로 영적인 일입니다. 즉 믿음의 행위이지 감정에 속한 일이 아니라는 말씀입니다. 내가 죄의 용서를 얻고자 한다면 무엇보다 예수께서 내편이심을 믿어야 하겠습니다. 그래서 죄의 용서와 함께 그분을 모셔 들여야 하는 것이지요. 또 내가 하나님의 말씀에 따라 어떤 은사를 구하고자 한다면, 그 은사가 나에게 주어진다고 믿을 수 있어야 합니다. 그래서 받았음을 믿음으로 주장하고, 그 은사가 내 것이 되었음을 하나님께 감사하는 것입니다.

> 우리가 무엇이든지 구하는 바를 들으시는 줄을 안즉 우리가
> 그에게 구한 그것을 얻은 줄을 또한 아느니라 (요일 5:15)

"그리하면 너희에게 그대로 되리라." 무슨 말이냐 하면, 하늘에서 이미 받은 줄로 믿은 그것이 이제 곧 지상에서 직접 체

힘을 통해 나의 것이 되리라는 것입니다. 그런데 하나님께서 기도를 들으셨고 또 내편에서 받은 줄 믿은 그것을 위해 더 기도할 필요가 있는 걸까요? 그럴 필요가 있는 경우도 있고 없는 경우도 있습니다. 은혜를 가득 받아 확신에 넘치고 아직 눈앞에 응답이 나의 체험으로 나타나지는 않았지만 이미 받은 줄로 확고히 믿어 하나님을 찬양할 수 있을 정도라면 굳이 더 기도할 필요가 없겠습니다. 그러나 받은 줄로 믿는 믿음이 더 꾸준히 기도함으로써 유지되고 힘을 받아야 되는 경우도 있습니다. 우리의 속을 훤히 꿰시는 하나님만이 때를 아셔서 언제가 믿음의 기도에 응답이 나타나야 할지 정하십니다. 엘리야는 비가 오리라는 사실을 알고 있었습니다. 하나님께서 약속하신 일이니까요. 그렇지만 엘리야는 비가 올 때까지 일곱 번이나 다시 기도해야 했습니다. 결론은 뻔한데 단순히 보여주거나 드러내려고 그렇게 기도한 것이 아니지요. 기도하는 사람 마음속에서나 일이 엮어지는 하늘에서나 기도의 씨름이 실제로 치열하게 일어나고 있었던 것입니다. 믿음과 인내를 통해서 약속의 유산을 상속받는 것입니다. 이때 믿음은 확신 있게 "나는 이미 그것을 받았다"고 외칩니다. 반면 인내는 하늘에서 허락된 그것이 땅위에 나타날 때까지 꾸준히 기도하게 합니다. "받은 줄로 믿으라, 그리하면 너희에게 그대로 되리라." 하늘에서 이미 받은 것과 받은 그것이 지상에 나타나는 그 사이의 연결고리가 바로 믿음으로 드리는 찬양과 기도입니다.

기억하십시오. 이 말씀을 하신 이는 예수이십니다. 하늘이 열려 아버지께서 보좌에 앉으시어 우리가 믿음으로 구한 모든 것을 기꺼이 주시는 광경을 보게 된다면 차라리 서글픈 마음이 들 것 같습니다. 믿음이 부족한 탓에 우리가 얼마나 우리의 특권을 소홀히 했는지, 그래서 손닿을 수 있는 데 있는 것들도 누리지 못했는지 알게 될 것이기 때문에 그렇습니다. 그러나 우리에게 힘과 소망을 북돋는 사실이 하나 있습니다. 바로 이 메시지를 아버지께로부터 받아 우리에게 전해주신 분은 예수이시라는 사실입니다. 그분 자신이 지상에서 활동하실 때 믿음과 기도의 생활을 하셨습니다. 주님이 무화과나무에 행한 일을 보고 제자들이 놀라자 주님은 그렇게 할 수 있는 믿음이 너희들 것이다, 하셨습니다. 무화과나무뿐만이 아니라 산을 향해서 명령해도 복종할 것이라고 말입니다. 우리가 지녀야 할 믿음은 그런 것입니다. 오직 그것을 얻고자 의지를 발하고 어린아이같이 믿으며 아버지의 뜻과 사랑에 복종하고 그분의 말씀과 권능을 신뢰하는 사람이라면 누구나 손 내밀어 붙잡을 수 있는 믿음인 것입니다.

복되신 주님, 저희를 찾아오시어 아버지의 모든 사랑과 그 사랑이 기꺼이 부어주기 원하는 모든 축복의 보물들을 일러주셨

습니다. 그리고 문을 활짝 여시고 모든 축복의 약속을 저희 자유에 맡기시었는데 저희는 그 축복을 얼마나 활용 못하고 사는지 부끄럽습니다.

주님, 주님께서 친히 주신 이 귀한 말씀을 저희가 받아 간직하고 한껏 활용할 수 있게 가르쳐 주소서. 곧 "무엇이든지 기도하고 구하는 것은 받은 줄로 믿으라"는 말씀이옵니다. 복되신 예수님, 저희 믿음이 주님께 뿌리내려려야만 제대로 자랄 수 있겠습니다. 주님께서 하신 일로 저희가 죄의 권세에서 놓여나고 아버지께로 가는 길이 열렸기 때문입니다. 주님은 저희를 사랑하셔서 주님의 영광과 권세를 온전히 누리길 원하십니다. 주님의 영은 저희를 위로 끌어올리시어 믿음과 확신의 생활을 하게 하시옵니다. 그러니 저희도 믿음의 기도를 필경 배울 수 있다고 믿습니다. 부디 저희 기도를 훈련시키시어 구한 바를 받은 줄로 확실히 믿게 하여주소서.

주님, 저를 가르치시어 주님을 알고 신뢰하고 또 사랑하게 하소서. 오직 주님 안에 거하여 살며 제가 드리는 기도가 주님 안에서 하나님 앞에 상달되게 하소서. 그래서 제 기도 들으셨음을 믿어 의심치 않게 하소서. 아멘.

12장

믿음의 기도를 드리는 비결

예수께서 대답하여 저희에게 이르시되, "하나님을 믿으라. 내가 진실로 너희에게
이르노니 누구든지 이 산더러 들리어 바다에 던지우라 하며 그 말하는 것이
이룰 줄 믿고 마음에 의심치 아니하면 그대로 되리라.
그러므로 내가 너희에게 말하노니 무엇이든지 기도하고 구하는 것은 받은 줄로 믿으라.
그리하면 너희에게 그대로 되리라."

마가복음 11:22-24

기도 응답의 약속이야말로 성경 전체에서 배울 수 있는 가장 신나는 것이라 하겠습니다. 하지만 "구한 것을 받을 줄 아는 믿음이란 어떻게 얻는 걸까?" 궁금한 사람의 수는 또 얼마나 많았겠습니까? 그런데 우리 주님께서 이 의문에 답을 주십니다. 제자들에게 놀라운 약속을 내놓으시기에 앞서 그분은 먼저 기도 응답에 대한 믿음은 어떻게 시작되며 또 어떻게 그 믿음의 힘을 늘 견지할 수 있는지 말씀하십니다. 바로 하나님을 믿으라는 것입니다. 예수께서 기도 응답의 약속을 확실히 믿으라는 말씀을 하시는 가운데 그 점을 다른 무엇보다 앞서 내세우셨습니다. 그러니까 약속을 믿을 수 있는 힘이란 약속을 하신 분에 대한 믿음에 전적으로 달려 있다는 것입니다. 말을 한

이의 인격을 믿어야 그 말도 믿을 수 있는 것이지요. 우리가 하나님과 더불어 인격적이고 사랑에 넘치는 관계를 누려 하나님이 우리의 전부인 그런 생활을 할 때, 우리의 전존재를 열어 우리 내면에 거룩하게 임재해 계신 그분이 힘 있게 일하실 수 있게 될 때, 하나님이 내가 구한 모든 것을 들어주시리라는 믿음의 힘은 계발되어 나온다는 말입니다.

하나님을 믿는 믿음과 그분의 약속을 믿는 믿음의 관계는 믿음이 진정 무엇인가 생각해 보면 자명하게 드러납니다. 종종 음식을 받아먹는 손과 입의 관계로 비유하기도 하지요. 하지만 믿음이란 언약하신 바를 듣는 귀요, 무엇이 주어졌나 볼 줄 아는 눈이기도 하다는 점입니다. 약속을 수용할 수 있는 힘이 거기 달려 있습니다. 나한테 약속하는 사람의 말을 내가 들을 수 있어야 하지 않습니까? 믿으라고 권하는 이의 음성을 듬직하게 들을 수 있어야 믿을 것 아닙니까? 또 약속하는 이를 볼 수 있어야 합니다. 그 사람의 눈동자를 들여다보면서 신뢰할 수 있을 때 약속에 대한 모든 염려가 사라져 버리는 것입니다. 사실 약속의 가치란 약속한 사람이 누구냐에 달려 있습니다. 그 사람의 인격을 내가 어떻게 알고 있느냐에 따라 약속을 믿을 수 있는지 여부가 결정되는 것이지요. 그래서 예수께서는 기도 응답에 관한 다른 약속을 주시기에 앞서 먼저 "하나님을 믿으라" 말씀하신 것입니다. 즉 눈을 열어 보이지 않으나 살아 계신 하나님을 바라보라는 것입니다. 하나님을 바라보는 시선이 먼저 있고 나서야 눈앞에 주어진 약속에 자신을 맡길 수 있습니다. 그리고 그 약속이 안으로 파고들어 그 영향력과 인상을 내 마음 깊이 새기게 허용할 수가 있다 그 말입니다. 그러므로 하나님을 믿는다는 것은 하나님을 바라본다는 것입니다. 그분의 어떠하심을 바라보면서 그분이 친히 자기 임재를 드러내시도록 허용하고 또 내 온 존재를 드려 그분을 하나님으로 안다는 것입니다. 이렇게 믿을 때 영혼은 열려 하나님 사랑의 뒤덮음을 체험하며 기뻐하게 됩니다. 결국 믿음이란 하나님께서 친히 당신이 어떤 존재며 어떤 일을 행하시는가 드러내시는 것을 바라보는 눈입니다. 이러한 믿음을 통해서, 하나님 임재의 빛과 권능으로 일하심이 영혼에 흘러드는 것입니다. 내 안에 그렇게 살아 있는 역사를 볼 때 믿음으로 하나님께서 내 안에 살게 되시는 것이지요.

믿음이란 또한 하나님의 음성을 듣는 귀입니다. 그렇게 들어 하나님과 친밀한 사귐을 가질 수 있게 하는 귀입니다. 아버지께서는 성령을 통해 우리에게 말씀하십니다. 그리고 그 말씀의 내용이 바로 아들이십니다. 성령은 살아있는 음성입니다. 하나님의 자녀라면 모름지기 이 음성이 그를 이끌고 안내하시도록 해야 합니다. 하늘에서 오는 내밀한 음성이 예수께서 가르치시듯 그를 가르쳐 말할 바와 행할 바를 알게 하십니다. 하나님을 향해 열린 귀, 하나님의 음성을 듣고자 귀 기울이고 있는 마음은 필경 하나님이 말씀하시는 것을 듣게 되어 있습니다. 하나님의 말씀은 책의 문자와 같지 않습니다. 그분의 말씀은 영과 진리요, 생명과 힘입니다. 그 말씀은 하나님의 입에서 나가는 말씀이기 때문에 살아있는 체험과 행동으로 옮겨지는 말씀입니다. 그저 생각으로만 전달되는 것이 아니란 말씀이지요. 이렇게 열린 귀를 통해 영혼은 하나님에게서 오는 생명과 권능의 영향 아래 놓이게 됩니다. 들은 말씀이 내 마음에 들어가 거기 머물면서 살아 움직일 때 믿음으로 하나님께서 내 마음에 들어와 내주하시면서 활동하신다는 뜻이 이뤄지는 것입니다.

믿음이 "눈과 귀"로 완전히 작동해서 이 영혼의 기능으로 하나님을 보고 들을 때 믿음은 "손과 입"으로서의 힘을 또한 완전히 발휘하게 되는 것인데 바로 하나님과 그분의 약속을 제대로 활용할 수 있게 된다는 말입니다. 수용(reception)의 힘은 영적 지각(perception)의 힘에 달려 있습니다. 그렇기 때문에 예수께서 하나님께서 기도 응답을 해주신다는 약속을 내놓기 전에 먼저 "하나님을 믿으라"고 말씀하신 것입니다. 믿음은 그저 항복하는 것입니다. 믿음으로 나는 자신을 살아 계신 하나님께 드립니다. 왜냐하면 나는 하나님에 관해 듣고 배운 것이 있기 때문입니다. 그러면 그분의 영광과 사랑이 내 마음을 가득 채우고 내 인생을 이끌게 됩니다. 믿음은 또한 사귐입니다.

친구가 나한테 약속을 하면 나는 그 약속에 자신을 맡깁니다. 이때 나는 그 약속 안에서 친구와 이어져 있는 것이지요. 하나님을 늘 뵙고 또 듣는 믿음 안에서 생생한 사귐을 하나님과 갖게 된다면 기도에 관해 그분이 하신 약속을 받아들이기도 얼마나 쉽고 자연스럽겠습니까! 약속을 믿는다는 것은 약속한 이를 믿는 데서 파생되는 열매입니다. 그러므로 믿음의 기도는 믿음의 생활에 그 뿌리가 있습니다. 그래서도 결국 기도를 잘할 수 있다는 것은 하나님의 선물인 것입니다. 하나님이 그저 어쩌다 한번 내려주는 무엇이 아니라 훨씬 더 깊고 참된 의미에서 영혼이 하나님과 더불어 사귀는 생활을 하는 데서 자라나는 영혼의 복된 태도요 습관이란 말이지요. 아버지의 뜻을 잘 알고 언제나 아버지와 친밀히 지내는 자식한테 아버지가 자식의 소원을 들어주겠다 약속하신 것을 믿는 일은 얼마나 쉽고 간단하냐 그 말입니다.

그런데 하나님의 자녀들이 믿음의 기도와 믿음의 생활 사이의 연관을 잘 이해하지 못하기 때문에 기도생활에 얼마나 제한을 받는지 모릅니다. 하나님께 소원을 빌고 응답을 바랄 때 이들은 하나님의 약속에 온통 초점을 두고 한껏 믿음으로 이를 이해해 보려고 애씁니다. 그러다가 기도가 성취되지 않으면 그만 희망을 잃습니다. 약속은 진실이건만 이들에게는 그 약속을 믿음으로 붙들 힘이 부족한 것이지요.

예수께서는 먼저 하나님을 믿으라고 가르치십니다. 살아 계신 하나님을 말입니다. 믿음의 눈길이 약속된 그것에 가 있는 것이 아니라 하나님에게로 가 있어야 한다는 것이지요. 그래야 하나님의 사랑과 권능, 그분의 살아 계신 임재가 우리 안에서 진짜 믿음을 일깨우고 일으키실 테니까요.

어떤 사람이 팔로 뭔가를 붙들고 거기 매달릴 힘이 있어야겠다고 사정하면 의사는 아마 온몸이 다 균형 있게 건강하고 힘이 붙어야 한다고 말할 것입니다. 마찬가지로 믿음이 약한 문제도 그 사람의 영적 생활 전체가 하나님과의 친밀한 사귐 쪽으로 활성 되어야 해결됩니다. 하나님을 믿고 그분을 붙들고 또 그분이 내 생활 전체를 주장하게 해보십시오. 그러면 그분이 하신 약속을 믿고 붙들기란 얼마나 쉬운지 압니다. 하나님을 알고 신뢰하는 사람이라면 하나님의 약속을 신뢰하는 일도 어려울 게 없는 것이지요.

구약의 성인들한테서도 이 사실은 밝히 드러납니다. 믿음의 권능이 특별히 발휘될 때를 보면 예외 없이 하나님의 특별한 계시가 있고 나서였습니다. 아브라함의 경우를 한번 보지요.

> 이 후에 여호와의 말씀이 이상 중에 아브람에게 임하여 가라 사대 '아브람아, 두려워 말라. 나는 너의 방패요, 너의 지극 히 큰 상급이니라…' 그를 이끌고 밖으로 나가 가라사대 '하 늘을 우러러 뭇별을 셀 수 있나 보라.' 또 그에게 이르시되

'네 자손이 이와 같으리라.' 아브람이 여호와를 믿으니 여호
와께서 이를 그의 의로 여기시고 (창 15:1, 5-6)

또 그 후를 보면 이런 내용이 나옵니다.

아브람의 구십 구세 때에 여호와께서 아브람에게 나타나서
그에게 이르시되 '나는 전능한 하나님이라. 너는 내 앞에서
행하여 완전하라…' 아브람이 엎드린대 하나님이 또 그에게
일러 가라사대 '내가 너와 내 언약을 세우니 너는 열국의 아
비가 될지라.' (창 17:3-4)

즉 하나님의 친히 나타나심이 있기 때문에 그분의 살아 있는
권능이 마음에 들어가 믿음이 서서 약속도 받아들이게 되는 것
입니다. 구약의 인물들도 하나님을 알았기 때문에 약속을 믿는
믿음을 지닐 수 있었던 것이지요. 결국 하나님의 약속이 나에
게 무엇이냐는 하나님이 나에게 어떤 분이냐에 달렸습니다. 주
님 앞에 행하여 그 앞에 머리 수그려 살아 계신 하나님의 말씀
을 듣는 사람이 하나님의 약속도 받아 수용하는 사람이다 그런
뜻입니다.

비록 성경에 하나님의 약속이 가득하고 또 우리한테 그 약속
을 수용할 자유가 있지만, 하나님께서 친히 우리에게 그 약속
을 말씀해 주지 않는다면 그것을 붙들 영적 힘은 모자랄 수밖
에 없습니다. 그런데 하나님은 당신과 함께 동행하며 사는 사
람들에게 말씀하십니다. 그러니 하나님을 믿으십시오. 믿음이

"눈과 귀"가 되게 하십시오. 그리고 하나님께 항복해서 당신을 우리 영혼에 온전히 드러내시도록 하십시오. 하나님을 믿어 이 살아 계신 권능의 하나님께서 우리 안에서 당신의 뜻을 기쁨으로 펼치시고, 믿음으로 청하는 것을 권능으로 이뤄주시길 기다리고 계심을 믿는다는 것이야말로 기도로 누릴 수 있는 최상의 복 중 하나로 여겨야 하겠습니다. 하나님은 사랑의 하나님으로 보셔야 합니다. 우리를 축복하시고 당신 자신을 기꺼이 주기 원하시는 그런 분으로 말입니다. 그렇게 하나님을 믿고 예배할 때 하나님의 약속도 충분히 믿고 받아들일 수 있는 힘이 급격히 자랄 것입니다.

> 너희가 기도할 때에 무엇이든지 믿고 구하는 것은 다 받으리라 (마 21:22)

믿음으로 하나님은 여러분의 것이 됩니다. 그러면 하나님의 약속도 여러분의 것이 되는 것입니다.

예수께서 가르치신 것은 비록 우리는 하나님의 선물을 구하지만 하나님은 자신을 먼저 내주시길 원하신다는 점입니다. 우리는 기도를 하늘에서 좋은 선물을 끌어내는 능력으로 생각하기 일쑤지만, 예수께서는 도리어 우리를 하나님께로 이끄는 수단으로 기도를 보셨다는 것이지요. 우리는 문밖에서 외치며 울부짖으려 하지만 정작 예수께서는 먼저 문안으로 데리고 들어가셔서 우리가 하나님의 친구요 자녀인 사실부터 보게 하십니다. 이 가르침을 받아들입시다. 그래서 기도할 때 비록 작은 믿음이지만 우리 믿음이 살아 계신 하나님을 먼저 향하고 자신을 그분께 드리는 일부터 하도록 합시다. 하나님으로 가득 찬 마음은 믿음의 기도를 드릴 수 있는 힘이 있습니다. 하나님을 믿는 믿음에서 기도 응답의 약속을 믿는 믿음이 잉태되어 나오기 때문입니다.

그러므로 하나님의 자녀 된 여러분, 시간을 들여 하나님 앞에 엎드리고 그분이 자신을 나타내시길 기다립시다. 시간을 들여 여러분의 영혼이 무한하신 분을 향한 경이와 예배하는 마음에 젖어 그분을 믿는 믿음이 배어들게 합시다. 하나님께서 자신을 주시며 우리를 사로잡으실 때 믿음의 기도는 하나님을 향한 여러분의 믿음에 왕관을 씌워줄 것입니다.

오 나의 하나님, 당신을 믿습니다. 당신을 아버지로, 사랑과 권능이 무한하신 분으로 믿습니다. 또 나의 구원자요 생명이신 아드님을 믿사옵고 위로자요 안내자요 나의 힘이 되시는 성령님을 믿습니다. 셋이며 하나이신 하나님, 당신을 믿습니다. 제가 알고 또 확신하오니 당신이 저의 모든 것이시기에 당신의 약속 또한 제게 이루어 주시옵니다.

주 예수님, 제 믿음이 커지게 하소서. 시간 들여 당신의 거룩하신 임재 안에서 기다리며 경배해 하나님 안에 저를 위해 있는 모든 것을 믿음으로 받을 줄 알게 하소서. 믿음으로 하나님께서 모든 생명의 근원이시며 이 세상과 제 안에서 권능으로 당신의 뜻을 성취해 가시는 분임을 볼 수 있게 하소서. 믿음으로 제 소원을 들어주기 원하시는 사랑의 하나님을 뵐 수 있게 하소서. 오직 믿음만이 내 마음과 생명을 사로잡아 그 믿음을 통해 오직 하나님만이 제 안에 거하게 하소서. 주 예수님, 저를 도와주소서! 온 마음을 드려 하나님을 믿기 원합니다.

복되신 구주여, 주님의 교회가 어찌해야 당신을 영화롭게 할 수 있습니까? 우리의 삶 전체가 하나님을 믿는 믿음으로 차 있지 않은데 어떻게 주님의 나라가 오게 하는 중보의 사역을 완성할 수 있겠습니까? 부디 그 말씀이 저희 영혼 깊이 와 닿게 하소서. 아멘.

13장
믿음 없음을 치료하는 약

이때에 제자들이 종용히 예수께 나아와 가로되

"우리는 어찌하여 쫓아내지 못하였나이까?" 가라사대 "너희 믿음이 적은 연고니라

진실로 너희에게 이르노니 너희가 만일 믿음이 한 겨자씨만큼만 있으면

이 산을 명하여 여기서 저기로 옮기라 하여도 옮길 것이요

또 너희가 못할 것이 없으리라, 하지만 기도와 금식이 아니고는

이런 류가 나갈 수 없느니라."

마태복음 17:19-21

자신들은 쫓아내지 못한 간질환자의 악령을 주님은 쫓아내시는 것을 보고 제자들이 예수께 왜 자신들은 실패했는지 이유를 묻습니다. 주님께서 이미 그들에게 모든 귀신과 질병을 제어하고 치료할 능력과 권세를 주셨는데 말입니다. 그리고 이미 그 능력을 사용해서 주님께 돌아와 귀신들이 어떻게 자신들에게 복종하는지 기쁘게 보고한 적도 있고 말입니다. 그러나 지금 주님께서 산에서 머물고 계신 동안 제자들은 쓰라린 실패를 경험하고 말았습니다. 도무지 하나님의 뜻 그 자체 안에서는 귀신 쫓기가 불가능할 아무런 이유가 없는데도 말입니다. 결국 악령은 그리스도께서 꾸짖어서야 나갑니다.

"우리는 어찌하여 쫓아내지 못하였나이까?" 하는 질문으로

124

보건대 제자들도 확실히 쫓으려고 시도는 한 것입니다. 아마 주님의 이름으로 명령하면서 귀신더러 나가라 했을 테지요. 그러나 노력은 무위로 끝났고 대중 앞에서 망신만 당했던 겁니다.

이에 대해 주님의 답변은 간명합니다. "너희 믿음이 적은 연고"라는 것이지요. 주님은 쫓고 제자들은 쫓을 수 없었던 이유는 주님께만 특별한 권능이 있어서가 아니라는 것입니다. 아니, 그 이유는 발견하기 전혀 어렵지 않습니다. 주님께서는 이미 여러 차례에 걸쳐 어둠의 왕국에서나 하나님의 나라에서나 통하는 한 가지 능력이 있으니 바로 믿음이라 가르치셨습니다. 그러니 영적 세계에서 실패하는 이유 또한 단 한 가지인 셈이니 바로 믿음이 적은 연고일 따름입니다.

믿음은 온갖 성스런 힘이 사람에게 들어가 작동하는 데 있어 필수 불가결한 단 한 가지 조건입니다. 보이지 않는 것을 받아들임이요, 사람의 뜻을 하나님의 뜻에 따라 복종시키고 거기 맞추는 것이 믿음입니다. 제자들이 귀신 쫓아낼 능력을 늘 따르거나 소유해 버리는 식으로 받은 것은 아닙니다. 그 능력은 그리스도 안에 있는 것이기에 오로지 그리스도를 믿는 믿음 안에서만 받고 향유하고 사용할 수 있는 그런 것입니다. 그러므로 제자들이 그리스도를 주님으로, 또 영의 세계를 정복하신 분으로 온전히 믿었더라면, 그분을 믿어서 그분의 이름으로 귀신 쫓아낼 권세를 주셨다고 전적으로 믿을 수 있었더라면, 그 믿음이 제자들에게 승리를 가져다주었을 것입니다. 그러므로 "너희 믿음이 적은 연고"라는 주님의 말씀은 언제 어느 때고 교회가 겪는 실패의 원인을 설명해 주는 처방입니다.

하지만 믿음이 적은 데는 까닭이 있게 마련입니다. 제자들 마음에도 이런 의문이 없지 않았을 겁니다. "왜 우리가 믿음이 부족하지? 전에도 귀신을 쫓아낸 적이 있는데… 그런데 왜 지금은 안 되는 거지?" 그러나 제자들이 미처 묻기도 전에 주님께서 먼저 그 답을 내놓으신 겁니다. "기도와 금식이 아니고는 이런 류가 나갈 수 없느니라."

믿음을 단순하게 가질수록 영적 생활은 최고조에 달합니다. 우리 영이 완전히 굴복해서 하나님의 영을 받아들이게 되어 영의 최고 활동이 나올 수 있도록 강화되기 때문입니다. 그러니까 이 믿음은 우리 영적 생활의 상태에 달린 것이지요. 믿음이 강하고 건강할 때 비로소 하나님의 영은 우리 삶을 완전히 다스릴 주권을 지니게 되는 것인데, 믿음이 제 몫을 다할 수 있는 힘이 바로 거기에 있는 것입니다. 예수께서 몰아내신 것과 같은 악령처럼 끈질기게 저항하는 대상을 이길 수 있는 믿음은 기도와 금식을 통해 하나님과 특별히 친밀하고 세상과 철저히 결별하는 사람이 아니고는 발휘할 수 없습니다. 여기서 주님께서는 기도에 관해 두 가지 중요한 점을 가르치십니다. 첫째, 믿음은 기도 생활이 밑받침되어야 거기서 자라고 힘을 유지할 수 있다는 점입니다. 둘째, 기도는 가끔 금식과 같은 행위와 결합되어야 제대로 발전할 수 있다는 점입니다.

믿음은 기도 생활이 받쳐줘야 성장하고 또 힘을 유지할 수 있습니다. 영적 생활의 어느 단면을 들여다보든지 거기에는 깊은 사귐이라는 측면이 있고 또 끊임없는 행함과 거기서 나오는 결과라는 측면이 있습니다. 이 두 측면은 서로 원인-결과 관계로 맞물려 있는데, 어느 때는 이 측면이 저 측면의 원인이 되기도 하고 어느 때는 저 측면의 결과로 이 측면이 나오기도 하는 것이지요. 믿음을 생각해도 마찬가지입니다. 믿음이 없이는 참된 기도가 나올 수 없겠지요. 사실 기도에 앞서 어느 정도 믿음이 있어야 합니다. 한편 기도가 있어야 더 큰 믿음이 나오는 것도 사실입니다. 기도를 하지 않는데 더 높은 믿음으로 나아간다는 것은 있을 수 없는 노릇입니다. 예수께서 지금 가르치시고자 하는 바도 바로 그것입니다.

믿음만큼 자라야 하는 것도 달리 없습니다. 어느 교회는 "너희 믿음이 더욱 자라는구나" 하는 인정을 받습니다(살후 1:3). 예수께서 "너희 믿음대로 되라"(마 9:29)고 말씀하셨을 때 그분은 하나님 나라의 법칙을 말씀해 주신 것입니다. 모든 사람이 똑같은 정도의 믿음을 지닐 수도 없고 한 사람을 놓고 봐도 늘 같은 정도의 믿음을 견지하는 것도 아니라는 것, 그리고 여하튼 그 믿음의 분량만큼 권능과 축복의 분량도 결정된다는 것이지요. 그런데 우리 믿음이 어디서 어떻게 자라야 하는가 알고 싶다면 주님은 하나님의 보좌를 가리키십니다. 기도, 그리고 내가 지닌 믿음을 발휘함으로써, 또 살아 계신 하나님과 사귐을 통해, 믿음은 커질 수 있습니다. 거룩함을 먹어야 믿음은 자라는데 이 거룩함이란 바로 하나님 자신인 것입니다.

하나님을 경배하며 예배드릴 때, 하나님을 모시며 섬길 때, 또 하나님께서 자신을 나타내시도록 자신을 드리는 영혼의 깊은 침묵 속에서, 하나님을 알고 그분을 신뢰할 수 있는 힘은 계발됩니다. 말씀을 읽을 때 부디 그 말씀을 열어 나를 향한 하나님의 살아 있는 말씀이 되게 해달라고 기도합시다. 기도 안에서 하나님과 살아 있는 만남을 가질 때, 믿음-즉 하나님을 신뢰하고 그분이 말씀하신 모든 것을 수용할 수 있는 힘-은 우리 안에서 점점 더 강하게 될 것입니다.

그런데 기도를 많이 한다는 말이 대체 무슨 뜻인지 이해하지 못하는 그리스도인들이 참 많습니다. 하나님과 마냥 시간을 보낸다는 게 도무지 가능하지 않은 사람들이지요. 하지만 주님께서 하신 말씀을 보나 주님 백성의 체험을 보나 강한 믿음을 지닌 사람들은 예외 없이 기도를 많이 하는 사람들이었습니다.

여기서 앞에서 본 주님의 가르침을 되새기게 됩니다.

하나님을 믿으라 (막 11:22)

우리 믿음은 오직 살아 계신 하나님께 깊고 넓은 뿌리를 내려야 합니다. 그래야 산을 옮기고 귀신을 쫓아내는 믿음이 됩니다. "너희에게 믿음이 있으면… 못할 것이 없으리라."

우리가 이 세상에서 행하도록 하나님께서 맡기신 일—가로막는 산과 맞서고 쫓아내야 할 귀신을 쫓아내는 일—에 헌신해 보면 정말 믿음이 필요하구나, 하고 절실히 느끼게 됩니다. 그런데 기도를 많이 해야만 이를 토양으로 해서 믿음이 자라나올 수 있다 그 말입니다.

그리스도 예수는 우리 생명이시자 우리 믿음의 생명이시기도 합니다. 그분의 생명이 우리 안에서 작용하여 우리를 강하게도 하시고 믿게도 만드십니다. 기도를 많이 해 자아가 죽는 가운데, 그래서 예수께 보다 깊이 일치하게 될 때, 믿음의 성령은 능력으로 다가오십니다. 즉 온전히 자라려면 믿음은 기도를 필요로 하는 것입니다.

기도를 완전히 계발하기 위해서 금식이 따라야 할 때가 있습니다. 이것이 두 번째 가르침입니다. 기도가 한 손으로 보이지 않는 것을 붙드는 것이라면, 금식은 다른 한 손으로 보이는 것을 내려놓는 것입니다. 먹는 것을 원하고 그걸 즐기는 것만큼 사람을 감각의 세계에 붙들어 매는 것이 또 어디 있겠습니까? 인간이 낙원에서 쫓겨나게 된 것도 열매, 즉 음식에 대한 유혹이었던 것입니다. 예수께서 광야에서 주리셨을 때에 돌을 떡으로 만들라는 유혹을 받으셨지요. 그러나 주님은 금식하는 가운데 이 유혹을 물리치셨습니다. 우리 몸이 구원받아 성령의 성전이 되었기에 영과 마찬가지로 몸도 먹고 마시는 일을 통해서도 하나님께 영광 돌려야 한다고 성경은 가르칩니다. 먹는 일로 하나님께 영광을 돌린다는 게 도무지 영적인 현실 같지 않아 하는 그리스도인이 많습니다. 금식과 기도에 관해 하신 예수의 말씀에서 볼 수 있는 첫 번째 교훈은 오직 중용과 절제와 자기부인을 통해서만 기도를 많이 할 수 있는 마음과 힘을 얻는다는 것입니다.

하지만 이뿐만이 아니라 좀 더 문자적인 의미도 있습니다. 슬프고 근심할 때는 잘 먹히지 않는 법이지요. 잔치를 벌여 먹고 마시는 것은 즐거운 마음입니다. 당연히 먹고 마셔야 할 때가 있습니다. 그러나 어둠의 권세와 싸우는 데 몸과 몸이 원하는 것을 끊어야 영이 훼방을 받지 않겠다고 느낄 때도 있는 것입니다. 그럴 때는 먹는 것을 금할 필요가 있습니다. 우리는 감각을 지닌 피조물들입니다. 그리고 우리 정신은 구체적인 형태로 다가오는 것에서 도움을 얻습니다. 금식은 하나님의 나라를 위해 구하는 것을 얻고자 그 어떤 것도 희생할 결심이 되었음을 구체적으로 표현하고 그 결심을 깊게 하고 또 확인시켜 줍니다. 아들의 금식과 희생을 받으셨던 하나님께서 그리스도와 그분의 왕국을 위해 모든 것을 기꺼이 포기할 준비가 된 영혼을 귀하게 여기시고 받아들이시며 영적인 힘으로 보답해주실 것입니다.

그러므로 기도는 하나님과 보이지 않는 것을 추구하는 한편, 금식은 보이고 지나가는 것을 내려놓습니다. 평범한 그리스도인은 적극적으로 죄라고 금지된 것이 아닌 한 다 괜찮으며 한껏 이 세상 것, 즉 소유니 읽을거리니 오락이니 하는 것들을 추구해도 된다고 생각합니다. 반면 진정 성별된 영혼은 오직 전투에 필요한 것만 생각하는 군인과 같습니다. 그래서 모든 것을 신중히 달아보아 자칫 이생의 일에 빠질까 두려워하는 마음으로 함정이 될지도 모를 죄의 가능성을 피하면서, 오직 주님만을 섬기기 위한 생활을 꾸려 갑니다. 이렇게 자발적으로 끊는 것―심지어 죄가 되지 않는 것이라도―이 없이는 누구도 기도의 힘을 온전히 얻을 수가 없습니다.

주님께 기도를 가르쳐 달라 청하는 제자들은 누구나 와서 그분의 교훈을 받아들이십시오. 그분은 말씀하시기를 기도는 믿음에 이르는 길이라 하셨습니다. 끈질긴 귀신이라도 쫓아낼 수 있는 믿음 말입니다. 또 그분은 "너희에게 믿음이 있으면… 못할 것이 없으리라"고 말씀하십니다(마 17:20). 이 영광의 약속으로 해서 기도를 더 많이 하는 사람이 되시기 바랍니다. 한번 대가를 치러볼 만한 상급이 아닙니까? 예수께서 열어놓으신 길을 따르기 위해서는 모든 것을 포기할 만한 것 아닙니까? 필요하다면 금식인들 왜 못하겠습니까? 우리 생명이 작동하는

데 훼방이 되는 것이라면 그게 몸이 되었든 세상의 그 무엇이 되었든 치울 수 있는 것입니다. 기도로 하나님과 친밀한 사귐을 갖고 하나님의 참 백성이 되어 그분이 이 세상을 구원하시는 데 도구로 쓰임 받을 수 있다면 말입니다.

주 예수님, 어쩌면 그리도 반복해서 우리의 믿음 없음을 일깨워 주시는지요! 우리가 도무지 아버지와 그분의 약속을 못미더워하는 것이 주님 보시기에 얼마나 이상하시겠습니까! 주님, 부디 주님께서 "너희 믿음이 적은 연고"라 진단하신 말씀이 우리 마음에 깊이 새겨져 주변의 죄와 고통이 우리 믿음 없음에 기인하는 것인지 볼 수 있게 하소서. 그리고 주님, 가르쳐 주소서, 믿음을 배우고 또 얻을 수 있는 곳이 있으니 곧 기도요 금식이라는 사실을 말입니다. 그래서 주님과 아버지와 더불어 살아 있는 사귐을 누리는 자리로 이끌어 주소서.

주님은 우리 믿음의 근원이시오 완성하시는 분이십니다. 주님께서 성령으로 우리 안에 사시도록 이끌어 주소서. 믿으려는 우리 노력과 기도가 무익할 때가 너무도 많았습니다. 주님만이 주실 수 있는 힘을 우리 안에서 구하려 한 적도 많았습니다. 믿음은 오직 기도에서, 중보 사역에서, 또 금식에서 자란다는 사실을 밝히 보여주소서. 아멘.

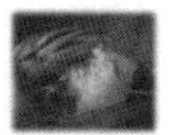

서서 기도할 때에 아무에게나 혐의가 있거든 용서하라. 그리하여야 하늘에 계신
너희 아버지도 너희 허물을 사하여 주시리라.

마가복음 11:25

위의 말씀은 "너희가 기도할 때에 무엇이든지 믿고 구하는 것은 다 받으리라"(마 21:22) 하는 약속에 이어 나오는 말씀입니다. 이 말씀 앞에는 "하나님을 믿으라"(마 11:22)는 구절인데 하나님과의 관계가 분명해야 힘 있는 기도가 나올 수 있다는 가르침이 되겠습니다. 이제 이 장에서 제시된 말씀은 우리가 다른 사람과 맺는 관계 또한 분명해야 함을 가르치십니다. 하나님 사랑과 이웃 사랑은 따로 떨어지는 것이 아닙니다. 온당치 못한 마음-하나님과의 관계든 이웃과의 관계든-으로 하는 기도에 효력이 나타날 리 없습니다. 그러므로 믿음과 사랑은 서로 뗄 수 없는 관계에 있습니다.

주님께서는 이 점을 자주 강조하셨습니다. 여섯 번째 계명에 대해 말씀하시면서 다른 사람과의 관계가 바르지 않으면 아버지께 드리는 예배도 받아들여질 수 없다고 말입니다.

그러므로 예물을 제단에 드리다가 거기서 네 형제에게 원망
들을 만한 일이 있는 줄 생각나거든, 예물을 제단 앞에 두고
먼저 가서 형제와 화목하고 그 후에 와서 예물을 드리라 (마
5:23-24)

후에 기도를 제자들에게 가르쳐 주시면서 "우리가 우리에게
죄 지은 자를 사하여 준 것 같이 우리 죄를 사하여 주십시오"
하게 하셨습니다(마 6:12). 또 "너희가 사람의 과실을 용서하
지 아니하면 너희 아버지께서도 너희 과실을 용서하지 아니하
시리라"고 하셨습니다(마 6:15). 무자비한 종의 비유를 드시면
서 주님은 그 교훈을 이렇게 적용하셨습니다.

너희가 각각 중심으로 형제를 용서하지 아니하면 내 천부께
서도 너희에게 이와 같이 하시리라 (마 18:35)

이제 말라붙은 무화과나무 옆에서 주님은 믿음으로 드리는
기도의 놀라운 위력에 대해 말씀하십니다. 나무가 말라붙은 사
건과 별 상관이 없어 보이는데도 불구하고 주님은 느닷없이
"서서 기도할 때에 아무에게나 혐의가 있거든 용서하라 그리
하여야 하늘에 계신 너희 아버지도 너희 허물을 사하여 주시리
라" 하는 말씀을 꺼내신 것입니다(막 11:25). 나사렛에서뿐만
아니라 그 이후의 삶을 통해서도 주님은 사랑의 법에 불순종하
는 것이야말로 기도하는 백성에게 나타나는 공통된 죄요 기도

의 힘을 약하게 만드는 요인이라는 사실을 보셨지 않았습니까? 그래서 하나님께서 사랑하신 사람들을 나도 사랑하고 자비로 대하는 일에 헌신하는 복된 체험으로 우리를 초청하시는 것입니다.

여기서 우리가 배워야 할 첫 번째는 용서의 순서입니다. 우리는 보통 "용서받은 만치 용서해라" 하고 말합니다. 그러나 성경은 "서로 용서해라, 그래야 아버지께서도 그리스도 안에서 너희를 용서하실 것"이라고 말합니다(엡 4:32). 완전히, 그리고 자유로이 용서하시는 하나님이 남과의 관계에 있어서 우리의 표준입니다. 그렇지 못하면 우리가 마지못해 하는 반 토막 용서는 전혀 용서도 아니거니와 하나님께서 우리를 대하시는 표준마저 그런 식이 된다 그 말입니다. 모든 기도는 하나님의 용서하시는 은혜를 믿는 믿음에 토대를 둔 것입니다. 만약 하나님께서 우리 죄를 따라 우리를 다루셨다면 응답 받을 기도가 하나도 없습니다.

용서는 하나님의 모든 사랑과 축복에 이르는 문을 엽니다. 사실 하나님께서 우리 죄를 용서하시기 때문에 우리 기도에 효력이 생기고 필요한 바를 얻는 것입니다. 기도 응답의 깊고도 확실한 근거가 바로 하나님이 우릴 용서하시는 사랑에 있습니다. 그 사랑이 우리 마음을 사로잡을 때 비로소 우리는 믿음의 기도도 드리고 사랑의 생활을 하기도 하는 것이지요. 그러니까 하나님이 용서하시는 그 순서가 우리가 용서할 때의 순서가 되어야 하는 것입니다. 하나님의 용서하시는 사랑의 능력이 마음을 파고 들어와 우리 안에 내주하실 때 우리도 그분이 용서하시듯 용서하게 됩니다. 그러므로 어떤 부당한 일로 상처받거나 불의를 겪게 되면 우선 그리스도 같은 마음을 품고자 해야 하겠습니다. 그래서 모욕당했다는 기분도 떨치고 권리를 주장해야 한다는 욕구도 내려놓고 상대방에게 보복하려는 마음도 멀리할 수 있도록 말입니다.

일상생활 중에 성가신 일을 만나도 급한 성미를 부리거나 뾰족한 말을 내뱉지 않도록 주의할 일입니다. 그리고 정죄하거나 상처 주려 한 게 아니라고 쉽게 변명하는 일도 삼가야 하겠습니다. 오래도록 노여움을 품고 있어서도 안 되며 연약한 사람의 본성으로 어찌 하나님처럼 용서할 수 있겠느냐고 둘러대서도 안 됩니다. 계명을 문자 그대로 받아들입시다.

> 피차 용서하되 주께서 너희를 용서하신 것과 같이 너희도 그리하라 (골 3:13)

양심을 정화시켜 사망에서 건지시는 보혈은 이기심도 깨끗케 하실 수 있습니다. 그 보혈로 드러나는 사랑이란 우리를 사로잡을 뿐만 아니라 우리를 통해 남에게 흘러 전해지는 용서하는 사랑입니다. 우리가 사람을 용서하며 사랑하는 모습이야말로 하나님의 용서하시는 사랑이 우리 안에 실재하고 있다는 증거요 믿음의 기도가 나올 수 있는 발판인 것입니다.

둘째로 좀 더 일반적이라 할 교훈도 있습니다. 세상에서 매일 살아가는 모습에서 우리가 기도하면서 하나님과 맺는 관계가 어떤 것인지 나타난다는 사실입니다. 기도할 때면 하나님 마음에 들 만한 생각의 틀을 제 스스로 만들어놓고 그 안에 들어앉는 사람이 얼마나 많은지요. 하지만 삶은 갈라진 조각처럼 이것 따로 저것 따로 떼어도 되는 그런 것이 아닙니다. 삶이란 통으로 하나입니다. 하나님은 내가 기도할 때 꾸며 보이는 생각의 틀을 내 생활 전체를 통해 갖는 마음과 결부시켜 판단하십니다. 기도하는 시간이라 해도 내 삶의 일부일 따름입니다. 기도하면서 일으키는 감정이 아니라, 내 생활 전체의 흐름이 어떠냐가 과연 내가 어떤 사람이며 무얼 바라는 사람인지 판단하는 하나님의 잣대라 그 말입니다. 내가 하나님께 가까이 간다는 것은 내가 남과 맺는 관계와 따로 떨어지지 않습니다. 여기서 실패하면 저기서도 실패하는 것이지요. 이웃과 나 사이에 뭔가 잘못되었음을 분명히 의식할 때만 문제가 아니라 생활 중에 노상 품고 다니는 생각과 판단의 흐름, 그리고 부지불식간에 방치한 사랑 아닌 생각과 말이 기도를 막히게 만들 수 있다는 얘기입니다. 힘 있는 기도는 하나님의 뜻과 사랑에 온전히 복종하는 생활에서 나옵니다. 기도할 때나 빚는 모습이 아니라 기도하지 않을 때 나는 어떤 사람이냐가 내 기도를 재는 잣대입니다.

여기서 세 번째 교훈이 나옵니다. 다른 사람과의 관계에서 모든 것은 사랑 하나에 달려 있다는 것입니다. 용서하는 마음이란 바로 사랑하는 마음이지 다른 게 아닙니다. 하나님은 사랑이시라 용서하시는 것입니다. 우리가 사랑에 거해야 하나님이 용서하시듯 용서할 수 있습니다. 형제 사랑이 내가 하나님 사랑도 갖고 있다는 증거요 하나님 앞에 담대히 나아갈 수 있는 근거요 내 기도가 응답 받으리라는 확신의 기반입니다.

행함과 진실함으로 사랑합시다. 이로써 우리는 하나님 앞에 우리 마음가짐을 챙길 수가 있습니다. 내 마음에 스스로 정죄하는 마음이 없다면 하나님을 향해서도 담대할 수가 있는 것이지요. 그때는 무엇을 구해도 얻으리라는 확신이 생깁니다. 사랑이 없어서는 행함도 공로도 아무 유익을 가져다주지 못합니다. 하나님과 우리를 일치시키는 것은 사랑입니다. 사랑이라야 믿음은 현실이 됩니다. 마가복음 11:22의 "하나님을 믿으라"는 말씀이 기도의 핵심이듯이 25절의 "아무에게나 혐의가 있거든 용서하라"는 말씀도 핵심입니다. 하나님과도 그렇지만 주변 사람들과 맺는 관계도 올바른 것이라야 기도도 효력을 발휘한다 그런 말씀입니다.

다른 사람을 위해 기도할 때 이 사랑은 특별한 열매를 맺습니다. 때로 우리는 그리스도를 위해 일한다 하면서 사실은 자신을 위한 열심으로 일하기도 하고, 남을 돕는다 하지만 그들을 위해 자기를 내어주는 사랑 없이 그저 자신의 영적 건강을 위해서만 돕기도 하지요. 그러니 우리 믿음이 약하고 구하는 바를 이루지 못하는 것도 하나 이상할 것이 없습니다.

한 영혼을 바라볼 때 그 영혼에 사랑할 만한 것이 하나 보이지 않아도 잃은 양을 찾으시는 목자 되신 예수의 사랑의 빛으로 보는 것, 그 영혼 안에서 바로 예수 그리스도를 발견하는 것, 그래서 예수를 위해 진정 그를 사랑하는 마음으로 기도하는 것, 바로 이것이 믿음의 기도, 응답을 받는 기도의 비결입니다. 용서를 말씀하시면서 예수께서는 사랑이 용서의 뿌리라 하셨습니다. 산상수훈에서 그분은 기도에 관한 가르침과 약속을 하늘에 계신 아버지께서 자비로우신 것처럼 자비로운 소명과 연결 지으셨습니다(마 5:7, 9, 22, 38-48). 그리고 여기서도 사랑의 생활이 믿음의 기도를 드릴 수 있는 조건임을 밝히고 계십니다.

믿음의 기도, 아니 믿음으로 기도하려고 정직하게 애쓰는 것만으로도 우리의 속마음은 밝히 드러나고 맙니다. 그러니 하나님만이 아시는 이유로 해서 내 기도가 하나님께 상달되지 못하리라는 생각 따위로 자아 성찰의 칼날을 무디게 만드는 짓을 해서는 안 되겠습니다. "구하여도 받지 못함은 정욕으로 쓰려고 잘못 구함이니라"고 했습니다(약 4:3). 하나님의 말씀이 내속을 비추시도록 합시다.

우리 기도가 진정 하나님의 뜻과 이웃 사랑에 온전히 헌신한 표현이 되고 있는지요? 사랑이라는 흙이 아니고는 믿음이 뿌리내려 자랄 터전이 없습니다. 하늘을 향해 팔을 벌려 사랑을 열어 보일 때 하나님께서는 행여 그 사랑의 팔이 악하거나 무가치한 것을 향하고 있지는 않은지 살피십니다. 비록 완전하지는 못하나 분명한 의향과 성실한 순종을 바탕으로 한 사랑이 있어야 그 안에서 믿음은 축복을 얻을 수 있습니다. 하나님의 사랑이 자신 안에 내주하시도록 하는 사람, 그래서 매일 생활 중에 하나님께서 사랑하시듯 사랑을 실천하는 사람은 사랑 자체이신 하나님께서 그가 드리는 모든 기도를 다 들어주시리라는 믿음의 힘이 생길 것입니다. 바로 이 사랑이 보좌에 앉으신 어린양입니다. 하나님을 설복하는 기도는 바로 이 고통을 감수하며 견디는 사랑에서 나옵니다. 긍휼을 베푸는 자는 긍휼히 여김을 받을 것입니다. 온유한 자는 땅을 기업으로 받을 것입니다.

복되신 아버지, 아버지는 사랑이십니다. 오직 사랑에 거하는 자만이 아버지 안에 거하며 아버지와 사귐을 누릴 것입니다. 복되신 아드님께서 기도를 통해 아버지와 친교를 나눌 때 과연 그것이 사실임을 깊이 가르쳐 주셨습니다. 오 하나님, 당신의 사

랑이 성령으로 제 마음 깊이 심어져 주변의 모든 사람을 향해 솟아나는 사랑의 샘물이 되게 하소서. 그리하여 제 생활에 믿음의 기도와 그 능력이 돋아나게 하소서. 누가 저를 거스르더라도 그를 매일 용서하는 기쁨 가운데 당신의 용서가 바로 그렇게 할 수 있는 힘이요 생명으로 작동하고 있다는 증거를 보게 도와주소서.

주 예수, 나의 복되신 스승이시여, 용서하는 법을 가르쳐 주소서. 주님 보혈의 능력이 내 죄 사함을 실체로 이루시어 주님이 저를 용서하셨듯이 저도 남을 용서하여 하늘의 기쁨을 누리게 하소서. 다른 사람들과의 관계에서 행여 저와 주님의 관계에 장애가 되는 것이 있거든 밝히 보여주소서. 그래서 제가 가정에서나 사회에서 매일 생활하는 그 자리가 믿음의 기도를 바칠 수 있는 확신과 힘을 끌어 모으는 법을 배우는 학교와도 같게 하소서. 아멘.

15장

합심기도의 위력

진실로 다시 너희에게 이르노니 너희 중에 두 사람이 땅에서 합심하여
무엇이든지 구하면 하늘에 계신 내 아버지께서 저희를 위하여 이루게 하시리라.
두 세 사람이 내 이름으로 모인 곳에는 나도 그들 중에 있느니라.

마태복음 18:19-20

주님께서 기도에 관해 말씀하신 첫 가르침 중 하나가 사람한테 보이려고 기도하지 않아야 한다는 것이었습니다. 골방에 들어가 오직 아버지와 대면하라는 말씀 말입니다. 그런데 그 다음 가르침인즉슨 기도란 은밀히 드리는 기도만 있는 것은 아니고 공적으로 연합하여 드리는 기도도 있다는 것입니다. 그러면서 두 세 사람이 합심해서 바치는 기도에 각별한 언약을 주고 계십니다. 제대로 자라는 나무는 뿌리야 보이지 않는 땅에 든든히 내리지만 줄기는 밝은 햇볕이 드는 곳에서 뻗는 법입니다. 마찬가지로 기도도 보이지 않는 곳에서 은밀히 하나님과만 대면하는 면이 있는가 하면 예수의 이름에 같은 기반을 나누고 있는 사람들끼리 함께 모여 바치는 면도 있는 것이지요.

이유는 간단합니다. 그리스도인들을 서로 연합하는 끈이란, 각자가 하나님과 맺는 연합의 끈만큼이나 가깝고 실질적인 것이기 때문에 그렇습니다. 하나님은 그들 모두와 하나이십니다. 은혜는 하나님과 맺는 관계만 새롭게 하는 것이 아니라 사람과 맺는 관계도 새롭게 합니다. 우리가 하나님을 "나의 아버지"라고만 하지 않고 "우리 아버지" 하고 부르는 까닭이 거기 있습니다. 가족이 아버지를 제각기 따로 상대하고 서로와는 상대하지도 않고 함께 모여 가족의 정을 나누는 일도 없다면 그 얼마나 해괴한 일이겠습니까! 게다가 신자란 가족의 일원일 뿐만 아니라 한 몸의 지체이기도 합니다. 몸의 각 부분이 서로 의지하여 맞물려 있는데 그 몸에 거하는 영의 활동이 온전하려면 몸의 각 지체가 서로 연합하여 같이 잘 돌아가고 있어야 합니다. 그러니 믿는 사람들이 서로 친교를 주고받는 일이 없고서는 하나님께서 성령을 통해 주시는 축복의 활동도 온전할 수가 없는 것이지요. 신자들이 서로 일치하고 마음을 같이 할 때 성령께서도 당신의 능력을 자유로이 풀어놓으실 수가 있는 것입니다. 백 이십 문도가 한 자리에 함께 모여 한 마음으로 기도할 때 영광 받으신 주님의 영은 임하셨지요.

그런데 한 마음으로 드리는 합심 기도란 어떤 것인지 주님께서 말씀하신 표지는 이러합니다. 첫째로 구하는 바에 마음이 일치해야 합니다. 그냥 대략적으로 일치하는 게 아니라 매우 구체적이고도 분명한 내용에서 일치해야 한다는 말입니다. 그리고 모든 기도가 그렇듯이 이 일치함이란 신령과 진정으로 그러해야 합니다. 그렇게 일치하고 있을 때 우리가 무얼 구하는 지, 그리고 구하는 바가 하나님의 뜻에 합한 지, 나아가 구한 바를 받은 줄로 믿을 준비가 되어 있는지 우리 스스로 분명할 수가 있습니다.

두 번째 표지는 예수의 이름으로 모인다는 것에 관한 것입니다. 뒤에 가서 기도할 때 예수의 이름이 왜 필요하고 그 능력은 무엇인지 더 배우기로 하고 여기서 주님께 배워야 할 것은 믿는 사람들이 모일 때는 그 이름이 중심이 되어야 한다는 점입니다. 그 이름이 우리를 하나로 묶고 가정이 그 가정 안의 모든 이를 하나로 연합하듯 하는 구실을 한다는 것이지요.

"주의 이름은 견고한 성루이므로 의인이 그 곳으로 달려가면 아무도 뒤쫓지 못한다"고 했습니다(잠 18:10, 표준새번역). 그 의미를 알고 믿는 사람에게 주님의 이름은 그대로 실재입니다. 그러므로 주님의 이름으로 모인다는 것은 주님의 임재하심이 그 자리에 실재한다는 뜻입니다. 제자들이 서로 사랑하며 연합하는 곳에 주님은 끌리십니다. 그래서 "두 세 사람이 내 이름으로 모인 곳에는 나도 그들 중에 있느니라"고 말씀하신 것입니다(마 18:20). 즉 주님을 사랑하여 함께 기도하는 제자들의 친교 안에 주님이 살아 임재하시는 바로 거기에 합심기도의 위력은 있는 것입니다.

세 번째 표지는 확실한 응답에서 볼 수 있습니다. "내 아버지께서 저희를 위하여 이루게 하시리라"고 하신 말씀입니다(마 18:19). 그저 친교만을 위한 기도 모임, 덕스러운 만남도 나름대로 가치가 있겠습니다만, 주님께서 여기서 말씀하시는 것은 그런 게 아닙니다. 그분이 말씀하시는 모임은 기도의 특별한 응답을 겨냥한 그런 모임입니다. 누가 구하는 바는 분명히 있는데 그걸 얻을 만큼의 믿음은 없다면 다른 사람의 도움을 얻어서라도 믿음의 기도를 드려야 합니다. 믿음과 사랑과 성령으로 일치해서, 또 예수 이름의 능력과 주님의 임재에 힘입어서 기도할 때 눌림 없이 기도하며 기도의 응답도 확실히 얻을 수 있는 것이지요. 진정 합심해서 기도했는가는 구한 바를 얻음으로써 증거가 됩니다. "진실로 다시 너희에게 이르노니… 하늘에 계신 내 아버지께서 저희를 위하여 이루게 하시리라" 하셨으니까 말입니다(마 18:19).

합심 기도에 따르는 말할 수 없는 특권과 능력은 다음과 같은 것이 될 수 있습니다.

1. 남편과 아내가 예수 이름으로 함께 합심하여 기도하면 부부사이에 주님 임재와 권능을 체험할 것입니다(벧전 3:1-8).

2. 친구들끼리 서로를 위해 두 세 사람이 모여 합심해 기도하면 기도를 통해 서로에게 실질적인 도움을 줄 수 있다고 믿게 될 것입니다.

3. 기도회로 모일 때마다 주님의 이름으로 모이고, 주님의 임재하심을 실제로 믿고, 기도는 응답된다고 기대하는 것이 다른 무엇보다 중요한 일이 될 것입니다.

4. 각 교회는 마음을 합해 바치는 기도가 교회를 하나로 일치시키며 또한 교회로서 자신들의 힘을 한껏 발휘하는 것이라는 이해를 지니게 될 것입니다.

5. 전체 교회가 하나님 나라의 도래와 왕의 오심-성령을 부어주심으로써, 그리고 영화된 인격을 통해서 오시는-을 합심하여 그치지 않고 바치는 기도의 우선적 제목으로 삼게 될 것입니다.

이런 식으로 약속을 성취하시는 하나님을 증거하는 사람이 누릴 축복, 또 그 사람을 통해 임할 축복이 얼마나 클지 말로 다할 수 없을 것입니다.

사도 바울의 경우만 해도 합심기도의 위력을 믿는 그의 믿음이 얼마나 실질적이었는지 알 수 있습니다. 로마의 신자들을 향해 바울은 "형제들아, 내가 우리 주 예수 그리스도로 말미암고 성령의 사랑으로 말미암아 너희를 권하노니 너희 기도에 나와 힘을 같이 하여 나를 위하여 하나님께 빌으라"고 썼던 것입니다(롬 15:30). 그러면 그들이 합심하여 바치는 기도의 응답으로 대적의 손에서 벗어나고 사역은 더 풍성하게 되리라고 기대하면서 말입니다.

또 바울은 고린도 교회 신자들을 향해서는 "너희도 우리를 위하여 간구함으로 도우라, 이는 우리가 많은 사람의 기도로 얻은 은사를 인하여 많은 사람도 우리를 위하여 감사하게 하려 함이라" 하고 썼습니다(고후 1:11). 즉 고린도 신자들의 합심기도가 바울이 역경을 벗어나는 데 실질적인 몫을 발휘한다고 믿었던 것이지요.

에베소 교인들에게는 이렇게 썼습니다. "모든 기도와 간구로 하되 무시로 성령 안에서 기도하고 이를 위하여 깨어 구하기를 항상 힘쓰며 여러 성도를 위하여 구하고, 또 나를 위하여 구할 것은 내게 말씀을 주사 나로 입을 벌려 복음의 비밀을 담대히 알리게 하옵소서 할 것이다…" 다시 말해 바울의 사역의 힘과 성공 여부가 그들의 기도에 달려 있다고 말한 것입니다.

빌립보 교인들에게는 자신이 겪는 고초가 도리어 구원에 이르고 복음을 증진시킬 것이라고 하면서 "이것이 너희 간구와 예수 그리스도의 성령의 도우심으로 내 구원에 이르게 할 줄 아는 고"라고 말합니다(빌 1:19).

골로새 교인들에게는 기도에 항상 힘쓰라는 말을 보태면서 "또한 우리를 위하여 기도하되 하나님이 전도할 문을 우리에게 열어 주사 그리스도의 비밀을 말하게 하시기를 구하라"고 권고합니다(골 4:3).

또 데살로니가 교인들에게는 이렇게 쓰고 있습니다.

종말로 형제들아, 너희는 우리를 위하여 기도하기를 주의 말
씀이 너희 가운데서와 같이 달음질하여 영광스럽게(되게 하
라) (살후 3:1)

어느 본문을 봐도 바울은 자신이 서로 마음을 써주고 또 힘
을 합하는 한 몸의 지체로 여기고 있었음을 알 수 있습니다. 그
래서 그는 이 교회들이 자신을 위해 기도해줘야지 그렇지 않으
면 얻을 것을 얻지 못하리라고 생각한 것입니다. 바울은 신자
들의 합심기도가 자신이 하나님 나라의 일을 하나님의 권능으
로 행하는 데 매우 현실적인 한 요인이라고 보았던 것이지요.

진정 교회가 밤낮으로 기도에 힘쓰면서 하나님의 나라가 임
하고 하나님의 종들과 말씀에 권능이 임하도록, 그래서 영혼
구원을 통해 하나님이 영광 받으시도록 헌신적으로 구한다면,
교회가 어떤 권능을 일으키고 발휘할지 알 수 없는 노릇입니
다.

그런데 신자들이 모여서는 고작 서로 돌보고 세우는 걸로 다
라고 생각하는 교회가 너무 많습니다. 이런 교회들은 하나님께
서 성도들의 기도로 세상을 다스리신다는 사실을 알지 못합니
다. 기도야말로 사탄을 정복하는 힘이요, 땅에서 교회가 바치
는 기도로 하늘의 권세가 열린다는 사실을 말입니다. 예수께서
당신 이름으로 모이는 모든 모임을 하늘 문으로 삼으셔서 당신

의 임재하심을 느끼고 당신의 권능을 체험해서 원하는 바를 구하면 아버지께서 들어주시는 약속 성취의 자리로 삼으셨다는 사실을 이 교회들은 잊고 있는 것이지요.

그리스도인들이 함께 모여 서로 힘을 합쳐 기도할 수 있다는 것이 하나님께 얼마나 감사한지 모릅니다. 합심기도의 위력에서 바로 우리 하나됨과 믿음의 증거가 나오는 것이기 때문에 여기엔 말할 수 없는 가치가 들어 있는 것입니다. 합심하여 기도할 때 우리는 의식이 확장되어 전체교회에 마음을 쓸 수 있고 또 기도에 항상 힘쓸 수 있게 됩니다. 그러나 무엇보다도 작은 모임으로 모인 가운데 모인 사람들이 기도를 통해 서로 하나됨을 누릴 수 있는 자극제가 되기도 하니 그 축복은 참으로 말할 수 없이 큽니다. 만약 하나님의 백성 전체가 이를 이해한다면, 즉 예수 이름으로 모여 성령으로 하나된 가운데 주님의 임재를 체험하고 그들이 마음을 같이 해 구하는 바를 아버지께서 필경 들어주시리라는 믿음을 갖는 게 어떤 일인지 깨닫는다면 그 얼마나 더 큰 축복이 임하겠습니까?

복되신 주님, 주님은 대제사장으로서 기도하시면서 주님 백성이 하나되길 간절히 구하셨습니다. 이제 주님, 우리를 부르시고 가르치시어 합심기도로 하나됨을 이루게 하리라는 주님의 귀한 약속을 깨닫게 하소서. 우리가 사랑하고 또 기도로 구하는

일에 하나가 될 때 우리 믿음은 주님의 임재를 체험하고 아버지
의 기도 응답을 누리게 될 것입니다.

아버지, 모든 하나님의 백성, 그 작은 모임들까지 기억하며
기도하오니 그들이 함께 모일 때 하나가 되게 하소서. 그리고
그렇게 하나됨을 막는 온갖 이기심과 편협함, 자기 유익만 챙기
는 마음을 제하여 주소서. 이 세상과 육신의 영을 주님 약속의
권능으로 무장 해제시키시고 몰아내 주소서. 그래서 하나님 백
성의 모든 모임에서 오로지 주님의 임재와 사랑만이 넘쳐 모두
를 서로와 더욱 친밀하게 하소서.

특별히 구하오니, 복되신 주님, 주님의 교회가 합심기도에 하
늘에서도 매고 풀 수 있는 위력이 들어 있음을 믿게 하시고, 사
탄이 쫓겨나며, 영혼들이 구원받고, 산이 옮겨지며, 주님의 나
라가 속히 임할 수 있게 한다는 사실 또한 믿게 하소서. 그리고
특히 제가 속하여 함께 기도하는 모임이, 교회가 바치는 기도가
주님의 이름과 말씀에 영광 돌리는 힘이 된다는 사실이 이루어
지는 자리 되게 하소서. 아멘.

16장
꾸준한 기도의 힘

기도의 세계에서 이해하기 쉽지 않은 것 중 하나가 바로 기도를 오래 해야 하는 경우가 있다는 것입니다. 주님께서 그렇게 사랑이 많으시고 또 축복하길 원하신다고 하면서 왜 그리도 오랜 시간, 어떤 때는 여러 해가 걸려서 응답을 받게 하시는지 쉽게 이해가 되질 않는 것이지요. 믿음의 기도를 실천하며 살고자 할 때 실질적인 어려움으로 다가오는 대목도 바로 이것입니다. 제법 오래 인내하며 기도했는데도 여전히 응답이 없을 때 실망한 영혼은 – 종종 경건한 겸손의 외양을 띄고 – 아마 하나님께서 들어주시지 않는 나도 모를 이유가 있으신가보다고 생각하며 그만 기도를 체념해 버리고 맙니다.

이러한 어려움은 사실 믿음 하나로 극복해야 합니다. 하나님의 말씀과 예수의 이름에서 믿음을 세울 입지를 얻었고 오직

151

하나님의 뜻을 구하고 그분께 영광 돌리고자 하는 동기에 헌신한 것이 분명하다면, 응답이 지연된다고 해서 낙심해서는 안 됩니다. 성경은 믿음의 기도가 갖는 위력을 분명히 밝히고 있습니다. 그러므로 참된 믿음에 실망이란 있을 수 없는 일이지요.

믿음이 제 힘을 발휘하려면 물이 서서히 모이고 쌓이다가 마침내 큰 물결을 이뤄 힘차게 흐르듯 하는 과정이 필요합니다. 대개 보면 이렇게 기도가 쌓이다가 하나님 보시기에 이제 다 찼다 싶을 때 비로소 응답이 옵니다. 마치 농부가 만 개의 씨앗을 만 보 걸어 심듯이, 그래서 그 하나하나가 훗날 추수의 준비 과정이듯이, 꾸준히 기도를 반복하며 원하는 축복을 구할 필요가 있다는 말씀이지요. 믿음으로 드린 기도가 하늘에서 맥없이 사그라지는 일은 결코 없습니다. 끝까지 참아 정한 때에 응답을 받기까지 그 기도 하나 하나가 힘을 보태고 차곡차곡 쌓이는 것일 따름입니다.

믿음이란 사람의 생각이나 계산과 상대하는 것이 아니라 살아 계신 하나님의 말씀과 상대하는 것입니다. 아브라함이 오랜 세월 "바랄 수 없는 중에 바라고 믿었으며"(롬 4:18) "믿음과 오래 참음으로 말미암아 약속들을 기업으로 받는 자들을 본받는 자" 되었듯이(히 6:12), 믿음은 주님의 오랜 고통 자체가 구원이었음을 믿으며 마침내 주님께서 오시어 약속을 성취하실 때까지 기다릴 줄 압니다.

그런데 응답이 얼른 없지만 꾸준히 기도하면서 조용한 인내심과 기쁨의 확신을 함께 지니려면 주님께서 밤낮 부르짖는 사람을 놓고 불의한 재판관과 하나님을 견주어 말씀하신 표현 둘을 잘 이해하고 있어야 합니다. 즉 "저희에게 오래 참으시겠느냐?" 하는 대목과 "속히 그 원한을 풀어 주시리라" 하는 대목입니다(눅 18:7-8).

하나님은 속히 원한을 풀어주실 것이라고 주님은 말씀하셨습니다. 모든 축복이 이미 예비되어 있습니다. 그리고 하나님은 자녀들이 구하는 바를 허락하실 뿐만 아니라 기꺼이 내주시고자 하십니다. 영원한 사랑 자체이신 분께서 그 사랑을 한껏 드러내어 사랑하는 자의 소원을 채워주고자 하는 열망에 불타고 계십니다. 사실 하나님은 공연히 한 순간이라도 지체하고 싶지 않으십니다. 오히려 온 마음과 뜻을 다해 속히 응답을 주시고자 하는 분이 하나님이십니다.

그러나 과연 그게 사실이라면, 또 하나님이 전능하시다면, 어째서 기도 응답이 지연되는 일이 생기는 것일까요? 왜 하나님께서 택하신 자들을 밤낮 고통과 어려움 가운데 부르짖게 만드는 것일까요?

"저희에게 오래 참으시겠느냐?"고 했습니다(눅 18:7- 표준새번역에는 "모른 체 하고 오래 그들을 내버려두시겠느냐?"로 나온다-역자 주). 또 "보라, 농부가 땅에서 나는 귀한 열매를 바라고 길이 참아 이른 비와 늦은 비를 기다리나니"라고 했습니다(약 5:7). 농부가 추수를 바라는 것이 당연하지만 당장 되는 것은 아니고 햇빛과 비를 충분히 받으면서 오랜 기다림 가운데 천천히 익어간다는 사실을 농부는 압니다. 아이들은 종종 다 익지도 않은 열매를 따고 싶어합니다. 하지만 농부는 때를 기다릴 줄 압니다. 인간도 그 영적 본성에 있어서는 모든 것이 점진적으로 자라게끔 되어 있는 피조 세계의 법칙을 따르는 것입니다. 점차로 발전하는 과정을 거침으로써 마침내 하나님 정하신 지경에 이를 수 있다는 말입니다. 모든 시간과 계절이 아버지의 손에 있고 오직 그분만이 한 영혼도 교회도 언제 어느 때 축복을 받아 누릴 만한 성숙한 믿음에 이를지 아십니다. 아버지가 학교 간 자식이 얼른 집에 왔으면 하지만 한편으로는 학교에서 수업을 제대로 다 받고 올 때까지 기다리듯이 하나님도 당신 자녀들에게 그렇게 하시는 것이지요. 오히려 하나님이야말로 기다림의 과정에서 오래 참으시는 당사자요 마침내 때가 이르면 지체하지 않고 응답하는 분이십니다.

이 진리를 아는 사람한테는 이 진리에 상응하는 태도가 나올 수 있습니다. 즉 인내와 믿음, 기다림과 겸허함의 태도인데 오래 기다리며 꾸준히 기도할 수 있는 비밀이 거기에 있습니다. 하나님의 약속을 믿을 때 우리는 하나님께 청원한 바가 상달되었음을 믿고 압니다. 믿음이라야 약속된 응답을 눈에 보이지 않아도 영적으로는 이미 얻은 것으로 여기고 하나님을 찬양할 수 있게 된다 그런 말입니다.

하지만 말씀을 붙들고 약속이 장차 이뤄지리라 믿는 것과 약속이 현재 이미 이루어진 것으로 믿는 것은 좀 차이가 있습니다. 꾸준히 기도하되 불신을 내버리고 확신과 찬양으로 기도할 때 영혼은 성장하여 주님과 완전히 일치하는 데 이르고 주님 안의 온갖 축복을 자기 것으로 삼습니다. 이때 응답이 구체적으로 이루어지기까지는 바로잡아야 할 이런 저런 일들—주변 사람들이나 아니면 인류 전체, 혹은 하나님의 다스리심에 있어—이 있을 수는 있습니다. 그러나 말씀을 따라 구한 것을 이미 받았다고 믿기에 하나님께서 정하신 때에 결과가 나타나도록 시간을 드릴 수 있는 것입니다. 이러한 믿음은 이미 기도가 상달되었음을, 또 상달될 수밖에 없음을 압니다. 그래서 고요한 마음가짐으로 약속된 축복이 올 때까지 인내로 기다리며 감사와 찬양을 드리는 것이지요. 여기서 서로 모순되어 보이는 것들이 조화를 이루게 됩니다. 즉 보이지 않는 하나님께서 이미 응답을 주셨다고 믿으며 기뻐 감사하는 믿음과 응답이 구체적으로 나타날 때까지 밤낮으로 부르짖는 행위가 모순되지 않고 하나로 합쳐진다는 말씀입니다. 하나님의 오래 내버려두지 않으심이 당신의 응답을 기다리는 자녀의 오래 인내하는 믿음과 이렇게 조화를 이룬다 그것이지요.

기도 응답이 지연될 때 가장 큰 위험은 자칫 구한 것이 하나님의 뜻이 아닌가보다 생각하는 유혹입니다. 하나님의 말씀에 따르고 성령의 인도를 따라 기도했다면 그런 염려를 절대 허용해서는 안 됩니다. 그저 하나님께 시간을 드리는 법을 배우십시오. 하나님께는 시간이 필요합니다. 우리가 매일 하나님께 시간을 드려 그분과 사귀면서 그분의 임재하심이 온전히 자신을 사로잡도록 허용한다면, 그래서 믿음이 스스로 그 실체를 입증하고 믿음이 내 온 존재를 가득 채우도록 한다면, 차츰 하나님은 보이지 않던 것을 보이는 것으로 바꿔주실 것입니다. 하나님의 영광을 보게 될 것이라 그런 말입니다.

그러니 응답이 지연된다고 믿음이 흔들려서는 안 됩니다. 믿음도 곡물이 자라는 것과 마찬가지여서 처음에 싹이 나오고 이삭이 패이다가 마침내 낟알을 맺는 것입니다. 믿음으로 드리는 기도 하나 하나가 다 최후의 승리를 향해 다가가는 한 걸음 한 걸음입니다. 어느 하나 빠짐없이 열매를 맺고 익히는 데 보탬이 되는 것이요, 하나님만이 아시는 기도와 믿음의 분량을 조금씩 채우는 것이요, 보이지 않는 영적 세계의 장애물을 차츰 걷어내는 행위요, 마침내 목표한 바를 얻기에 이르는 과정인 것입니다. 그러니 하나님의 자녀들이여, 아버지에게 시간을 드리십시오. 그분도 여러분을 오래 참으시지 않습니까! 하나님은 축복을 확실히, 넘치고 풍성하게 주시길 원하십니다. 그러니 그분께 시간을 드리며 밤낮으로 부르짖으십시오. "내가 너희에게 이르노니 속히 그 원한을 풀어 주시리라" 하신 말씀만 기억하면서 말입니다(눅 18:8).

이렇게 인내하며 기도하는 데 따르는 축복이란 말로 다할 수가 없습니다. 믿음의 기도처럼 사람의 속마음을 드러내는 게 달리 없습니다. 이 기도는 기도하는 사람 안에서 축복이 임하는 데 장애가 되는 것들, 하나님의 뜻에 맞지 않는 것들을 죄다 탐색해서 고백하고 버리도록 도전해 옵니다. 그리고 주님과 더 깊이 사귀도록 이끄니 오직 주님만이 참 기도를 가르치실 수 있음을 갈수록 자각하는 까닭입니다. 오래 믿음으로 기도하노라면 주님의 보혈과 성령 앞에 아무 것도 숨길 수 없음을 알고 다 꺼내어 항복하기에 이른다는 말입니다. 그 결과 그리스도 안에 더 가까이 더 단순하게 거하게 되는 것이지요. 그러니 그리스도인들이여, 하나님께 시간을 드리십시오. 그 시간을 갖고 하나님은 여러분을 완전하게 만드실 것입니다. "속히 풀어주시리라"는 말씀은 여러분이 기도의 문을 열고 들어갈 수 있는 암호입니다. 이 말씀이 여러분의 것이 되게 하십시오.

자신을 위해 기도할 때나 남을 위해서나 늘 그렇게 하십시오. 몸으로 하는 일이나 정신을 쓰는 일이나 다 시간과 노력이 필요한 법입니다. 자신을 드려야 일이 된다 그 말입니다. 부지

런히 수고하며 깊이 숙고하는 사람한테 자연은 그 비밀과 보물을 열어 보입니다. 영적 살림살이에서도 이치는 마찬가지입니다. 하늘 토지에 씨앗을 뿌리고 공을 들여 저 위의 세계에 영향이 가게 하려면 온 존재를 다 기울여야 합니다. 즉 기도에 자신을 통째로 드려야 한다는 말입니다. 그러니 중간에 낙담하여 포기하지 않는 한 때가 되면 필경 거두리라는 확신을 굳게 지녀야만 합니다.

주님의 교회를 위해 기도할 때도 이 교훈을 잊지 맙시다. 주님의 임재하심을 잃은 교회는 비유에 나오는 가난한 과부의 처지와 다를 바가 없습니다. 이때 교회도 힘없는 과부처럼 원수 마음대로 휘둘리는데 어디다 도움을 청할 데가 없습니다. 그러니 교회를 위해 기도할 때 혹시 세상의 영향 아래 잡혀 있는 부분이 무엇이든 그곳에 주님께서 성령의 강한 활동으로 임재하시길 기도합시다. 기도는 교회에 실제로 도움이 되며 낙심하지 않고 구준히 기도하면 기필코 응답을 얻는다는 확신을 갖고 기도합시다. 하나님께 단지 시간을 드리기만 하면 됩니다. 그리고 밤낮 부르짖기만 하십시오. "하물며 하나님께서 그 밤낮 부르짖는 택하신 자들의 원한을 풀어 주지 아니하시겠느냐? 저희에게 오래 참으시겠느냐?"

오 나의 주 하나님, 당신의 길을 가르쳐 주소서. 하나님의 아들께서 "속히 그 원한을 풀어 주시리라" 가르쳐주신 의미를 저희가 깨닫게 하소서. 아버지께서는 자녀의 기도를 들으시며 기꺼이 축복하시오니, 그 사랑을 알아 믿음으로 구하면 얻는다는 약속을 기뻐하며 믿게 하시고, 당신께 청한 것은 꼭 상달되며 정한 때에 응답이 올 것을 또한 믿게 하소서.

주님, 자연의 계절을 보고 배우게 하시어 원하는 열매를 얻으려면 인내로 기다려야 함을 알게 하소서. 주님께서는 공연히 한 순간도 지체하지 않으시는 분이며 믿음은 기필코 응답을 낳는다는 확신으로 저를 채워주소서.

복되신 주님, 하나님의 택하신 자들이 밤낮 부르짖는 일이 낯선 것이 아님을 말씀하셨습니다. 그 점을 이해할 수 있게 하소서. 우리가 얼마나 쉽사리 낙담하고 포기하는지 주님은 아십니다. 마치 주님은 너무 높이 계시어 끈질기게 청원하는 일로 성가시게 해드려서는 안 된다는 듯이 말입니다. 주님, 기도의 수고가 얼마나 실질적인 문제인지 가르쳐주소서. 제가 이 땅에서 어떤 일에 실패했어도 그저 그 일에 더 시간과 공을 들여 새롭게 꾸준히 노력하기만 하면 다시 성공을 거둘 때가 얼마나 많았습니까? 그러니 기도에 새롭게 헌신하고 더 기도의 영에 사로잡혀 마침내 구한 바를 얻을 줄 알게 하소서. 무엇보다 복되신 스승, 내 신앙의 근원이요 완성자이신 주님, 주님의 은혜로 제 일생을 저를 사랑하시어 자신을 내어주시는 주님과 하나되는 믿음으로 살게 하소서. 주님 안에서 제 기도가 상달되고 주님 안에 기도 응답의 확신이 들어 있사오니 응답 또한 주님 안에서 이루어질 것이옵니다. 주 예수여, 이 믿음으로 늘 기도하며 낙담치 말게 하소서. 아멘.

17장

하나님의 인격과 조화를 이루는 기도

아버지여, 내 말을 들으신 것을 감사하나이다.
항상 내 말을 들으시는 줄을 내가 알았나이다.

요한복음 11:41-42

너는 내 아들이라, 오늘날 내가 너를 낳았도다. 내게 구하라,
내가 열방을 유업으로 주리니 네 소유가 땅 끝까지 이르리로다.

시편 2:7-8

신약성경을 보면 믿음과 지식은 서로 다릅니다. "어떤 이에게는 성령으로 말미암아 지혜의 말씀을, 어떤 이에게는 같은 성령을 따라 지식의 말씀을, 다른 이에게는 같은 성령으로 믿음을" 하였습니다(고전 12:8-9). 어린아이, 혹은 어린아이 같은 신자는 지식은 별로 없겠지만 믿음은 클 수 있습니다. 어린아이 같이 단순하면 별 어려움 없이 진리를 받아들입니다. 그리고 하나님께서 그렇게 말씀하셨다는 이유 하나로 해서 이것저것 따지지 않습니다. 하지만 하나님께서 뜻하시는 바는 우리가 그분을 사랑하되 마음을 다하고 온 정신을 다 쏟아 사랑하는 것입니다. 그래야 주님의 길과 말씀과 온갖 사역에 대해 그 지혜의 깊이와 아름다움을 충분히 이해하면서 성장할 테니까

요. 또 그렇게 성장해야 하나님 은혜와 영광을 온전히 제대로 찬미할 수가 있습니다. 구원의 지혜와 지식을 지적으로도 충분히 이해하면서 주님 보좌 앞에 나아가 "깊도다, 하나님의 지혜와 지식의 부요함이여!" 하면서 소리 높여 찬양할 수 있다는 말입니다(롬 11:33).

사실 이런 이치는 기도생활 전반에 적용될 수 있습니다. 기도와 믿음은 단순한 것이기에 이제 막 거듭난 사람이라도 힘 있게 기도할 수가 있는 것이지만 기도의 원리란 그리 만만한 것은 아닙니다. 기도의 능력은 실재일까? 하나님은 어떻게 기도에 그렇게 큰 권능을 허락하시는 것일까? 기도라는 행위는 하나님의 뜻과 계율에는 어떻게 부합할 수 있는 것일까? 하나님의 주권과 인간의 의지, 하나님의 자유와 인간의 자유는 어떻게 상충되지 않고 조화를 이룰 수 있는가? 이런저런 의문이 다 그리스도인들이 숙고하며 묵상해야 할 주제들이지요. 그리고 이런 의문을 진지하게 파고들면 들수록 사람에게 기도의 권능을 허락하신 하나님을 엎드려 찬송할 수밖에 없게 됩니다.

그런데 사람들이 밖으로 드러내 표현은 않지만 속으로 종종 기도의 의욕을 꺾게 하는 의문점이 하나 있습니다. 바로 하나님께서는 당신 밖의 그 무엇에도 의존할 필요가 없으신 완전하신 분이시라는 데서 나오는 난점입니다. 즉 하나님은 무한하신 분이어서 자신 말고 어디 기대실 필요가 없는 분이요 당신 홀로 그 무한한 지혜와 거룩하신 뜻으로 만사 결정해 나가면 그만인 분이 아니냐 하는 것입니다. 그런데 사람의 기도가 어떻게 그분에게 영향을 끼쳐 기도하지 않았으면 그리 되지 않았을 일을 이루냐 그 말이지요. 기도 응답의 약속이니 하는 건 결국 하나님께서 연약한 우리에게 공연히 생색내는 말씀 아닐까? 기도에 무슨 유용함이 있다면 그건 우리 사고방식이 기도를 통해 거기 조율된다는 것이지 하나님께서 자신 말고 다른 무엇에 따라 달리 행하신다는 게 말이 되는가? 기도에서 얻는 축복이란 고작 기도가 자신에게 심리적으로 주는 영향 정도가 전부이지 않을까?…

　이러한 의문의 답을 구하려면 우리는 하나님의 존재 자체, 즉 거룩하신 삼위일체의 신비를 들여다보아야 합니다. 하나님이 그저 단일한 인격이시라면, 그래서 자신만으로 족하신 분이라면, 거기에 무슨 가까이 다가가 영향을 미치니 마니 할 여지가 없겠습니다. 그러나 하나님 안에 서로 다른 세 분이 계십니다. 하나님 안에 아버지와 아들이 계시고 또 성령이 계시어 서로 사랑과 나눔으로 일치해 계시다 그 말입니다. 영원하신 사랑이 아들을 낳고 아버지는 아들에게 당신 우편의 제 이격의 자리를 주시며 동등하신 분이요 모사로 삼으셨기 때문에 기도가 하나님 존재의 깊은 내적 삶에 영향을 미칠 수 있는 길이 열린 것입니다.

땅에서 그러했듯이 하늘에서도 아버지와 아들의 관계는 사랑을 주고받는 관계입니다. 주는 것이나 받는 것이나 두 인격 사이의 오감입니다. 즉 아들은 아버지에게 구하고 아버지는 아들이 구한 것을 주고 아들은 구한 것을 받는 일이 이 천상 관계 안에 일어난다는 말입니다. 하나님 위격의 거룩한 사귐 가운데 아들이 이렇게 구한다 함은 곧 삼위일체 하나님의 지복의 생명이 작동하는 한 모습이지요. 시편 2편에 보면 "오늘날 내가 너를 낳았도다, 내게 구하라, 내가…주리니" 하는 말씀이 나옵니다. 즉 아버지께서는 아들에게 자신을 향해 영향을 줄 수 있는 지위와 권세를 허용하셨습니다. 그러므로 아들이 구하는 것은 단순한 쇼나 연기가 아니라 참 생명의 움직임이요 이를 통해 아버지와 아들이 사랑으로 만나며 서로를 완성시키는 행위인 것입니다. 아버지께서는 당신의 궁정에 홀로 계시지 않고 아들과 함께 있으며 이 아들의 구하고 받음이 있어 삼위일체 하나님 존재의 완성이 되도록 정하셨습니다. 그러니까 하나님의 존재 바로 그 자체 안에 구함이 있고 받음이 있다는 말입니다. 사실 지상에서 우리가 하는 기도란 바로 이 천상의 주고받음을 본받은 것입니다. 예수께서 "항상 내 말을 들으시는 줄을 내가 알았나이다" 하고 기도하셨을 때 이 천상의 구함과 받음을 포함하여 말씀하신 것이지요. 지상에서 아들 되심과 천상에서 아들 되심이 별개가 아니듯 예수께서 땅에서 드리신 기도 역시 천상에서 기도하셨고 또 응답 받았던 연속이지 별개가 아닙니다. 인간 예수 그리스도께서 바치신 기도는 아버지의 품안에 계신 영원하신 아들의 기도와 인류가 땅에서 드리는 기도의 연결점입니다. 그러므로 기도란 하나님의 존재 자체에 기원을 두고 나온 것입니다. 신성 안에서조차 기도, 즉 아들의 구함과 아버지의 응답하심이 있어서 존재가 이루어지고 있으니 말입니다.

이렇게 보면 어떻게 우리의 기도가 아들을 통해 하나님께 영향을 미치는지 이해하는 데 도움이 될 것입니다. 그러니 하나님의 명령도 아들과 협의하여 그분이 드린 청원을 통해 내리시는 결정입니다. 주 예수께서는 독생자시요 만물의 머리이자 상속자이십니다. 만물이 그분을 통해, 그분을 향해 창조되었으며 그분 안에서 하나로 묶어집니다. 아버지의 천상회의에서 아들은 만물의 대표로서 중보자요 중개자로서, 아들을 통해 아버지께 가까이 가려는 모든 청원을 도맡으십니다.

아버지를 향해 갖는 아들의 권세와 자유가 하나님 뜻의 불변하심과 서로 조화되지 않는다고 생각하는 분이 있다면 하나님께는 사람처럼 되돌릴 수 없는 꼼짝없는 과거란 있지 않다는 것을 기억합시다. 하나님은 과거니 미래니 하는 시간이 없으십니다. 영원하신 분께 시간의 구분이란 아무 뜻도 없습니다. 영원이란 영원한 현재요 그 안에서 과거도 과거가 아니고 미래도 오직 현재일 따름입니다. 연약한 인간 존재에 맞추려고 성경은 과거의 계명과 미래의 계명을 논했을 따름입니다. 영원한 실재 안에 들어가면 하나님 뜻의 불변하심이란 그분이 자유로이 뜻하신 대로 행하심과 완전히 조화를 이루고 있는 것입니다. 아들과 하나님 백성의 기도가 그 자체로 영원히 고착된 칙령처럼 효력을 나타낸다는 말이 아닙니다. 단지 아버지의 마음은 아들을 통해 전달되는 모든 기도를 열린 마음으로 자유로이 들어주신다는 말이며, 하나님이 자신을 기도에 영향받도록 허용하시어 기도가 없었다면 행하지 않으셨을 일을 자유로이 행하신다는 말입니다.

하나님의 주권과 인간의 자유가 이렇게 완전히 조화를 이룰 수 있다는 사실은 심오한 신비가 아닐 수 없습니다. 영원하신 하나님께서는 사람의 생각을 초월하십니다. 하지만 아버지와 아들이 나누는 영원한 친교 안에서 기도의 기원과 근거를 볼 수 있다는 점과 우리가 아들과 연합하여 아들을 통해 기도하면 그 기도가 상달되어 복되신 삼위일체의 내적 삶에 영향을 끼칠 수 있다는 점만은 기억하도록 합시다.

하나님의 뜻이 무슨 철로 만든 창살 같은 것이어서 인간의 자유가 거기 맞서 씨름해 봤자 소용없는 그런 것이 아닙니다. 하나님은 살아있는 사랑의 존재요 인간이 되신 당신의 아들을 통해 인류 전체와 애정 어린 관계를 세우셨습니다. 성령을 통해 하나님은 우리의 인성을 사랑의 성스러운 생명에까지 이끌어 올리셨으며 우리 인간이 바치는 기도 하나 하나가 당신이 세상을 다스리시는 데 있어 한몫을 차지하도록 허락하신 것입니다.

생각을 이렇게 가져가면 삼위일체의 교리란 추상적 이론이 아니라 사람이 하나님과 살아있는 사귐을 누리면서 기도로 하나님의 세계 통치에 참여하게 되었다는 생생한 선언이 됩니다. 그리고 "이는 저로 말미암아 우리 둘이 한 성령 안에서 아버지께 나아감을 얻게 하려 하심"이라는 구절(엡 2:18)이 말하는 삼위일체 생명에의 참여라는 놀라운 영광을 미진하게나마 이해할 수 있게 됩니다.

성경에서 기도를 한껏 간단히 표현한다면 하나님께서 우리에게 귀 기울이신다는 것이 될 겁니다. 그러니까 기도가 그저 기도하는 사람 마음과 생활에 심리적 영향을 좀 준다는 말 정도가 아니라는 것이지요. 물론 기도하는 행위가 기도하는 사람의 상태와 밀접한 상관관계가 있는 것은 사실이지만 말입니다. 오히려 기도에는 명백한 대상과 목적이 있다고 하는 것입니다. 즉 하나님께 축복과 선물과 구원을 얻고자 하는 것이 기도다 그 말입니다. 그래서 예수께서 "구하라, 얻을 것이요" 하신 것입니다.

다음은 A. 사피어(Saphir)의 「숨겨진 생애」(The Hidden Life)와 「주님이 가르치신 기도」(The Lord's Prayer)에서 인

용한 글입니다.

모든 것을 미리 아시고 또 미리 정하시는 하나님께서 인과의 고리에 한 요인으로 우리가 드릴 기도도 미리 아시고 또 정해 두셨다 하는 말이 제 아무리 사실이고 값어치가 있다 한들, 우리 마음이 거기서 평화와 안식을 얻는 것도 아니고 기도할 마음이 더 들게 해 주는 것도 아니다. 오히려 그렇게 생각하고 보면 기도하고픈 마음과 기도의 활력, 힘이 나오는 근원자 되신 분에게서 초점이 다른 데로 옮겨지고 마는 것 같다. 오늘날에 살아 계신 하나님, 그러나 영원하신 하나님, 자애롭고 거룩하신 분, 인간의 영혼에 자신을 드러내시는 그분이 "내 얼굴을 구하라" 하셨다. 우리를 자석처럼 당기는 힘은 바로 그분이시다. 우리 마음을 열고 입술을 열게 하는 힘도 오직 이 한 분에게서 볼 수 있다…

하나님의 아들 예수 그리스도 안에서 우리가 만나는 온갖 어려움의 답은 들어 있다. 예수께서는 이 땅에 계실 때 기도하셨는데 단지 사람으로서가 아니라 성육하신 하나님의 아들로서 그렇게 하셨다. 즉 그분이 이 땅에서 드리신 기도는 하나님께서 원하시는 그리스도께서 영원 속에서 드리시는 기도의 표현이었던 것이다. 하나님의 아들은 모든 것을 상속받을 분이시다. 영원부터 하나님의 아들은 길이요 중보자이시다. 사람의 불완전한 말로 애써 표현하자면 그리스도는 세상을 대신하여 영원히 아버지께 기도드리고 계신 것이다.

하나이며 셋이신 영원하신 하나님, 그 신비를 놀라운 마음으로 경배합니다. 그 신비를 조금이라도 열어 보이신다면, 가장 영화로우신 하나님, 그것이 당신 마음에 합당하시다면, 저는 오직 그 영광을 묵상하며 두려움과 떨림으로 머리 조아릴 따름이옵니다.

아버지, 이 아버지라는 이름에 감사드리오니 단지 이 땅의 당신 자녀들에게만 아버지 되심이 아니옵고 영원하신 독생자의 영원하신 아버지 되신 까닭입니다. 아버지께서 저희 기도를 들어주심에 감사하오니, 이는 아버지의 영원하신 결정에서 당신 아들에게 구하고 기도하는 자리를 허락하셨기 때문입니다. 또 감사드리는 것은, 아들의 지상생활을 통해 그분이 천상에서 아버지와 영원히 가지시는 복된 관계를 보게 하셨고, 아버지의 영원한 경륜 속에 어떻게 그분의 기도와 응답의 자리를 마련하셨는지 보게 하셨습니다. 무엇보다 저 위 당신 보좌에서 참된 인성을 지니신 그리스도를 통해, 여기 이 아래 우리 인성에 내주 하시는 성령을 통해, 인간의 부르짖음이 하나님 존재의 사랑과 삶에 상달되어 응답 받을 수 있는 길이 열렸으니 감사합니다.

복되신 예수여, 당신 안에 기도의 길이 열려 있고 응답의 확신이 들어 있사오니, 구하옵건대 주님 백성에게 기도를 가르쳐 주소서. 저희도 주님처럼 아버지께서 언제나 저희 기도를 들어주시는 줄 알게 하시어 그것이 저희가 하나님의 자녀된 표지가 되게 하소서. 아멘.

18장
인간의 본래 형상을 실현하는 기도

마태복음 22:20

하나님이 가라사대 "우리의 형상을 따라 우리의 모양대로 우리가 사람을 만들고."

창세기 1:26

"**이** 형상이 뉘 것이냐?" 예수께서는 세금 문제를 갖고 당신을 함정에 빠뜨리려는 자들에게 이 질문을 던지심으로써 위기를 벗어나십니다. 사실 이 질문에 담긴 원칙은 어디에나 적용될 수 있는데 무엇보다 인간 자신에게 적용해 봐야 할 일입니다. 인간이 어떤 형상을 품고 있느냐에 따라 그의 운명도 결정되기 때문입니다. 하나님의 형상을 담고 있으면 그는 하나님께 속한 사람입니다. 하나님의 형상대로 지어졌으니 하나님께 기도하는 것이 당연합니다. 즉 기도는 사람이 원본이신 하나님을 닮은 형상이 되는 데 필수 불가결한 것입니다. 삼위일체 하나님 안에 사랑의 사귐과 기도가 들어 있으니 사람도 기도해야 그 천상의 신비를 이 땅에서 보여주는 형상이 될 수 있다 그런 말입니다.

기도가 무엇인지, 기도에 따르는 권능이 무엇인지 묵상하면 할수록 "사람이 무엇이관대 이토록 하나님께서 돌보시나이까?" 외치지 않을 도리가 없습니다(시 8:4-8 참조). 죄란 사실 인간이 원래 어떤 존재인지 까맣게 잊고 격하된 상태입니다. 그래서 죄인 된 인간은 하나님께서 원래 인간을 창조하신 기록을 통해 하나님께서 인간에게 어떤 목적을 두셨고 또 어떤 능력을 부여하셨는지 알아야 합니다. 그래야 우리가 애초에 지음 받은 목적을 완성할 수가 있는 것이지요.

인간의 원래 운명은 하나님의 말씀에서 분명히 찾아볼 수 있습니다. 즉 "땅에 충만하라, 정복하라, 다스리라"는 말씀입니다. 이 세 표현에서 인간은 원래 하나님을 대신해서 이 땅을 다스리도록 지음 받은 존재임을 알 수 있습니다. 마치 하나님이 보내신 총독인 것처럼 인간이 이 땅에서 하나님을 대표하는 것이지요. 하나님께 복종하여 인간은 땅의 모든 것을 복종시키는 존재입니다. 이 땅에서 이루실 모든 것을 우리 인간을 통해서 하시겠다는 것이 하나님의 뜻입니다. 그러므로 땅의 역사란 전적으로 사람의 손에 달려 있습니다.

이렇게 인간의 원래 운명을 알아야 인간의 원래와 권세를 짐작할 수 있습니다. 이 세상의 권세자도 자기 대리인을 어디 멀리 총독으로 파견할 때 그 총독이 자신의 생각과 정책을 따라 행동해 주길 원하는 법입니다. 그러면 총독은 자기를 파견한 왕의 정책과 왕국의 위엄을 따라 현지에서 군대 및 이런 저런 수단을 활용할 자유와 권세를 누리게 되지요. 그런데 이 총독이 제멋대로 행동해서 왕의 뜻을 어긴다면 왕은 그를 소환하고 다른 사람을 보내어 자기 뜻을 이루려 할 것입니다. 하지만 총독은 왕의 뜻을 신실히 행하는 인물이라면 왕도 그가 청하는 바를 기꺼이 들어줄 것입니다. 하나님의 대리인으로서 인간도 다스리는 존재입니다. 인간이 신실한 총독으로서 하늘에 청하고 또 말씀드리면 하늘도 필요한 축복을 땅에 보내줍니다. 사람이 하늘의 왕이신 하나님과 친밀한 관계를 지니면서 단순하고 자연스럽게 드리는 기도는 놀랍게 응답되고, 하나님의 종으로서 이 땅의 주인 노릇할 권세가 원래 유지되었어야 마땅합니다. 사실 이 세계의 운명도 인간이 무엇을 소망하고 뜻하여 기도하는가에 달려 있습니다.

　물론 이 원래의 그림에 죄라고 하는 것이 들어가 계획이 어그러지고 말았지요. 인간이 타락함으로써 모든 피조물이 저주 아래 놓이게 된 것입니다. 하지만 주님의 구원 역사를 통해 영광스러운 본래 모습이 회복되기 시작했습니다. 하나님께서 아브라함에게서 한 백성을 일궈내기 시작하시자 왕 같은 존재들이 나타나서—우리의 임금 되신 주님도 포함해서—그들이 바치는 기도에 주변사람들 운명에 영향을 주는 권세가 있다는 사실을 놀랍게 드러내기 시작한 것입니다. 아브라함만 보더라도 기도란 단순히 자신을 축복하는 수단으로 그치지 않았습니다. 다른 사람들의 운명과 하나님의 뜻에까지 영향을 미칠 수 있는 특권이 아브라함의 기도에 들어 있었다는 말입니다. 사실 아브라함이 자신을 위해서 기도하는 경우는 기록에 한번도 나오지 않습니다. 그가 소돔과 롯을 위해서 또 아비멜렉이나 이스마엘을 위해 기도하는 것을 읽으면 하나님의 친구 된 사람이 드리는 기도는 주변 사람들의 역사를 일구는 힘마저 있다는 사실을 배우게 됩니다.

원래 인간의 운명은 그런 것이었습니다. 성경이 우리에게 가르쳐주는 사실은, 하나님께서 인간에게 그토록 높은 소명을 맡기셨다는 것입니다. 인간을 하나님의 형상과 모습대로 지으신 까닭이 거기에 있었던 것이지요. 어떤 소명을 줄 때는 그 소명에 걸 맞는 내면의 소양이 그 대상에게 있으니까 주지 아무한 테나 마냥 주는 것은 아닙니다. 땅을 다스리고 모든 피조물의 으뜸이 되는 소명을 인간이 받은 이유는 인간의 본성 안에 그 소명을 이룰 수 있을 하나님의 형상이 있기 때문입니다. 하나님과 인간 사이에 그렇게 내적 일치가 있고 조화가 있기 때문에, 처음부터 하나님을 닮은 존재이기 때문에, 인간은 하나님과 세계의 연결자가 될 소명을 받은 것입니다. 이 존재는 원래 예언자요 제사장이요 왕 같은 존재였기에 인간은 하나님의 뜻을 받드는 한편 자연세계에 필요한 바를 위로 하나님께 아뢰고 하나님께 받아 아래로 베푸는 일을 했어야 합니다. 하나님의 형상을 지녔기에 하나님의 통치도 받들 수 있는 것입니다. 진정 인간은 하나님을 닮아서 하나님의 뜻을 깨달아 그분의 계획을 수행할 수 있는 능력이 원래 있었기 때문에 하나님께서 그를 세워 세계가 필요로 하는 것을 구하여 얻게 하는 특권을 부여하셨던 것입니다.

죄가 잠시 하나님의 계획을 틀고 있지만 기도는 여전히 인간이 타락하기 이전의 원래 쓰임새를 발휘하고 있으니, 기도야말로 인간이 하나님을 닮은 존재라는 것, 보이지 않는 영원하신 분과 이어진 존재요 우주의 운명을 손에 쥘 수 있는 권세자라는 사실을 증명하는 것입니다. 기도는 그저 자비를 베풀어달라는 외침이 아닙니다. 도리어 인간이 이 땅에서 하나님의 형상으로 하나님의 뜻을 세상에 드러내고, 왕 같은 존재로 하나님의 회의에 참여하는 존재임을 비길 데 없이 표현하는 것이 기도입니다.

죄가 파괴한 것을 은혜가 되살립니다. 첫째 아담이 잃은 것을 둘째 아담이 되찾습니다. 그리스도 안에서 인간은 상실했던 원래의 지위를 회복하고 교회는 그리스도 안에 거하여 "무엇이든지 원하는 대로 구하라, 그리하면 이루리라"는 잃었던 약속을 상속받습니다(요 15:7).

이 약속을 갖고 자신을 위한 은혜나 축복을 구하는 걸로만 그쳐서는 절대 안 되겠습니다. 오히려 이 약속은 하늘의 포도나무에 이어져 열매를 맺어야 하는 인간의 원래 지위를 말하는 것이며, 주님처럼 우리도 하나님 아버지의 일을 하고 그분께 영광 돌려야 하는 존재임을 말하는 것입니다. 이 약속은 주님 안에 거하는 사람들, 순종과 자기희생의 생활을 통해 주님 안에 머무는 사람들, 그분 안에서 제 목숨을 잃고 새로 얻는 사람들, 그래서 오직 하나님과 그 나라의 유익만을 구하는 사람들이 받는 약속입니다. 이런 사람들은 주님 안에서 거듭나고 원래의 지위로 돌아가 하나님의 형상을 회복하여 다스릴 권세를 갖는다는 것이 무엇인지 아는 사람들입니다. 이런 사람들은 과연 자기가 처한 자리에서 주변세계에 하늘의 힘을 얻어 분배할 권세를 얻은 사람들입니다. 이들은 거룩한 담대함으로 자신들이 소원하는 바를 하늘에 알립니다. 이들은 왕처럼 다가올 세상의 권능을 앞당겨 원하는 대로 쓰기 시작한 사람들입니다. 하나님은 사람의 아들들 가운데서 제사장을 찾으십니다. 인간에게 부여하신 사제직이란 하나님의 영원한 계획 가운데 일부입니다. 즉 인간을 통해 피조물을 다스리는 것이 그분의 계획이요 인간을 통해 피조물의 예배를 받으시는 것 또한 하나님의 계획이라는 말씀입니다.

사제직이란 하늘과 땅을 잇는 직분이요, 죄인과 하나님 사이에 오가는 통로입니다. 죄를 대속하는 의미만 놓고 보자면 오직 하나님의 독생자만이 하실 수 있는 일이겠으나, 창조주와 피조물을 잇는 역할로 놓고 보면 구원받은 사람들, 즉 교회의 손에 쥐어주신 역할이 이 사제직입니다.

하나님은 천사들에게서 왕을 찾지 않으십니다. 도리어 타락한 인간들이 그분께 우주를 다스리는 존재들이 되어드려야 하는 것입니다. 인간의 손이 그 왕홀을 쥐어야 할 손이요 인간의 머리가 그 왕관을 써야 할 머리입니다. (H. 보나 박사가 쓴 The Rent Veil에서 인용. 출판에 관한 사항은 알려져 있지 않음)

이 사람들에게 이르러 "무엇이든지 원하는 대로 구하라, 그리하면 이루리라"는 약속은 성취됩니다(요 15:7).

살아 계신 하나님의 교회인 여러분, 여러분이 받은 소명은 생각보다 훨씬 높고 거룩한 것입니다. 여러분 모두가 왕이요 제사장으로서 하나님과 함께 세상을 다스릴 소명이 있습니다. 여러분의 기도가 하늘의 축복을 내리게도 거두게도 합니다. 하나님의 선택을 받은 사람들은 그저 구원받는 걸로 만족해서는 안 됩니다. 오히려 자신을 온전히 바쳐 하나님께서 독생자를 통해 그렇게 하셨듯이 여러분을 통해 당신의 뜻을 이루시도록 해야 합니다. 이렇게 밤낮 부르짖는 택함 받은 백성을 통해 하나님은 인간의 원래 지위가 어떤 것이었는지 입증해 보이실 수 있습니다.

인간은 이 땅에서 하나님의 형상을 지닌 존재이므로 땅은 인간의 손에 있습니다. 인간이 타락하면 땅의 모든 것이 함께 타락하여 피조물 전체가 고통 중에 신음하며 괴로워합니다. 그러나 인간이 구원받으면 모든 것이 원래로 회복됩니다. 대제사장이요 머리되신 그리스도 안에 거하면서 자신이 구하는 것을 하나님께서 들어주시리라 담대히 선언하는 하나님의 백성을 통해 당신의 뜻을 이루고 또 당신 나라가 임하도록 하시는 것이 하나님의 원래 목적이었습니다. 인간은 이 땅에서 하나님의 형상이요 대리인이기 때문에 구원받은 인간은 기도로 이 땅의 역사를 결정할 수가 있습니다. 즉 인간은 원래 기도하게끔 지음받았고, 기도하게끔 구원받아 회복되었으며, 기도로 이 땅을 다스리게끔 된 존재입니다.

주님, 인간이 무엇이기에 그리도 마음을 쓰시옵니까? 사람의 아들들이 뭐라고 그들을 찾아오셨습니까? 주님께서 그들을 천사보다 조금 못하게 만드시고 영광과 존귀로 관을 씌워 주셨습니다. 그리고 그들로 다스리게 하시어 당신의 일을 맡기셨습니다. 모든 것이 그 발 아래 굴복하게 하신 것입니다. 오 주님, 우리의 주님, 주의 이름이 온 땅에 어찌 그리 아름다운지요!

주 하나님, 죄는 인간을 그리도 낮게 가라앉혀 버리고 말았습니다. 얼마나 그 마음을 어둡게 했는지 인간이 하나님의 종이자 대리인인 자기 원래 지위를 까맣게 잊고 말았습니다. 하나님의 백성이라고 하는 사람들조차도 자기 원래 소명을 받아들여 하나님과 인간 사이에서 권세 행하기를 주저하니 안타까운 노릇이옵니다.

주 예수여, 주님 안에서 아버지께서 사람에게 영광과 존귀를 입혀 주시고 원래 인간에게 뜻하신 존재가 될 길을 열어 주셨습니다. 오 주님, 당신 백성에게 자비를 베푸시고 당신의 기업을 찾아와 주소서! 교회 안에서 힘 있게 행하시어 믿는 제자들로 하여금 왕 같은 제사장 직분을 향해 담대히 나아가 주신 바 놀라운 약속을 성취할 줄 알게 하소서. 저들이 당신의 나라를 섬기어 만국을 다스리고 이 땅에서 주님의 이름을 드높일 줄 알도록 가르치소서. 아멘.

19장
기도와 사역의 힘

내가 진실로 진실로 너희에게 이르노니 나를 믿는 자는 나의 하는 일을 저도 할 것이요,

또한 이보다 큰 것도 하리니 이는 내가 아버지께로 감이니라.

너희가 내 이름으로 무엇을 구하든지 내가 시행하리니…

요한복음 14:12-13

주님께서는 산상수훈으로써 제자들을 위한 공적 사역을 시작하셨습니다. 그런데 이제 요한복음에 기록된 고별사로써 그 사역을 마무리 짓고 계십니다. 주님은 산상수훈에서도 고별사에서도 기도에 대해 말씀하십니다. 그러나 내용상으로는 좀 차이가 있습니다. 산상수훈은 주님의 기도학교에 막 입학한 제자들, 말하자면 하나님이 아버지 되신 줄 갓 알기 시작한 이들, 그래서 기도도 자신들이 필요한 것을 아뢰는 정도인 사람들을 향해 말씀하신 것입니다. 하지만 고별사는 훈련이 거의 막바지에 이르러 이 땅에서 주님을 대신해 사도로 파견될 사람들을 대상으로 한 것입니다. 산상수훈에서는 선하신 아버지를 어린 아이처럼 신뢰하는 믿음으로 기도하라는 것이 가르침의 요점이었지요. 그러나 고별사에서는 보다 높은 기도의 가르침을 내놓고 계십니다. 이제 제자들은 주님의 친구로서 주님이 아버지에게 들으신 모든 것을 전달받습니다. 그리고 그들은 주님의 계획을 떠맡아 지상에서 주님의 일 곧 하나님 나라를 맡아야 할 사자들입니다. 주님의 일을 하되 더 큰일까지도 할 수 있는 능력을 받을 사람들입니다. 그런데 그들이 사명을 감당할 힘을 얻는 통로가 바로 기도입니다. 그리스도께서 아버지에게 올라가심으로써 도리어 제자들의 활동과 기도에는 새 역사가 열린 것입니다.

문맥을 보면 이 상관관계가 얼마나 분명히 드러나는지 모릅니다. 지상에서 그리스도의 몸 된 제자들은 이제 천상에 계신 그리스도와 하나로 일치하여 그분이 지상에서 행했던 것보다 더 큰일을 하게 된다는 것이지요. 말하자면 제자들은 자기 스승보다 더 큰 성공과 승리를 맛보리라는 것입니다. 그런데 주님께서는 그 이유를 두 가지로 밝히십니다. 하나는 주님이 이제 아버지께로 가서 모든 힘을 받게 되기 때문이랍니다. 또 하나는 이제부터 제자들은 주님의 이름으로 모든 것을 구하고 또 받을 것이기 때문이랍니다.

이는 내가 아버지께로 감이니라. 너희가 내 이름으로 무엇을 구하든지 내가 시행하리니

그러니까 주님께서 아버지에게 올라가심으로 해서 이중의 축복이 임한다는 것이지요. 제자들이 이제부터 모든 것을 주님의 이름으로 구하여 받게 되니까 그 결과 더 큰일을 행할 수 있

게 된다는 말입니다. 주님의 고별사는 기도에 관해 두 가지 중요한 가르침을 던져줍니다. 예수 그리스도의 일을 하겠다고 하는 사람은 마땅히 기도해야 한다는 점이 그 하나입니다. 다른 하나는 그분의 이름으로 기도하는 사람은 마땅히 사역해야 한다는 점입니다.

사역하는 사람은 마땅히 기도해야 합니다. 기도라야 일할 수 있는 힘을 얻을 수 있기 때문입니다. 예수께서 지상에 행하실 적에 그분은 큰일을 행하셨습니다. 제자들은 쫓아낼 수 없었던 귀신들이 그분의 말씀에 쫓겨나갔습니다. 그런데 예수께서 아버지에게로 가셨기 때문에 그분은 더 이상 몸으로 이 땅에 계시지 않습니다. 이젠 제자들이 그분의 몸이지요. 저 높은 보좌에서 그리스도께서 하시는 일은 이제 지상의 제자들을 통해서라야 이루어지게끔 된 것입니다.

주님께서 지상을 떠나시고 대리인들을 통해서나 일이 되게 되었으니 주님의 사역은 어렵게 된 것이리라, 약해지고 줄어들게 된 것이리라, 생각하시는 분들도 있습니다. 그러나 주님은 반대로 말씀하셨습니다.

> 내가 진실로 진실로 너희에게 이르노니 나를 믿는 자는 나의
> 하는 일을 저도 할 것이요 또한 이보다 큰 것도 하리니 이는
> 내가 아버지께로 감이니라 (요 14:12)

주님께서 죽으신 것은 죄의 권세를 깨트리고 끝장내시기 위

함입니다. 영원한 생명의 힘이 인간의 몸을 사로잡고 인간의 생활을 주장하도록 하시기 위해 주님은 부활하셨습니다. 그리고 당신께 속한 사람들에게 성령을 나누어주시려고 주님은 승천하신 것입니다. 그러므로 보좌에 계신 주님과 이 땅의 주님 백성 사이의 일치는 아주 깊고 거룩한 것이어서 주님께서 "이보다 큰 것도 하리니 이는 내가 아버지께로 감이니라" 하고 말씀하신 것입니다(요 14:12). 그리고 이후의 결과를 보면 이 말씀이 과연 사실이었음이 증명됩니다.

주님은 지상에서 공생애의 사역 삼 년 동안 오백여 제자들을 거두셨지만 사실 그들 대다수는 점수를 높이 받기는 좀 부족한, 그리 견실치 못한 제자들이었습니다. 사실 베드로나 바울 정도가 활동 면에서 큰일을 했다고 말할 수 있겠지요. 그러나 승천하여 보좌에 오르신 주님께서는 전에 지상에 계실 때보다 더 큰일을 제자들을 통해 행하실 수 있었던 것입니다.

하지만 여기엔 조건이 하나 있습니다.

> 나를 믿는 자는… 이보다 큰 것도 하리니 이는 내가 아버지께로 감이니라, 너희가 내 이름으로 무엇을 구하든지 내가 시행하리니 (요 14:12-13)

주님께서 아버지께로 가심으로 해서 기도를 들어주심에 있어서도 전과 다른 힘이 있게 된다는 것입니다. 즉 그분이 아버지께로 가셔서 모든 권세를 받으시기 때문에 이제 우리가 그분의 이름으로 드리는 기도 또한 온전한 권세를 받게 된다는 말입니다. 그리고 주님은 아버지께 청하시어 우리가 더 큰일을 행할 수 있는 권세를 전해주시겠다는 것입니다. 또 우리가 이를 믿고 주님의 이름으로 구하면 더 큰일을 행할 수 있는 힘이 우리를 사로잡게 된다는 것입니다.

더 큰일을 관두고 그리스도를 닮은 사역 자체가 드물거나 아예 볼 수 없는 처지라면 하나님의 일이 지상에 이루어질 턱이 없습니다. 이유는 단 한 가지입니다. 주님의 이름으로 믿고 바치는 기도가 부족하기 때문입니다.

교회나 학교, 선교기관에서 일하는 사역자와 지도자들이 이 교훈을 제대로 배운다면 얼마나 좋을까요. 예수의 이름으로 기도하는 것이 바로 그분이 아버지께 받으신 권세를 나눠 받는 길이라는 사실을 말입니다. 이 권세로 믿는 사람은 주님이 하신 것보다 더 큰일도 할 수 있습니다. 우린 약하다, 부족하다, 또 어렵다, 성공하기 힘들다 등등으로 불평이 나온다면 예수께서 거기 답하실 말씀은 딱 한 가지입니다.

> 내가 아버지께로 갔으니 믿는 사람은 더 큰일도 행할 수 있다 (요 14:12-13)

그러니까 주님의 일을 하려는 사람들이 알아야 할 가장 중요한 사실은 믿음으로 주님과 연결되어 그분의 이름으로 기도해야 한다는 것입니다. 이 믿음의 행위가 빠지면 우리가 하는 일은 그저 인간이 하는 일이요 속된 일로 그치고 맙니다. 그런 일로는 혹시 죄 짓는 일은 삼가게 되고 앞으로 축복을 예비하는 행위의 의미는 있을지 몰라도 권세는 없습니다. 힘 있고 효과적인 사역을 하려면 먼저 힘 있고 효과적인 기도가 선행되어야 합니다.

일하기 전에 기도가 있어야 하지만 기도한 후에는 일을 해야 하는 것도 사실입니다. 기도는 우리가 효과적으로 일할 수 있도록 해줍니다. 하나님의 나라가 번성하려면 이 두 가지가 다 필요합니다.

고별사를 통해 주님은 대략 여섯 번(요 14:13-14; 15:7, 16; 16:23-24)에 걸쳐 제한 없는 기도 응답의 약속을 주셔서 의심 많은 마음들로 하여금 그 의미가 정말 뭘까 궁리하게 만드십니다. 너희가 내 이름으로 무엇을 구하든지 시행하겠다, 무엇이든지 내게 구하면 내가 시행하겠다, 무엇이든지 원하는 대로 구하라 그리하면 이루리라, 내 이름으로 아버지께 무엇을 구하든지 다 받게 하려 한다, 너희가 무엇이든지 아버지께 구하는 것을 내 이름으로 주시리라, 구하라 그리하면 받으리니 너희 기쁨이 충만하리라… 그런데 얼마나 많은 신자들이 이 구절들을 읽고 희망에 차 기도했다가 실망하는 경험을 하는지 모릅니다. 이유는 간단합니다. 약속을 문맥과 따로 떼어 생각했기 때문입니다. 주님께서 당신 이름으로 자유롭게 구할 수 있다는 약속을 주신 것은 우리가 그분의 일을 행하고 있는 것과 연결해서 보아야만 합니다. 주님의 일과 하나님 나라에 자기 삶을 온전히 드린, 그래서 주님의 뜻만 생각하고 주님께 영광 돌리기만을 원하는 그런 제자에게 그 약속을 누릴 권세가 임한다는 말입니다. 그러니 자기 유익만 구하는 사람이 이 약속을 주장해 봐야 실망만 맛볼 따름이지요. 왜냐하면 그런 사람은 예수를 자기 종으로 삼는 사람이기 때문입니다. 그러나 주님의 일을 하는 데 꼭 필요한 것이기 때문에 약속을 붙드는 사람이라면 약속의 힘을 필경 맛볼 것입니다. 이런 사람은 자신을 주님의 뜻 아래 굴복시키는 종이기 때문입니다. 기도는 사역을 위한 힘을 주지만 사역은 기도를 위한 힘을 주는 셈입니다.

자연 세계나 영의 세계에 다 맞는 진리가 있으니 "있는 자는 받을 것이요 없는 자는 그 있는 것까지 빼앗기리라"는 말씀(막 4:25)이요 "지극히 작은 것에 충성된 자는 큰 것에도 충성되다"는 말씀(눅 16:10)입니다. 이미 받은 은혜가 있으니 우리는 자신을 주님께 드려 그분의 사역을 해야 하겠습니다. 그러면 그 사역이 이번에는 기도의 수련장이 되어줄 것입니다. 모세도 거역하는 백성을 겪으면서 기도할 필요를 느꼈거니와 하나님께 담대히 구해 큰일을 행할 용기도 얻었습니다(출 33:12, 15, 18). 자신을 헌신해 하나님의 일에 뛰어든다면 기도의 약속 그 이상도 그 이하도 아닌 것이 사역에 꼭 필요하다는 사실을 절감할 것입니다.

여러분은 다 주님의 일을 하도록 부름 받고 지명 받았습니다. 아니 더 큰일도 행하도록 부름 받았지요. 주님께서 아버지께로 가시어 일찍이 제자들을 통해 그렇게 하셨듯이 여러분을 통해서도 그리 하실 것이기 때문입니다. "너희가 내 이름으로 구하는 무엇이든지 내가 시행하겠다"고 말입니다(요 14:13). 자신을 드리고 그리스도의 일을 삶으로 행하십시오. 그러면 여러분은 기도의 놀라운 약속을 성취하는 기도생활의 비결을 터득하실 것입니다. 헌신하여 생활하면서 기도할 때 주님이 하신 일, 아니 더 큰일을 여러분은 하실 수 있다 그 말입니다. 그분을 믿는 믿음으로 가득 차 담대히 큰일을 구하는 제자들과 함께 그리스도께서는 세상을 정복하실 것입니다.

주님, 오늘 다시 한번 저희 이해를 뛰어넘는 주님의 말씀을 들었습니다. 그저 단순하고 어린아이 같은 믿음으로 그 말씀을 주님 주시는 선물로 받아 간직할 따름이옵니다. 주님께서 아버지께로 가셨기 때문에 주님을 믿는 사람은 주님의 일을 할 뿐만 아니라 더 큰일조차 할 수 있다고 말씀하셨습니다. 영화롭게 되신 주님을 경배하오며 주님 약속 이루어주실 것을 바라옵니다. 제 전 생애가 주님을 믿는 믿음의 연속이 되게 하소서. 제 마음을 정화하시고 거룩하게 하시어 주님과 주님 사랑에 민감하게 하시며 주님을 믿는 믿음이 제 살아갈 생명의 힘이 되게 하소서.

주님은 아버지께로 가시어 저희가 주님의 이름으로 구하는 모든 것을 시행하겠다 하셨습니다. 보좌에서 주님은 아버지께서 주시는 그 권세를 주님의 백성과 함께 나누시어 주님의 몸 된 이들을 믿음으로 드리는 기도를 통해 일하시겠다 하셨습니다. 주님과 함께 하는 기도의 힘을, 다른 이들과 더불어 하는 사역의 힘을 주님은 저희에게 약속해 주셨습니다.

복되신 주님, 주님을 한결같이 믿지 못하고 주님의 약속을 끊어짐 없이 믿지 못하는 저희를 용서하여 주소서. 주님께서 약속을 신실히 행하심을 온전히 증명하질 못했으니 용서하소서.

제게 기도를 가르쳐주시어 주님의 이름이 하나님과 인간, 마귀에게 모두 통하는 강력한 힘이 있는 것을 제가 입증할 수 있게 하소서. 기도를 가르쳐주시어 저를 통해 주님께 영광 돌리고 주님의 큰일이 이루어지게 하소서. 아멘.

20 장
기도의 최고 목적

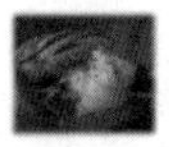

이는 내가 아버지께로 감이니라. 너희가 내 이름으로 무엇을 구하든지 내가 시행하리니

이는 아버지로 하여금 아들을 인하여 영광을 얻으시게 하려 함이라.

요한복음 14:12-13

이는 아버지로 하여금 아들을 인하여 영광을 얻으시게 하려 함이라. 바로 이 목적 때문에 영화롭게 되어 보좌에 앉으신 예수께서 우리가 그분 이름으로 구하는 모든 것을 시행하시는 것입니다. 주님의 기도 응답은 다 이 목적을 위한 것입니다. 아버지를 영화롭게 할 일이 없다면 응답도 없습니다. 그러므로 예수께서 그러하시듯 우리가 구하는 목적도 아버지를 영화롭게 하려는 것이어야 하겠습니다. 그것만이 기도의 목적이요 종국이요 혼이자 생명이기 때문입니다.

예수께서 지상에 계실 때 이렇게 말씀하셨지요.

> 내가 하늘로서 내려온 것은 내 뜻을 행하려 함이 아니요
> (요 6:38)

그분 일생의 기조는 바로 그 말씀에 있었던 것입니다. 주님이 대제사장으로서 드리는 기도의 첫머리가 이러합니다. "아

188

버지여, 때가 이르렀사오니 아들을 영화롭게 하사 아들로 아버지를 영화롭게 하게 하옵소서"(요 17:1). 또 "아버지를 이 세상에서 영화롭게 하였사오니…지금도 아버지와 함께 나를 영화롭게 하옵소서" 하셨습니다(요 17:4-5). 영화롭게 해 달라 청하는 주님 기도에는 양면이 있습니다. 아들이 아버지를 땅에서 영화롭게 하였으니 아버지는 아들을 하늘에서 영화롭게 하시리라는 것이지요. 주님이 청하시는 것은 아버지를 더 영화롭게 할 수 있게 해 달라는 그 한 가지입니다. 우리가 이 점에서 주님과 일치한다면, 그래서 아버지의 영광을 기도의 주목적으로 삼아 주님을 기쁘시게 해드린다면, 기도가 응답되지 않는 일이란 결코 없을 것입니다.

그런데 주님의 말씀인즉 우리가 청하는 것을 들어주는 것보다 더 아버지를 영화롭게 하는 일이 없다는 것입니다. 그렇다면 주님께서 아버지를 영화롭게 하실 수 있는 기회를 그 어느 것이라도 소홀히 하실 리 만무합니다. 그러니 주님의 목적을 우리의 목적으로 삼읍시다. 그래서 아버지를 영화롭게 하려는 그 목적이 우리의 구함과 그분의 들어주심을 잇는 연결점이 되게 합시다. 그렇게 드리는 기도는 결단코 그냥 땅에 떨어지는 법이 없습니다.

주님의 말씀은 양날 선 칼날과 같아서 영과 혼을 가르고 마음의 숨은 생각과 의향을 드러냅니다. 주님은 이 땅에서 기도

드리실 때나 하늘에서 중보 기도하실 때, 또 우리 기도에 응답하시겠다 약속하실 때 오로지 아버지의 영광만을 첫째 목적으로 삼으십니다. 우리는 어떻습니까? 혹시 자기 유익이나 자기 고집이 기도를 굴리는 가장 강력한 동기가 되고 있는 것은 아닐까요? 혹시 아버지를 영화롭게 하겠다는 분명한 의식이 내 기도에는 없습니다, 하고 고백해야 하는 것 아닐까요?

신자들이 아버지께 영광 돌리려는 동기로 기도하고 싶지 않은 것은 아닐 테지만 불행히도 현실은 그렇게 기도하는 경우가 드물다는 것입니다. 그 이유인즉 매일 생활할 때의 마음과 기도할 때의 마음이 서로 너무 멀기 때문입니다. 아버지의 영광을 구한다고 하는 마음이 기도할 때나 일으켜 내놓을 수 있는 그런 것이어서는 곤란하지요. 우리의 전체 생활이, 그리고 그 모든 부분이 하나님의 영광을 위해 헌신했을 때라야 기도할 때도 하나님의 영광을 구할 수 있는 것 아닙니까? "무엇을 하든지 다 하나님의 영광을 위하여 하라"는 말씀(고전 10:31)이나 "무엇이든 아버지의 영광을 위하여 구하라"는 말씀은 둘로 뗄 수 없는 하나입니다. 앞의 말씀에 순종하는 것이 뒤의 말씀에 따르는 은혜의 비밀인 것이지요. 그러니까 하나님의 영광을 위해 헌신한 생활이 예수께서 기도에 응답하여 시행하실 조건이다, 그런 말씀입니다.

이렇게 놓고 보면 승리하는 기도—즉 하나님의 영광을 구하는 기도―란 자연스럽고 올바른 기도 그 이상도 이하도 아닌 것입니다. 주님 말고 더 영화로운 존재가 어디 있으며 그분의 영광과 그분이 자기 피조물에게 베푸시는 자기 영광 말고 달리 무슨 영광이 또 있겠습니까? 피조물은 바로 주님의 영광을 드러내기 위해 존재하는 것입니다. 또 그분의 영광을 위해 있지 않은 모든 것이 죄요 암흑이요 죽음입니다. 피조물은 오직 하나님께 영광을 돌림으로써만 참 영광을 발견할 수 있습니다. 사람의 아들이 하신 일, 즉 온 생을 바쳐 아버지를 영화롭게 한 일은 바로 구원받은 우리 모두가 해야 할 일입니다. 그렇게 할 때 그리스도의 상급을 또한 함께 누리게 될 것입니다. 그리스도께서 자신을 드려 아버지의 영광을 위했기 때문에 아버지께서도 그분에게 영광과 존귀의 관을 씌워주셨고 그분에게 당신 나라를 맡기시며 무엇이든 구할 권세를 허락하시지 않았습니까? 그리고 우리 기도의 중보자가 되지 않으셨습니까? 이 점에 있어 우리가 그리스도와 일치한다면, 그래서 우리 기도가 하나님의 영광을 위해 온전히 바쳐진 생활의 한 부분으로 우러나오게 된다면, 구주께서도 "무엇을 구하든지 내가 시행하겠다"는 약속을 성취해 주심으로써 우리가 아버지를 영화롭게 해드리도록 하실 것입니다(요 14:13).

　그런데 하나님의 영광만을 구하는 생활은 우리 힘만으로 얻을 수 있는 것이 아닙니다. 그런 생활은 오직 그리스도 예수 안에서 찾을 수 있거니와 그분을 통해서만이 우리에게도 가능합니다. 그렇습니다, 하나님은 찬양 받으소서! 그리스도의 생명이 바로 우리의 생명이 되었습니다.

자아가 하나님의 자리를 차지하고 있음을 발견하여 이를 고백하고 자신만을 위하고 또 자신만 의지해서 살아가는 모습을 부인하는 일은 꼭 필요하지만 역시 우리 힘만으로 그렇게 할 수 있는 일이 아닙니다. 오직 예수만이 자신을 영화롭게 하려는 삶을 몰아내고 당신처럼 하나님만을 영화롭게 하는 삶과 성령을 안겨주실 수 있지요. 오직 주님이 우리 안에 임재하시고 내주하시어 다스리실 때, 우리가 구하는 것을 시행하시어 아버지께 영광 돌리고자 하시는 바로 그분이 하나님의 영광만을 위하는 생활과 기도를 우리에게 가르쳐주실 수 있는 것입니다.

그런데 대체 어떤 동기가 있어 우리 인간의 나태한 마음이 그렇게 주님께 고개 수그려 살게끔 하는 것일까요? 아버지 하나님께서 얼마나 우리의 영광을 받으실 만한 분이신가 볼 줄 아는 눈 말고 다른 게 없습니다. 그러니 믿음으로 그분께 엎드려 찬미하고 경배하며 나라와 영광과 권세가 다 그분의 것이라고 고백해야 하겠습니다. 모쪼록 영원히 복되시며 영원히 사랑이신 분의 빛 안에 머물러 살도록 자신을 드리시기 바랍니다. 그러면 "영광이 이제와 영원한 날까지 저에게 있을지어다"(벧후 3:18) 하는 감동의 외침이 우리 안에서도 울려나오게 될 것입니다. 그리고 하나님의 영광 외에 아무 것도 구하지 않는 새 생활의 마음으로 주 예수를 바라보게 될 것입니다.

도대체 응답해 줄 수 없는 기도만 하는데 어떻게 아버지께서 영광을 받으시겠습니까? 그러니 응답 받을 만한 기도를 드려 아버지를 영화롭게 하도록 생활하며 기도하는 것은 바로 우리의 의무입니다. 오직 하나님의 영광만을 위해 기도하는 법을 배웁시다.

하나님의 영광을 구하고자 하는 뜻보다는 사람이나 사물을 통해 얻는 기쁨과 만족을 원할 때가 얼마나 많은지 생각하면 겸손해지지 않을 도리가 없습니다. 그러니 응답 받지 못하는 기도가 그렇게 많을 수밖에 없지요. 이 점을 기억하십시오. 하나님의 영광이 우리 기도의 목적이 되지 않는 한 하나님은 영광 받으실 수 없다는 사실 말입니다. 믿음의 기도를 드리고자 하는 사람은 생활 중의 모든 일을 하나님의 영광을 위해서 해야 합니다. 오직 그 목적만이 있어야 합니다. 그렇지 못하다면 믿음의 기도란 가능하지 않습니다.

"너희가 서로 영광을 취하고 유일하신 하나님께로부터 오는 영광은 구하지 아니하니 어찌 나를 믿을 수 있겠느냐"고 예수께서 말씀하셨습니다(요 5:44). 사람한테 영광을 얻으려고 들면 믿음은 애당초 가능하지 않습니다. 자신의 영광을 구하려는 마음을 버리고 오직 하나님 한분의 영광만을 구하는 깊은 자기 희생의 마음이 있어 영혼에 거룩한 분에 대한 영적 민감함이 살아난 사람, 이런 사람이 믿음의 사람입니다. 하나님께 항복하여 그분의 영광을 구하는 것과 우리 기도를 들어주심으로써 자신의 영광을 드러내시리라 믿는 것은 둘이 아니라 하나입니다. 하나님의 영광을 구한 사람은 기도 응답을 통해 구한 바 그 영광을 볼 것이기 때문입니다.

하지만 어떻게 그런 마음을 얻을 수 있을까요? 고백하는 일로부터 시작합시다. 하나님의 영광 구하는 마음이 모든 것을 그 안에 사르는 열망으로 있습니까? 생활과 기도가 온통 그 마음으로 가득 차 있습니까? 하나님의 아들과 일치하여 그분을 닮아 오직 하나님 아버지와 그분의 영광만을 위하며 살고 있습니까?

기도할 때 겸손히 하나님을 기다려 성령께서 우리가 이 점에 있어 얼마나 많은 잘못을 범했는지 드러내도록 하십시오. 자신의 상태를 바로 아는 것, 죄를 고백하는 것이야말로 구원에 이르는 확실한 길입니다.

예수를 바라보면 우리가 어떤 죽음으로 하나님을 영화롭게 할 수 있는지 알 수 있습니다. 예수께서는 죽음으로 하나님을 영화롭게 하셨습니다. 또 죽음으로 그분 자신도 영화롭게 되셨습니다. 죽음으로써, 즉 자아에 대하여 죽고 하나님에 대하여는 삶으로써 우리도 하나님을 영화롭게 해드릴 수 있습니다.

이 자아의 죽음과 하나님의 영광만을 위한 생명이 바로 예수께서 자신을 믿고 맡기는 사람들 안에 주신 살아있는 생명인 것입니다. 매일 살아갈 때 절대로 이만 못한 것이 우리 삶을 이끌도록 해서는 안 됩니다. 즉 그리스도처럼 아버지의 영광만을 위해 살겠다고 결심하는 것, 그리스도의 생명과 힘을 받아들여 우리 안에 살아 있게 하는 것, 그리고 그리스도께서 내 안에 살아 계시니 나도 아버지의 영광만을 위해서 살 수 있다고 확신하는 것이 매일의 생활정신이어야 한다는 말입니다. 예수께서 우리가 바로 그렇게 살도록 도와주십니다. 성령께서는 그분을 믿고 맡기기만 하면 바로 그와 같은 삶이 우리에게 체험 가능하도록 오십니다. 그러므로 믿음이 부족해 물러나지 말고 확신 있게 이 표어를 외칩시다. 모든 것을 하나님의 영광을 위하여 하라! 아버지께서 그 뜻을 가상히 여기시고 그 희생을 기뻐 받아주실 것입니다. 그러면 성령께서 우리 양심에도 과연 우리가 하나님과 그분의 영광만을 위해 살고 있다고 확인하여 주십니다.

"아버지로 하여금 아들을 인하여 영광을 얻으시게 하려 함이라"(요 14:13)고 약속하시는 분과 은혜 가운데 일치해서, 또 그 사실을 확신해서 기도할 때 얼마나 마음에 고요한 평화와 힘이 생기겠습니까! 우리가 전존재를 드려 의식적으로 말씀과 성령의 영감에 귀 기울일 때 우리가 바라는 것도 더 이상 자신의 것이 아니라 주님의 것, 즉 오로지 하나님의 영광만을 위하는 그분의 마음이 되는 것입니다. 그때 우리는 더 큰 확신으로 "아버지, 제가 아버지의 영광만을 위해 구하는 줄 아시옵니다" 하며 기도할 수 있습니다.

응답 받는 기도의 조건은 오를 수 없는 산과 같은 것이 아니고 도리어 더 큰 응답의 확신을 안겨주는 것입니다. 아버지를 영화롭게 하는 것보다 더 큰 기도의 축복이 없음을 깨닫게 되기 때문입니다. 그리고 그러한 기도의 특권은 곱절로 귀중한 것이니 "너희가 내 이름으로 무엇을 구하든지 내가 시행하겠다, 그래서 아버지께 영광을 돌리겠다" 하는 약속 안에서 우리는 하나님의 아들과 더욱 깊은 일치를 이룰 수 있는 까닭입니다.

복되신 주 예수여, 다시금 주님 앞에 나옵니다. 주님의 가르침이 도리어 제가 어떻게 해야 올바른 기도를 드리는지 잘 모른다는 사실을 깊이 느끼게 합니다. 그러나 한편으로 주님께서 제게 기도를 가르쳐주시어 어떤 내용으로 기도하고 어떤 방식으로 기도해야 하는지 일깨워주십니다. 주님, 용기를 내어 주님을 바라보오니 지금도 기도하시며 우리 기도를 들으시는 중보자시여, 오직 아버지께만 영광 돌리게 하소서. 하나님의 영광만을 위해 살며 기도할 줄 알게 하소서.

이 기도의 목적에 다시 한번 자신을 드립니다. 저는 아무 것도 아니게 하소서. 자아를 주님과 함께 이미 십자가에 못 박았습니다. 성령으로 자아의 일함은 아무 것도 아니게 하소서. 오직 주님의 생명과 주님의 아버지 사랑만이 저를 사로잡게 하소서. 새 열망이 저를 채우시어 매일 매시간 드리는 모든 기도가 아버지의 영광만이 전부인 것이 되게 하소서. 주님, 제가 그렇게 되고자 주님의 기도학교에 있질 않습니까? 그렇게 되게 하소서.

영광의 하나님, 영화로우신 아버지, 나의 하나님, 나의 아버지, 오직 아버지의 영광만이 위하여 살 가치가 있는 것이라고 말하는 이 어린아이의 고백을 받아주소서. 주님, 당신의 영광을 보여주소서. 그 영광이 저를 덮게 하소서. 내 마음의 성전이 그 영광으로 가득 차게 하소서. 그리스도를 통해 드러나셨던 그 영광 안에 제가 머물러 살게 하소서. 주님의 기쁨이 저를 채우시어 아버지의 영광만을 구하는 데서 당신의 자녀도 영광을 발견할 수 있게 하소서. 아멘.

21 장
모든 것을 포괄하는 기도의 조건

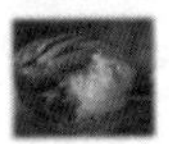

기도에서 약속과 조건은 서로 뗄 수 없는 관계에 있습니다. 우리가 조건을 만족시키면 하나님께서도 약속을 이뤄주신다는 말입니다. 하나님이 우리에게 어떤 분이 되실 것이냐 하는 문제는 우리가 하나님 앞에 어떤 존재가 될 것이냐에 달려 있습니다. "하나님을 가까이 하라, 그리하면 너희를 가까이 하시리라"고 했습니다(약 4:8). "무엇이든지 원하는 대로 구하라"고 하는 제한 없는 약속에는 "너희가 내 안에 거하면"이라는 아주 간단하고 당연한 조건 하나가 따릅니다. 아버지께서는 언제나 아들의 청을 들어주십니다. 하나님은 그리스도 안에 계시기 때문에 우리가 그분께 이를 수가 있는 것이지요. 그리스도 안에 있는 것이 우리 기도가 하나님께 상달될 수 있는 바로 그 길입니다. 온전히 그리스도 안에 거함으로써 무엇이든지 구할 권리가 생기는 것이며 그때 약속은 이루어질 것입니다.

그런데 이 약속이 대다수 신자들의 실제 경험과 일치하는가 들이대 보면 그 엄청난 간격에 놀라지 않을 수 없습니다. 하나님께 응답 받지 못하는 기도가 헤아릴 수 없이 많기 때문이죠. 둘 중 하나입니다. 하나님께서 약속을 어기는 것이든지 우리가 조건을 채우지 못하고 있든지 말입니다.

그런데 신자로서는 둘 다 인정하기가 쉽지 않은 얘기입니다. 그래서 그 곤경에서 발을 뺄 수 있는 장치를 마련합니다. 주님께서 하신 약속에 원래는 있지도 않은 '하나님의 뜻이라면' 하는 토를 답니다. 그런 식으로 하나님의 입장이나 자신들의 입장을 나름대로 변호해보는 것이지요. 말씀을 있는 그대로 받아들이고 주님께서 진리를 이루시리라 믿을 수 없다니 얼마나 슬픈 노릇인지 모르겠습니다. 주님 안에 거한다고 하는 것을 그분의 뜻 그대로 이루고 있는 사람들에게 약속이 얼마나 풍성히 성취되고 있는지 성령께서 보게 하셨으면 합니다. 그래서 응답 받지 못하는 기도에는 단 한 가지 이유가 있으니 주님 안에 거하는 조건을 제대로 이루지 못했기 때문임을 겸손히 고백할 수 있었으면 합니다. 부디 성령께서 우리가 제대로 기도하지 못하는 약점을 일깨우셔서 도리어 그리스도 안에 온전히 거할 줄 아는 비결과 축복을 얻는 계기로 삼게 해주시길 빕니다.

"너희가 내 안에 거하고" 그리스도인이 주님을 아는 지식과 은혜 안에서 자라노라면 하나님의 말씀이 전보다 훨씬 새롭고 깊게 다가오는 데 놀라게 되지요. 이전에 하나님의 말씀이 열려 거기서 축복을 발견했던 기억이 있는데 시간이 흘러 더 깊은 체험을 하고 난 뒤에 보면 그 말씀이 새로운 의미로 다가옵니다. 이전에는 전혀 볼 수 없었던 의미로 말입니다. 다시 그리스도인 생활에 꾸준히 성장해가노라면 여전히 그 말씀이 알 수 없는 신비로 남아 새삼 성령께서 더 깊이 이끌어주시길 청해야 합니다. 이렇게 늘 의미가 새롭고 바닥나지 않는 말씀, 그래서 그 의미의 열림을 따라 거룩한 삶의 완전한 경지를 향해 한 걸음씩 나아가게 하는 말씀 중 하나가 바로 이 "내 안에 거하라"는 말씀입니다. 가지가 나무에 붙어 있다는 것은 계속해서 자라고 영양을 공급받는다는 것이지요. 마찬가지로 그리스도 안에 거한다고 하는 것은 하나님의 생명이 점점 더 완전하게 나를 사로잡는 과정을 의미합니다. 약하고 어린 신자는 자기가 아는 빛만치만 그리스도 안에 거할 수 있겠지요. 그러나 주님께서 말씀을 주실 때 뜻하신 만큼 자란 신자라면 말씀 안에 약속된 전부를 유산으로 받을 것입니다.

그리스도 안에 거하는 생명의 성장 과정에 있어 첫째 단계는 믿음의 단계입니다. 이때 신자는 자신의 온갖 약점에도 불구하고 주님 안에 거하라는 이 명령을 자신을 향한 것으로 알아듣기 시작합니다. 이 단계에서 목표는 약한 신자가 비록 자주 실패하며 살지만 자기가 아는 만큼, 그리스도 안에 거한다는 것이 자신이 행해야 할 의무요 또 그렇게 할 수 있다고 믿고 받아들이는 것입니다. 이 단계는 신자가 구주의 사랑과 능력, 신실하심에 매료되어 자신이 할 일은 그저 그 주님을 믿고 받아들이는 게 전부라고 느낍니다.

그러나 머지않아 뭔가가 더 필요함을 느끼기 시작합니다. 알고 보니 순종이 믿음과 나란히 가는 것이더라 그런 말입니다. 없던 순종이 애초의 믿음에 더해진다는 얘기가 아니라 믿음을 갖고 보니 순종은 당연히 보이기 시작한다는 말입니다. 그러니까 믿음은 순종을 집으로 삼아 살아나는 것이며 순종은 하나님의 뜻을 알아 이를 행하려는 믿음입니다. 이때부터 신자는 앞서처럼 그저 의무를 행하고 그 결과를 거둔다 하는 것보다는 주님 안에 거하는 데 따르는 특권과 축복을 누리는 데 더 마음이 갑니다. 그러다 보니 애초에 아직 미숙하고 약한 제자로서 누렸던 마음의 편안함은 슬그머니 사라집니다. 왜냐하면 실제로 주님께 순종해야만 주님 안에 거한다고 하는 것이 가능하다는 사실을 알았기 때문입니다.

> 내가 아버지의 계명을 지켜 그의 사랑 안에 거하는 것같이
> 너희도 내 계명을 지키면 내 사랑 안에 거하리라 (요 15:10)

그리스도 안에 거하고 그분의 약속 안에 거할 수 있으려면 먼저 그 말씀의 뜻을 충분히 이해할 수 있어야 하지요. 그래서 이 단계에서 신자는 자기 뜻을 주님의 뜻과 일치시키고 마음도

생활도 온전히 주님의 다스리심에 맡기고자 하는 목표를 세우게 됩니다.

그러나 아직도 뭔가가 부족해 보입니다. 의지와 가슴은 그리스도 편에 있어 주님께 순종하고 또 주님을 사랑하는데 왜 아직도 육적인 본성이 그리도 힘이 강한 것일까요? 왜 아직도 깊은 곳에서 우러나오는 감정이나 행동이 기대에 못 미치는 걸까요? 의지로는 분명히 그런 것을 승인하지도 허용하지도 않으려고 하는데 말입니다. 그러나 여기서 알아야 할 것은 그 영역은 의지를 넘어선 영역입니다. 왜 적극적으로 거기 맞서는 것도 아닌데 거룩함이 부족하고 거룩함의 미가 결여되어 보이는 걸까요? 사랑의 열망, 즉 그리스도와 일치하여 그분의 죽음에 동참하여 자아를 죽게 하는 것이 곧 주님 말씀하신 대로 그분 안에 거하는 것이 아닐까요? 무언가 내가 그리스도 안에 거하고 그리스도가 내 안에 거한다는 것에는 미숙한 신자로서는 아직 체험 못한 것이 있는 게 분명합니다.

믿음과 순종이라야 축복에 이를 수 있습니다. 포도나무와 가지의 비유를 들기 이전에 주님께서는 명백히 믿음과 순종이 겨누어야 할 완전한 축복이 무엇인지 밝히셨습니다. 세 번이나 주님은 "너희가 나를 사랑하면 나의 계명을 지키리라"(요 14:15) 말씀하심으로써 주님께 순종하며 사랑하는 데 따를 삼중의 축복을 제시하십니다. 성령께서 아버지로부터 발하여 나오시며 아들이 자신을 드러내고 아버지와 아들이 와 함께 거주하시는 그 축복을 말입니다.

믿음이 자라 순종의 단계에 이르면 우리의 전존재가 사랑으로 그리스도와 연결됩니다. 그리고 내적 생명이 열려 영광 받으신 예수의 생명과 영을 자신 안에 받아들일 수 있는 능력이 열립니다. 이때 비로소 "그날에는 내가 아버지 안에, 너희가 내 안에, 내가 너희 안에 있는 것을 너희가 알리라" 하신 말씀이 이루어지는 것입니다(요 14:20).

그리스도께서 하나님 안에 계시고 하나님은 그리스도 안에 계시되 뜻과 사랑에서만 일치하는 것이 아니라 한 생명, 한 본성의 정체성을 공유한다고 하는 것인데 이는 서로가 서로 안에 거하며 존재하기 때문입니다. 그렇듯이 우리도 그리스도 안에 있고 그리스도는 우리 안에 있게 되는데 이 또한 뜻과 사랑에서만 일치하는 것이 아니라 생명과 본성에 있어서도 일치하게 되는 것입니다.

그런데 주님께서 이렇게 성령을 통해 그분이 아버지 안에, 아버지께서 그분 안에, 또 그분이 우리 안에 있음에 관하여 말씀하신 다음에 "내 안에 거하라" 하신 것입니다(요 15:4). 무슨 말이냐 하면, 주님과 연합하는 데서 나오는 신적 생명을 동의하여 받아들이라는 말씀이었던 것입니다. 여러분이 주님 안에 거하면 주님께서 아버지 안에 거하시듯 여러분 안에도 거하시겠다는 것이지요.

여기엔 그리스도께서 오시어 거하실 수 있는 자리가 관련되어 있습니다. 영혼이 주님 안에 거하게 되면 자아에게서 점점 더 멀어지는 한편 주님께서 자아의 자리를 차지하시고 직접 영혼의 생명이 되어 주시는 것입니다. 마치 어린아이가 아무 걱정 없이 모든 것을 돌보시는 사랑에 내맡기며 행복해하는 것과 같은 상태가 되는 것이지요.

이렇게 주님 안에 거하는 사람에게 무엇이든지 원하는 대로 구하면 시행하리라는 기도 응답의 약속이 당연히 누려야 할 유산으로 옵니다. 주님 안에 거하지 않는데 그렇게 될 리는 만무하지요. 그리스도께서 존재를 완전히 사로잡으시게끔 사랑과 뜻과 생명을 드려 그리스도께서 그 안에 거주하시게 하는 사람들이라야 합니다. 이런 사람들은 그저 자기 뜻만을 포기한 것이 아니라 그리스도께서 자신 안에 들어와 살면서 성령의 숨결을 불어 넣어주신 사람들입니다. 그러면 그리스도는 이 사람들을 통해 기도하시며 아버지께서는 그리스도를 통해 이 사람들의 기도를 늘 들어주십니다. 그러니 이 사람들의 기도가 응답되지 않을 리 만무하지 않습니까? 그러니 우리가 그리스도 안에 온전히 거하지 못해서 교회가 이리도 힘이 없고 불성실하며 세속적이고 믿음이 없는 것임을 고백합시다.

하지만 실망하지는 마십시오. 나무가 포도나무에 붙어 거한

다 하는 것은 마냥 자라며 살아있는 생명의 모습입니다. 우리
가 그렇게 능히 거할 수 있으니까 주님께서 거하라고 권고하신
것이지요. 주님께서는 그렇게 허락하시려고 우리 안에 와 계십
니다. 그러니 모든 것을 분토와 같이 여기며 이렇게 말합시다.

> 내가 이미 얻었다 함도 아니오, 온전히 이루었다 함도 아니
> 라, 오직 내가 그리스도 예수께 잡힌 바 된 그것을 잡으려고
> 좇아가노라 (빌 3:12)

그리고 거함 자체에 마음 쓰기보다는 그 거함이 우리와 연결
시켜 줄 그분에게 마음을 두어야 하겠습니다. 오직 그분, 순종
하시고 자신을 낮추셨던 그리스도, 또 권세와 능력으로 높아지
셨던 그리스도만 바라봅시다. 그분 안에서만 우리 영혼이 움직
이고 행하게 합시다. 오직 그분만이 약속을 성취하실 수 있는
분이십니다.

우리가 주님 안에 거하고 또 그 거함 가운데 성장할 때는 권
리를 행사합시다. 하느님의 뜻 전체에 들어갈 수 있는 권리 말
입니다. 그 뜻이 지시하는 바에 따르면서 거기 따르는 약속도
주장합시다. 우리가 기도할 때 무엇을 주장할 수 있는지 일러
주시는 성령의 가르침을 따릅시다. 예수께서 "너희가 내 안에
거하고 내 말이 너희 안에 거하면 무엇이든지 원하는 대로 구
하라, 그리하면 이루리라" 하신 이 말씀을 내 것으로 체험하는
것 말고 거기 못 미치는 것에 만족해서는 안 될 일입니다(요

15:7).

주변에서 접하는 기도에 관한 책이나 설교와 주님 자신의 가르침을 주의 깊게 비교해 보면 큰 차이점 하나를 발견할 수 있습니다. 기도 응답의 중요성을 강조하는 정도가 전혀 다르다는 점입니다. 책이나 설교는 기도의 축복이란 주로 영적인 실천 그 자체에 있으므로 설령 응답이 없더라도 그냥 만족하라는 식입니다. 우리가 구하는 선물보다 하나님과 나누는 친교가 더 귀하며 하나님은 우리에게 무엇이 최선인지 아시므로 구하는 것보다 더 나은 것을 주실 것이라고 하면서 말이지요. 굉장히 고귀하고 영적인 가르침 같이 보이지만 정작 주님께서는 이런 식으로 말씀하신 적이 없다는 사실입니다. 기도에 대한 주님의 가르침을 꼼꼼히 들여다보면 그분은 그저 우리가 기도를 목적한 바를 이루는 수단으로 생각하길 원하셨다는 점이 분명하게 나타납니다. 그리고 응답이야말로 하늘의 아버지께서 우리 기도를 받아주셨다는 증거라는 것입니다. 그렇다고 그리스도께서 아버지와 사귀고 그분을 기쁘게 해드리는 것보다 선물을 더 귀히 여기라고 하신 것은 아니지요. 다만 아버지께서 응답하시는 것 자체를 당신과 나누는 친교의 결실이자 당신이 맘에 들어하시는 증거로 삼으셨다는 말입니다.

> 내 주 왕이여, 종의 구함을 허락하시니 종이 왕 앞에서 은혜
> 받은 줄을 오늘날 아나이다 (삼하 14:22)

그러니까 매일 기도응답이 가득한 생활이야말로 영적으로도 성숙하다는 증거라는 말입니다. 그것이야말로 우리가 진정 그리스도 안에 거하는 생활을 한다는 증거요, 자신의 뜻을 하나님의 뜻에 일치시켰다는 증거요, 하나님께서 우리를 위해 마련해 두신 것을 감히 구하고 얻을 만큼 강한 믿음으로 자랐다는 증거입니다. 그리스도의 이름과 그분의 본성이 우리를 사로잡고 있다는 증거요, 하나님께서 우리 기도를 통해 세상을 다스리신다는 증거입니다. 기도응답을 누리는 사람들이야말로 하나님께서 원래 의도하셨던 인간의 지위를 회복한 사람들입니다. 이들이 그리스도 안에 거함으로써 영원한 중보자 되신 분께서 이들을 통해 드러나시고 자기 이름을 영화롭게 하십니다. 기도는 참으로 복된 것이로되 기도의 응답은 더욱 복된 것입니다. 아버지께서 우리 기도와 믿음, 의지가 다 아버지께서 원하시는 대로 갖추어졌음을 승인하시는 것이 응답이기 때문입니다.

제가 이 말씀을 드리는 것은 여러분을 격려하기 위한 것입니다. 우리가 그리스도께서 기도에 대해 가르치신 일체를 그대로 믿어, 기도를 제대로 드리고 또 우리 존재를 제대로 갖출 때 기도의 응답 또한 기대한 대로 누릴 것이기 때문입니다. 그때는 응답이 없어도 스스로를 위안하던 도피처에서 벗어나게 될 것입니다. 그리고 그리스도께서 교회에 부여하신 권세가 무엇인지 얼마나 그 동안 그 권세를 소홀히 했는지 깨닫게 될 것입니다. 우리 영적 생활이 너무나 연약해서 그리스도의 이름으로 담대히 기도하지 못한 까닭이 거기 있음도 알게 될 것입니다. 그때 비로소 우리의 원래 지위가 어떠한 것인지도 깨닫게 됩니다.

> 그날에는… 내가 진실로 진실로 너희에게 이르노니, 너희가 무엇이든지 아버지께 구하는 것을 내 이름으로 주시리라 (요 16:23)

한 마디로 예수와 영적으로 참되게 연합하여 드리는 기도는 늘 응답 받습니다.

사랑하는 주님, 주님의 약속이 전혀 복잡하지 않은 것임을 새롭게 깨달아 응답을 받는 데 필요한 것은 오직 기꺼이 받고자 하는 의향에 있음을 알게 하소서. 주님의 약속 그 말씀 한 마디 한 마디가 다 제 영혼 안에 살아 힘을 발휘하게 하소서.

주님께서는 내 안에 거하라 하셨습니다. 제가 주님 안에 거하렵니다. 주님의 완전함에 이르도록 자라게 하옵소서. 믿음의 수고로 주님께 매달리는 것도 저를 만족치 못하고 믿음의 안식으로 주님께서 저를 지키시리라 맡기는 것도 저를 만족치 못하오니, 주님, 오직 내 안에 살아 계신 당신만이 저를 만족케 하시옵니다. 주님, 나의 주님, 이제 제 앞에도 제 위에도 계시지 않고 저와 연합하여 제 안에 계십니다. 제게 필요한 바가 바로 그것이며 제가 구하는 바도 바로 그것입니다. 주님께 믿고 맡기는 바도 바로 그것이옵니다.

무엇이든지 원하는 대로 구하라고 주님은 말씀하셨습니다. 제가 주님 안에 깊이, 온전히 거하여 제 의지가 새롭고 거룩하게 되어야 제가 주님께 큰일을 구할 수 있는 자유와 담대함을 얻을 수 있습니다. 주님, 주님의 생명으로 제 의지가 새롭게 되어 구할 때 담대하게 하소서.

구한 것은 다 이루리라 하셨습니다. 사람은 감히 이 말씀을 상상치 못하오니 아멘이시며 신실하며 참된 증인되신 주님께서 친히 이 말씀이 제게 참이 되리라는 확신을 허락하옵소서. 아멘.

<h1 style="text-align:center">22장
말씀과 기도</h1>

말씀과 기도가 서로 밀접하게 관련되어 있다는 사실은 그리스도교 신앙생활에 있어 진작부터 전해 내려온 가장 명료한 가르침 가운데 하나입니다. 새로 믿게 된 사람이 이 관계를 깨닫고 이렇게 표현했습니다. "기도할 때는 제가 아버지 하나님께 말씀드리고 성경을 읽을 때는 아버지 하나님께서 제게 말씀하시지요. 기도하기 전에 성경 말씀을 통해서 아버지는 무엇을 제게 구하라 하시는지 가르쳐 주십니다. 기도에 들어가서는 성경 말씀에서 제가 구하는 것에 대한 확신을 얻어 믿음을 갖고 기도하게 합니다. 기도하고 나서는 성경 말씀을 통해 성령께서 제가 드린 기도를 아버지께서 들어주셨다고 일러주시기 때문에 마침내 응답을 얻기에 이릅니다."

기도는 혼자 떠드는 독백이 아니라 대화입니다. 하나님께서 내게 응답해 들려주시는 음성이 빠져서는 안 될 필수적인 부분

210

이다 그 말입니다. 하나님의 음성을 듣는 것이야말로 그분이 내 기도를 들어주시리라는 확신을 갖게 되는 비결이지요. "나의 하나님이여, 귀를 기울여 들으시며" 하는 구절(단 9:18)이나 "내 기도에 귀를 기울이소서" 하는 기도(시 17:1), "나의 부르짖는 소리를 들으소서" 하는 구절(시 5:2)이 다 사람만 하나님께 말하는 것이 아니라 하나님께서 듣고 사람에게 말씀하시기 때문에 나온 말씀들입니다. 사실 하나님께서 들으시는 것은 우리가 얼마나 그분을 듣느냐에 달려 있습니다. 잘 들어 하나님의 말씀이 우리 가슴에 들어와야 우리가 드리는 그분께 드리는 말씀도 효력이 있다 그 말이지요. 하나님의 말씀이 내게 어떤 것이냐 하는 점이 하나님이 내게 어떤 존재인가, 또한 기도할 때 그분께 드리는 내 청이 올바른 것인가를 가늠 하는 시금석이라 하겠습니다.

예수께서는 이 말씀과 기도의 관계를 짚으시느라고 "너희가 내 안에 거하고 내 말이 너희 안에 거하면 무엇이든지 원하는 대로 구하라, 그리하면 이루리라" 말씀하십니다. 이 말씀에 담긴 진리를 제대로 음미하려면 이 말씀에 앞서 나온 또 다른 말씀부터 보아야 하겠습니다. 주님께서는 "내 안에 거하라, 나도 너희 안에 거하리라"고 하셨습니다(요 15:4). 그러니까 주님께서 우리 안에 거하심이 우리가 그분 안에 거함을 완전케 하는 것이자 얻을 면류관이란 말이겠습니다. 그런데 여기 7절에 이르러는 "너희가 내 안에 거하고 내가 너희 안에 거하면"이라는 식으로 말씀하시지 않고 "너희가 내 안에 거하고 내 말이 너희 안에 거하면"으로 표현하셨습니다. 즉 말씀이 거한다는 것과 주님이 거하신다는 것은 같은 것이다 그 말입니다.

그리스도는 하나님의 말씀이라는 사실, 그리고 이 말씀이 우리의 영적 생활 특히 기도생활에 어떤 위치를 갖는지 그림처럼 확연히 보여주는 가르침이 아닐 수 없습니다. 말하는 걸 보면 그 사람이 어떤 사람인지 아는 법입니다. 사람은 약속으로 자신을 내주고 약속한 대상과 자신을 묶습니다. 명령을 통해 사람은 자기 뜻을 표명하고 명령을 받는 대상이 마치 자기 분신인 양 행하도록 합니다. 말을 통해 우리는 마음과 마음이 만나고 한 사람이 다른 사람의 마음과 교류를 하지요. 말을 받은 사람이 듣고 수용하고 이를 행할 때 말한 사람은 말을 받은 사람에게 자신과 분신의 관계처럼 됩니다. 인간적 차원에서 이 모든 일은 상대적이고 제한된 의미로 일어납니다.

하지만 하나님, 말 그대로 무한한 존재요 생명과 능력 자체이자 영과 진리이신 분이 말씀을 내실 때는 말씀을 받는 사람에게 그 말씀은 곧 그분 자신이요 그분의 사랑과 생명, 의지와 능력 자체로서 와 닿는 것입니다. 그분이 하신 약속에는 하나님 자신이 들어 있어 우리가 확신을 갖고 그 말씀을 붙들 수가 있으며, 그분의 계명에는 그분 자신을 넣으셨기 때문에 계명을 행하는 자는 하나님의 뜻과 거룩함, 그분의 완전함을 함께 누릴 수가 있습니다. 하나님의 말씀은 영원하신 아들 예수 그리스도이십니다. 그러므로 그리스도의 말씀은 다 하나님의 말씀입니다. 그렇기 때문에 그리스도께서는 생명과 능력으로 가득하여 "내가 너희에게 이른 말은 영이요 생명"이라 말씀하셨던 것입니다(요 6:63).

청각 장애를 연구하는 사람들은 듣기와 말하기는 서로 밀접한 관련이 있다고 말합니다. 청각을 잃은 아이는 머잖아 말하는 능력도 쇠퇴하고 만다는 것이지요. 이 사실은 보다 폭넓게 적용될 수 있습니다. 듣는 만큼 말할 수 있다고 말입니다. 하나님과의 관계에서도 이 점은 마찬가지입니다. 기도를 자기 소원을 말하고 약속에 의지하는 것이라 한다면 누구라도 할 수 있고 배울 수 있는 쉬운 것입니다. 그러나 성령으로 기도하며 하나님께 가 닿아 응답을 낳을 기도를 말한다면 이는 하나님의 음성을 들어야 할 수 있는 기도입니다. 하나님의 음성을 듣는 만치, 그래서 그분의 생각과 마음과 생명을 가슴에 받아들이는 만치 우리도 하나님께서 들으실 만한 말과 언어를 기도로 내놓을 수 있는 것입니다. 이것이 바로 "주 여호와께서 학자의 혀를 내게 주사… 아침마다 깨우치시되 나의 귀를 깨우치사 학자 같이 알아듣게 하시도다" 한 말씀의 뜻입니다(사 50:4).

그런데 하나님의 음성을 듣는다고 하는 것은 성경 말씀을 깊이 연구한다는 정도의 뜻이 아닙니다. 말씀을 연구하여 지식을 쌓는다고 해도 정작 살아 계신 하나님과 사귀는 일은 아주 조금밖에 일어나지 않을 수도 있는 것이지요. 그러나 아버지께서 임재 해 계심을 의식하면서 말씀을 읽고 성령의 인도를 받아 말씀이 살아 계신 하나님의 능력이 되는 일도 있는 것입니다. 이때 말씀은 아버지의 음성이 되고 그분과 인격적으로 사귀는 차원이 됩니다. 이런 때라야 하나님의 음성이 가슴에 들어가 축복과 능력이 되는 한편 거기서 산 믿음이 생겨 나와 하나님이 들으실 만한 기도를 할 수 있게 됩니다.

하나님을 믿고 순종하는 힘은 이 음성을 듣는 데서 나옵니다. 여기서 중요한 사실은 하나님이 무엇을 말씀하셨느냐가 아니라 말씀하신 하나님 자신입니다. 책이나 무슨 법, 뭐가 옳고 무엇을 행해야 하는지 하는 게 중요한 게 아니라, 하나님 자신이 우리에게 인격적인 영향을 주시고 살아 있는 사귐을 허락하셨다는 사실이 중요합니다. 하나님이 무엇을 약속하셨는지를 아는 게 중요한 것이 아니라 하나님의 임재 자체가 중요하다는 말입니다. 그분의 임재만이 믿음을 불러일으키고 신뢰를 낳기 때문입니다. 하나님의 임재를 온전히 맛보면 거기 불순종한다든지 믿지 않는다든지 하는 일은 도무지 불가능합니다.

> 너희가 내 안에 거하고 내 말이 너희 안에 거하면 무엇이든지 원하는 대로 구하라, 그리하면 이루리라.

여러분은 이 말씀에서 무엇을 봅니까? 다른 무엇보다 구주께서 말씀으로 자기 자신을 내주고 계시다는 사실을 보셔야 합니다. 그 말씀을 우리는 안에 받아 간직하여 우리의 의지와 생명이 되게 하고 그 말씀이 우리 기질과 행위가 되게 해야 합니다. 그 말씀이 우리 안에 거하여 우리 인생 전체가 바로 그 말씀이 계속해서 드러나는 사건이 되어야 합니다. 즉 말씀은 우리 안에 거하고 우리 바깥생활은 말씀의 외적 표현이 되게 한다는 말입니다. 그리스도의 말씀이 우리 가슴에 들어와 영향을 주고 생명이 되면 그때부터는 우리가 하는 말도 그분의 가슴에 들어가 그분에게 영향을 주는 힘을 얻습니다. 기도는 생활에서 나옵니다. 하나님의 말씀이 내게 무엇이며 내 안에서 어떤 것이 되어 있느냐에 따라 하나님께 또 그분 안에서 나의 기도가 어떤 것이 될지가 결정된다는 말입니다. 내가 하나님 말씀을 취급하는 그것이 하나님이 내 말을 취급하는 그것이 된다고 하는, 너무나도 간단한 이치인 것입니다.

구약의 성인들도 이 말씀과 기도의 관계를 얼마나 잘 알고 있었는지 모릅니다. 우리가 바치는 기도란 하나님께서 말씀하시는 것을 듣고 거기 사랑으로 응답하는 것이라는 사실을 말입니다. 그 말씀이 약속으로 임했으면 그들은 하나님께서 말씀하신 대로 행하시라고 주장하며 기도합니다.

"말씀하신 대로 행하사" (삼하 7:25), "주 여호와께서 말씀하셨으니 주의 은혜로 종의 집이 영원히 복을 받게 하옵소서”
(삼하 7:29), “주재여, 이제는 말씀하신 대로 종을 평안히 놓아
주시는도다” (눅 2:29), “주의 말씀대로 나를 깨닫게 하소서”
(시 119:169) 등이 다 그런 표현들이지요. 이와 같은 말로써 그
들은 하나님께서 앞서 들려주신 말씀을 통해 약속하신 바를 근
거로 해서 자신들의 기도에 되풀이하고 있음을 밝힙니다. 한편
하나님의 말씀이 명령으로 임했으면 성경은 그들이 하나님께
서 말씀하신 대로 행하였다는 식으로 표현합니다. “아브람은
주께서 말씀하신 대로 길을 떠났다”와 같은 식으로 말입니다
(창 12:4). 그들 삶의 힘은 하나님과 사귀면서 말과 뜻을 주고
받은 그 관계에 있었던 것입니다. 하나님이 말씀하시면 그들은
듣고 그대로 행했습니다. 그들이 하나님께 말씀드리면 하나님
도 듣고 그대로 행해주셨습니다. 하나님이 우리에게 말씀하실
때 그 말씀 하나 하나에는 자신을 내주어 성취케 하시는 그리
스도 자신이 들어 있습니다. 그리고 그 말씀 하나 하나 안에는
우리도 전 존재를 드려 그 말씀을 받아 수용해 성취하라는 주
님의 요청이 들어 있는 것입니다.

“내 말이 너희 안에 거하면”이란 조건은 간단하면서도 아주
분명합니다. 말씀 안에 주님의 뜻이 나타나 있습니다. 그러니
말씀이 우리 안에 거한다면 주님의 뜻이 우릴 다스리지 않을
턱이 없지요. 이렇게 될 때 내 뜻이란 차라리 그분의 뜻을 담는

빈 그릇과도 같이 되어서 주님의 뜻이 펼쳐지는 도구 역할을 하게 됩니다. 나의 내면, 내용은 주님이 되는 것이지요. 순종하고 믿을 때 내 의지는 더욱 강건해져서 주님의 뜻과 깊이 일치하게 되는 경지에 이릅니다. 그러니 사실상 당신의 뜻과 같이 된 나의 뜻에 주님이 모든 것을 맡긴다는 것은 당연한 노릇입니다. 그래서 거리낌 없이 주님은 "너희가 내 안에 거하고 내 말이 너희 안에 거하면 무엇이든지 원하는 대로 구하라, 그리하면 이루리라"고 약속하셨던 것입니다. 그러니 이 약속을 믿고 그대로 행하는 사람들에게 약속은 현실로 드러날 것입니다.

그러니 그리스도를 따르는 여러분, 기도 응답을 받지 못하고 무력한 기도생활을 하면서도 하나님의 지혜와 뜻에 모든 것을 맡긴다는 식으로 핑계를 대지 맙시다. 우리가 무력한 영적 생활을 하니까 기도도 그렇게 무력하다는 사실이 갈수록 명백하지 않습니까?

하나님의 입에서 나오는 말씀이 아니고서는 그 무엇도 우리에게 힘을 줄 수 없습니다. 그래서 말씀으로 산다고 하는 것입니다. 말씀 안에 계신 그리스도를 사랑하고 내 안에 거하시게 할 때, 그래서 순종과 행함을 통해 그 말씀이 나의 존재가 되게 할 때 비로소 나는 그리스도와 하나가 되어 영적으로 하나님께 가 닿고 또 붙잡을 수 있는 것이지요. 세상에 속한 모든 것이 지나가지만 하나님의 뜻에 거하는 사람은 영원히 남을 것입니

다. 그러니 우리 마음과 생활을 온통 그리스도의 말씀에 드리
도록 합시다. 말씀 안에 인격으로 살아 계신 구세주 그리스도
께서 자신을 내주고 계십니다. 그렇게 헌신할 때 "너희가 내
안에 거하고 내 말이 너희 안에 거하면 무엇이든지 원하는 대
로 구하라, 그러면 이루리라"는 주님의 약속은 온통 나의 차지
가 될 것입니다.

복되신 주님, 오늘 다시 한번 왜 제 기도가 그리도 믿음이 없
고 무력했는지 그 이유를 밝혀 주셨습니다. 제가 주님께 말씀드
리는 데 열중했을 뿐 주님이 제게 말씀하시는 데 귀를 기울이지
않았기 때문이지요. 믿음의 기도를 드릴 수 있는 비결이란 제
영혼에 거하는 살아 있는 말씀의 몫에 있다는 사실을 잊었기 때
문입니다.

"듣기는 속히 하고 말하기는 더디 하라"는 말씀을 주셨지요
(약 1:19). 또 "하나님 앞에서 함부로 입을 열지 말라"는 말씀도
주셨습니다(전 5:2). 주님, 주님의 말씀이 제 삶을 사로잡을 때
라야 제가 드리는 말도 주님께 받아들여지리라는 사실을 바로
알게 하소서. 주님의 말씀이 제 안에서 살아있는 힘이 될 때 주
님의 입으로 하신 말씀이 주님의 손으로 행하시는 일이 된다는
사실을 깊이 깨닫게 하소서.

주님, 할례 받지 못한 귀를 면하게 하소서. 배우는 자의 열린
귀를 주셔서 매일 아침 아버지의 음성을 들으며 자리에서 일어

나게 하소서. 주님께서도 아버지에게 들으신 바를 말씀하신다 하셨으니 제가 말하는 것도 오직 주님께서 말씀하신 것의 메아리가 되게 하소서. "모세가 회막에 들어가서 여호와께 말씀하려 할 때에 증거궤 위 속죄소 위의 두 그룹 사이에서 자기에게 말씀하시는 목소리를 들었으니 여호와께서 그에게 말씀하심이 었더라"고 했습니다(민 7:89). 제게도 그렇게 되게 하소서. 제 삶과 품성에 말씀이 제 안에 거하시고 또 드러나는 표지가 있게 하시어 "무엇이든지 원하는 대로 구하라, 그리하면 이루리라"는 축복을 온전히 누릴 수 있게 하소서. 아멘.

23장

순종: 힘찬 기도에 이르는 길

너희가 나를 택한 것이 아니요, 내가 너희를 택하여 세웠나니 이는 너희로 가서
과실을 맺게 하고 또 너희 과실이 항상 있게 하여
내 이름으로 아버지께 무엇을 구하든지 다 받게 하려 함이니라.

요한복음 15:16

의인의 간구는 역사하는 힘이 많으니라.

야고보서 5:16

무엇을 구하든지 아버지께서 다 주시리라는 약속이 이번에
는 그 약속의 결과에 영향받을 사람들과 관련해서 새롭게 등장
하고 있습니다. 주님께서는 "내가 너희를 택하여 세웠나니 이
는 너희로 가서 과실을 맺게 하고 또 너희 과실이 항상 있게 하
련다"라고 말씀하고 계십니다. 그런 다음에 덧붙이시기를 "내
이름으로 아버지께 무엇을 구하든지 다 받게 하려 함이다"라
고 하셨습니다. 이는 요한복음 15:7에서 "너희가 내 안에 거하
고" 하면서 하신 말씀을 좀 더 확장한 것입니다. 주님께서는
우리가 주님 안에 거해야 하는 까닭을 "과실을 맺음"(4절), "더
과실을 맺게 하려 함"(2절), 또 "과실을 많이 맺음"(8절) 등으
로 밝히고 계십니다. 그래야 하나님께서 영광을 받으시고 우리

가 참 제자 된 표지도 드러난다고 하는 것입니다. 기도한 것을 얻을 수 있는 "자격"이란 그리스도 안에 거함으로써 맺는 과실을 제대로 맺는 사람이 되는 데 있다고 말씀하시는 셈이지요. 결국 우리가 그 소명을 제대로 수행하는 것이 효과적인 기도를 드릴 수 있는 조건이요 그리스도의 약속을 무한정 누릴 수 있는 축복의 열쇠다 그 말입니다.

이렇게 말하고 보면 어떤 신자들은 거저 주는 은혜라는 교리와는 위배되는 말이 아니냐는 의문을 갖습니다. 요한일서 3:18, 22에 있는 말씀을 한번 보지요. "자녀들아, 우리가 말과 혀로만 사랑하지 말고 오직 행함과 진실함으로 하자… 무엇이든지 구하는 바를 그에게 받나니 이는 우리가 그의 계명들을 지키고 그 앞에서 기뻐하시는 것을 행함이라." 또 야고보서에는 "의인의 간구는 역사하는 힘이 많으니라"는 말씀이 나옵니다. "의를 행하는 자는 그의 의로우심과 같이 의롭다"는 말씀이 다 같은 말씀입니다(요일 3:7).

시편을 읽노라면 어떤 청을 하면서 청하는 사람 자신의 의로움과 고결함을 내세우는 것을 많이 봅니다. 시편 18편에서 다윗은 이렇게 노래합니다. "여호와께서 내 의를 따라 상 주시며 내 손의 깨끗함을 좇아 갚으셨으니… 내가 또한 그 앞에 완전하여 나의 죄악에서 스스로 지켰나니, 그러므로 여호와께서 내 의를 따라 갚으시되 그 목전에 내 손의 깨끗한 대로 내게 갚으셨도다"(20, 23-24절).(또한 시 7:8-9; 15:1-2; 17:3, 6; 26:1-6; 119:121, 153을 보시오.) 이 구절들을 신약의 관점에서 살펴도 주님께서 말씀하신 바와 완전히 일치하고 있음을 알 수 있습니다. "너희도 내 계명을 지키면 내 사랑 안에 거하리라"(요 15:10), "너희가 나의 명하는 대로 행하면 곧 나의 친구라"(요 15:14). 또 "내가 너희를 택하여 세웠나니 이는 너희로 가서 과실을 맺게 하고… 내 이름으로 아버지께 무엇을 구하든지 다 받게 하려 함이니라"는 말씀이 의미하는 바도 바로 그것입니다(요 15:16).

이제 주님께서 여기서 가르치고자 하시는 내용 속으로 들어가 봅시다. 기도와 믿음으로 무엇을 얻는다 할 때 복음주의자들은 그 의미를 너무 한쪽으로만 치우쳐 보려는 위험이 있습니다. 성경이, 순종이 따라야 축복을 누릴 수 있다고 분명히 강조하는 내용으로 균형을 잡아야 할 것입니다. 우리를 지으시고 구속하신 하나님과의 관계에서 우리가 가져야 할 첫 번째 자세는 그분께 복종하는 것입니다. 그분의 높으심, 그분의 영광, 그분의 뜻, 그분의 기쁨을 먼저 앞세우는 마음이 있어야 한다 그 말입니다. 어떻게 하나님의 마음에 들지를 묻는 게 아닙니다. 그것도 결국은 자아를 위한 동기이니까요. 다만 하나님께서 하나님으로서 우리에게 마땅히 요구하실 수 있는 그것, 즉 그분께 영광 돌리고 그분을 기쁘시게 하려는 그것이 우리의 목적이어야 한다는 뜻입니다. 하나님의 아들이 지상에 거하실 때 그분에게는 오직 아버지께 봉사하고 순종하려는 마음뿐이었습니다. 그러므로 우리도 주님처럼 섬김과 순종을 우리의 주목적이요 유일한 바램으로 삼아야 마땅하다는 말씀입니다.

주님께서 순종에 얼마나 비중을 두셨는지 유념하십시오. 우리 안에 거하시는 문제와 관련지은 15장에서도 그렇지만 삼위일체 하나님의 내주하심을 말하는 14장에서도 이는 마찬가지입니다. 15절에 보면 "너희가 나를 사랑하면 나의 계명을 지키리라"고 나옵니다. 그렇게 순종하여 계명을 따를 때 "내가 아버지께 구하겠으니 그가 또 다른 보혜사를 너희에게 주사" 하는 말씀이 유효합니다(요 14:15-16). 그리고 다시 21절에서 "나의 계명을 가지고 지키는 자라야 나를 사랑하는 자"라는 말씀이 나옵니다. 그렇게 순종하는 사람은 아버지의 특별한 사랑이 임할 뿐만 아니라 주님께서 "그에게 나를 나타내리라" 하는 말씀도 이루신다는 것이지요. 그리고 마침내 23절에 이르러 온갖 귀한 주님의 약속 가운데도 최고라 할 약속이 등장합니다.

> 사람이 나를 사랑하면 내 말을 지키리니 내 아버지께서 저를 사랑하실 것이요, 우리가 저에게 와서 거처를 저와 함께 하리라 (요 14:23)

순종이 성령의 내주하심에 이르는 길이요 하나님의 아들이 우리 안에서 나타나고 또 아버지의 거처가 되도록 준비시키는 길이라는 뜻을 이보다 더 분명하게 설명할 수 있겠습니까?

삼위일체 하나님의 내주하심은 주님을 순종하는 사람들이 얻을 유산입니다. 순종과 믿음은 하나님께 복종하여 그분의 뜻을 따른다고 하는 한 행동의 양면일 뿐입니다. 믿음이 순종으로 강화될 때 역으로 믿음은 순종의 힘도 강하게 만듭니다. 믿음은 실행으로 완전해집니다. 우리 믿음이 왜 그리도 힘이 없는가 하면 하나님의 뜻과 영광을 위해 완전히 복종하는 자리, 즉 힘 있게 믿는다고 하는 것이 실제로 가능해지는 자리까지 나아가질 않기 때문입니다. 하지만 하나님과 그분의 뜻에 철저히 자신을 바친 사람이라면 하나님의 그 어떤 약속이든지 주장할 힘과 믿음을 얻게 되는 것이지요.

이 이치를 기도에 적용한다고 하는 일은 간단하면서도 만만치가 않습니다. 주님은 "내가 너희를 택하여 세웠나니 이는 너희로 가서 과실을 맺게 하려는 것"이라 말씀하십니다(요 15:16). 또 과실이 "항상 있게 하여" 우리 삶이 늘 열매 맺는 삶이 되게 하려 한다고 말씀하십니다. 이렇게 주님 안에 머물러 늘 열매 맺는 가지가 되었을 때 비로소 "내 이름으로 아버지께 무엇을 구하든지 다 받게 하려 한다"는 말씀이 유효한 것입니다(16절). 열매 맺는 삶이 되게 해달라고 그토록 기도했건만 응답이 오지 않는 까닭이 무엇인지 의아해 본 적이 있으실 겁니다. 주님의 말씀을 뒤집어 이해했기 때문입니다. 우린 그저 위로와 기쁨, 힘을 얻어 무얼 하든지 아무 어려움이나 희생 없이 할 수 있기만을 원합니다. 하지만 주님이 원하시는 것은 우리가 힘이 있다고 느끼든 아니든 일이 쉽든 어렵든 그저 순종하여 따르는 것입니다. 순종으로 열매 맺는 삶이 바로 응답 받는 기도, 그 자리 그 힘에 이르는 길입니다.

순종은 하나님께 영광 돌리는 유일한 길입니다. 믿음 대신에 순종이라는 말도 아니고 순종으로 믿음을 보충하라는 말도 아닙니다. 오직 믿음으로 순종하는 것이라야 하나님께서 우리를 위해 마련하신 온갖 축복을 누릴 수 있다는 말입니다. 성령의 세례(요 14:16)와 아들의 나타남(14:21), 아버지의 거하심(14:23), 그리스도의 사랑 안에 거함(15:10), 또 주님과 친구가 되는 특권(15:14)과 기도 응답의 권세(15:16), 이 모든 것이 순종을 기다리며 대기하고 있다 그 말입니다.

지금까지 어떤 것을 배우셨습니까? 이제 왜 기도가 응답 받지 못했는지 알 수 있겠지요? 우리의 삶이 못 미쳤던 것입니다. 우리 삶에 그 단순하지만 만만치 않은, 즉 순종하여 늘 열매 맺는 삶의 표지가 부족했던 것입니다. 하지만 이제 전심으로 하나님의 정하신 뜻을 받아들입시다. 하나님께서 세상을 다스리시면서 그들이 그렇게 기도하지 않았으며 이뤄지지 않았을 권세와 영향력을 허용하시는 사람들이란 바로 순종이 무엇인지 아는 사람들, 충성과 복종이 의심할 나위없는 그런 사람들이게끔 하신 뜻을 말입니다. 사실 우리 영혼 깊숙이 이 이치를 수긍하고 있습니다. 순종으로 열매 맺는 삶이야말로 응답받는 기도에 이르는 길이라는 사실을 말입니다. 부끄럽게도 우리 삶은 그런 순종의 표지가 너무나 부족했음을 인정해야 합니다.

구주께서 정하신 것을 받아들여 제대로 성취할 수 있도록 우리 자신을 내드립시다. 그분이 주님으로서 우리가 맺는 관계가 어떤 것인지 깊이 묵상합시다. 매일 새날이 밝을 때마다 위로나 기쁨, 심지어 축복조차도 먼저 생각하지 않도록 합시다. 그리고 단지 주님께 어떻게 속할 것인지를 먼저 생각합시다. 매 순간 무엇을 행하든지 주님의 소유로서, 오직 주님의 뜻을 알고 행하고자 하는 사람으로서 행하자는 말씀입니다. 종, 즉 예수 그리스도의 노예가 되려는 것, 오직 이것만이 나를 움직이는 동기가 되게 합시다. 그러다가 주님께서 "이제부터는 너희를 종이라 하지 아니하리니… 너희를 친구라 하였노니" 하고 말씀하시면 그때 비로소 친구의 자리를 수용합시다(요 15:15). "너희가 나의 명하는 대로 행하면 곧 나의 친구라" 하신 말씀이 그때 비로소 이루어질 테니까요(14절).

그분에게 이어진 가지로서 우리에게 주님이 명하시는 한 가지는 열매를 맺으라는 것입니다. 그래서 우리는 남을 축복하고 예수 안에 있는 생명과 사랑을 증언하며 살아야 합니다. 순종과 믿음으로 삶 전체를 드려 예수께서 우리를 선택하신 이유와 목적인 열매 맺는 삶을 이룹시다. 이 점을 깊이 새기고 또 그분은 명하신 것에 필요한 힘을 다 주신다는 것을 믿을 때 풍성한 삶, 열매 맺는 삶이 내 손닿는 데 있다는 것을 확신할 수 있을 것입니다. 이렇게 그리스도께 순종하여 살 때 주님의 뜻을 사는 사람에게 아버지는 무엇이든지 구하는 대로 이루어주신다는 말씀이 입증될 것입니다.

> 하나님 앞에서 담대함을 얻고 무엇이든지 구하는 바를 그에게 받나니 이는 우리가 그의 계명들을 지키고 그 앞에서 기뻐하시는 것을 행함이라 (요일 3:22)

복되신 주님, 오직 하나님의 뜻을 따라 순종하여 계명을 행할 때 기도의 힘을 얻는다는 사실을 제대로 이해할 수 있도록 가르쳐 주소서. 가지가 열매를 맺으려면 오로지 나무에 깊이 붙어 자라야 하듯 주님과 깊이 하나로 일치해야 원하는 대로 구하여 응답을 얻을 수 있다는 사실을 바로 알게 하소서.

주님, 어떻게 하늘의 천군 천사들, 그리고 앞서간 믿음의 사람들과 더불어 이 땅에서 주님을 영화롭게 할 수 있는지 나타내소서. 하나님께 순종하는 것이 최상의 특권이오니 순종만이 우리를 하나님과 그분의 뜻에 하나로 일치하게 하기 때문입니다. 오직 주님의 계명을 따르고 주님의 뜻에 따라 열매를 맺을 때라야 우리의 영적 본성이 성장하여 완전한 참 사람의 지위에 이르고 무엇이든지 구하는 대로 얻을 수 있는 권세를 얻기 때문입니다.

주 예수여, 우리가 단호하게 헌신하여 주님의 약속과 그 권세를 매일 현실로 경험할 수 있는 사람이 되게 하소서. 아멘.

24 장
널리 행해지는 간구

너희가 내 이름으로 무엇을 구하든지 내가 시행하리니… 내 이름으로 무엇이든지
내게 구하면 내가 시행하리라… 내 이름으로 아버지께 무엇을 구하든지 다 받게
하려 함이니라… 내가 진실로 진실로 너희에게 이르노니 너희가 무엇이든지
아버지께 구하는 것을 내 이름으로 주시리라. 지금까지는 너희가 내 이름으로 아무것도
구하지 아니하였으나 구하라, 그리하면 받으리니…
그날에 너희가 내 이름으로 구할 것이요.

요한복음 14:13-14; 15:16; 16:23-24, 26

지금까지 제자들은 그리스도의 이름으로 구한 적이 없습니다. 또 주님께서도 그런 말을 해주시지 않았습니다. 가장 근접한 표현이라고 한다면 "내 이름으로 모인 곳" 정도일 것입니다. 그런데 여기 고별사를 하시는 중에 주님은 여러 차례 "내 이름으로 구하라"고 말씀하고 계십니다. 그것도 "무엇이든" "무엇을 구하든지" 등과 같은 무제한적 약속과 결부하여 그렇게 말씀하십니다. 그러니까 당신 이름으로 구하는 것이 전부라는 것입니다. 기도의 힘과 응답은 바로 주님의 이름을 올바로 사용하는 데서 나옵니다.

이름이 무엇입니까? 사람을 부를 때 그 이름으로 부르고 또 그 사람은 그 이름으로 알려집니다. 그러므로 어떤 이름을 말하거나 들을 때 내가 그 사람에 대해 알고 있는 모든 것, 그리고 그 사람에 내게 남긴 모든 인상을 다 내 앞에 불러놓는 셈입니다. 즉 그 사람 전체를 불러놓는 것과 다르지 않습니다. 왕의 이름에는 그 왕의 명예와 권력, 왕국이 다 들어 있습니다. 이름은 그가 가진 권력의 상징입니다. 마찬가지로 하나님의 이름은 그 하나하나가 눈으로 볼 수 없는 그분 영광의 어떤 면을 형상화하고 표현해 줍니다. 그리스도의 이름이란 그분이 행하신 모든 것, 그분 존재의 모든 것, 우리 중재자로서 그분이 살며 행하신 모든 것을 가리키는 표현입니다.

어떤 사람의 이름으로 무엇을 한다는 것은 무슨 의미일까요? 바로 그 사람의 대표자요 대리인으로 그 사람의 권위와 힘을 가지고 그 일을 행한다는 의미입니다. 그런데 누가 다른 사람의 이름으로 무엇을 행한다 할 때는 그 두 사람 사이에 일치하는 생각이 있어 그렇게 하는 것입니다. 상대방이 자신의 명예와 관심사에 무관심한데도 그 사람한테 자기 이름을 멋대로 쓰라고 허용하는 사람은 없습니다.

그러니 예수께서 우리에게 당신의 이름을 주시면서 그 이름으로 무엇이든지 구하라고 하신 의미는 무엇이겠습니까? 일상적인 의미로 한 사람이 다른 사람에게 특별한 경우에, 자기 이름을 대신 사용하도록 하는 경우에 비교하는 것만으로는 충분하지 않습니다. 예수께서는 어느 시대가 되었든 당신을 따르는 모든 제자들에게 무엇이든지 원하는 대로 구할 때 당신의 이름을 쓰라고 허용하신 것입니다. 우리에게 당신의 일을 맡겨도 좋고 또 당신의 명예가 우리 손에서 소홀히 취급되지 않으리라고 믿지 않는다면 그렇게 할 수 없는 일이지요. 남에게 자기 이름을 쓰라고 맡기는 일은 늘 상대방에 대한 확신과 친밀감의 표현인 법입니다. 이름을 쓰는 사람이 그 이름의 주인공과 입장을 나란히 하여 행동하리라 믿어서 그렇게 하는 것이지요. 또 이름을 빌어다 쓰는 사람 편에서도 자기 입장은 접고 행동하겠다 하는 것입니다. 즉 내가 누군가의 이름으로 갈 때는 나는 없습니다. 그 사람의 이름만 쥐고 가는 것이 아니라 나를 부인하고 나 대신 그 사람이 되어 가야 하니까요.

이름을 이렇게 사용할 때 명의자와 대리인 사이에 법적으로 일체가 되는 효력이 발생합니다. 상인이 먼 데로 떠나면서 믿을 만한 점원에게 자신을 대리할 권리를 위임하면 그 점원은 상인의 명의로 돈을 꺼내 쓸 수 있습니다. 그런데 점원은 자기 유익을 위해서가 아니라 상인과 사업의 유익을 위해 그렇게 합니다. 상인의 입장에서는 그 점원이 분명 자기 사업의 유익을 위해 헌신해 주리라 믿어서 자기 명의와 재산을 쓸 수 있도록 허용한 것이지요. 주 예수께서 승천하실 때 이 땅의 당신 나라 일을 종들의 손에 맡기셨습니다. 이때 이 종들이 주님의 일을 위해 필요한 모든 것을 쓸 수 있도록 당신 명의 또한 맡기신 것입니다. 그래서 종들은 예수의 이름으로 구할 영적 권세를 갖게 된 것인데 오직 주님의 뜻과 일에 온전히 일치하는 범위 내에서 갖는 권세입니다. 어느 이름을 쓴다고 하는 것은 내 입장의 유익은 포기하고 그 이름의 사람 입장의 유익만을 구한다고 하는 의미인 것이지요.

그런데 이름의 사용은 삶의 일치를 의미할 수도 있습니다. 앞서 상인과 점원의 경우는 임시적 관계였습니다. 하지만 이보다 더 깊게 일체성을 갖기 때문에 이름을 같이 하는 경우도 있음을 우리는 압니다. 예컨대 자식은 아버지의 성을 따르고 때론 이름을 그대로 갖는 경우도 있지요. 훌륭한 아버지를 둔 자녀들은 대개 아버지의 이름에 흠이 가지 않도록 살고 행동하게 마련입니다. 하지만 별 볼 일없는 아버지, 품행이 좋지 않은 아버지를 둔 경우는 그저 명목상의 성과 이름으로 남게 되겠지요. 이름과 인격, 영혼은 하나로 조화되어 있어야 합니다. 그런 경우라면 아버지의 이름을 딴 자식은 그 이름만으로도 아버지의 친구들에게 자동으로 사랑과 귀히 여김을 받습니다. 주님과 신자들의 관계도 마찬가지입니다. 우리는 하나입니다. 우리는 모두 주님과 한 생명, 한 성령을 나눕니다. 그렇기 때문에 우리는 주님의 이름으로 나아갈 수 있습니다. 하나님을 대해서나 사람, 심지어 악령을 대해서도 우리가 주님의 이름을 쓸 수 있는 권세란 바로 얼마나 영적으로 주님과 삶의 일치를 마련하고 있느냐에 달린 것입니다.

또 이름의 사용은 사랑의 일치이기도 합니다. 신부는 신랑을 만나 하나가 되면서 원래 자신의 성을 포기하고 신랑의 성을 따릅니다. 동시에 신부는 신랑의 성을 완전히 자신의 것으로 사용할 권리를 갖습니다. 설령 신부가 신용이 불량한 가문 출신이라도 이제부터 신랑의 이름으로 물건을 구입할 수 있고 더 이상 거절을 당하지 않아도 됩니다. 이는 신랑이 신부를 선택했고 또 신부가 신랑의 입장과 유익을 돌보며 살 것을 믿기 때문이지요. 그들은 이제 한 몸입니다. 땅의 신랑도 이러하거늘 하늘의 신랑은 어떠하겠습니까? 우리를 사랑하셔서 당신과 하나가 되게 하신 그분은 우리가 당신의 이름으로 아버지 앞에 나아가 필요한 모든 것을 얻을 수 있도록 하셨습니다. 하지만 예수의 이름으로 사는 삶에 진정으로 헌신하지 않은 사람이라면 무엇이든지 그분의 이름으로 구하고 얻는 이 무한정한 영적 능력의 삶에 한치도 자랄 수가 없는 것이지요. 이처럼 다른 사람의 이름을 쓴다는 것은 나의 이름 및 독립적 삶은 포기한다는 것을 의미합니다. 동시에 이제부터 내가 지니게 된 이름 배후의 모든 것을 소유하게 되었음을 의미합니다.

이런저런 예를 들어보지만 사실 모두가 부족한 것들뿐입니다. 사신이 왕의 이름을 들고 간다든지 법정에서 대리인의 명의로 선다든지 하는 것이 다 그렇습니다. 그러나 예수께서는 친히 아버지와 함께 계십니다. 즉 우리, 당사자는 빠진 채 이름만 달랑 들고 있는 것이 아니란 말씀입니다. 우리가 예수께 직접 기도할 때조차도 그분의 이름으로 해야 합니다. 이름이 곧 그 존재를 나타내기 때문입니다. 즉 그분의 이름으로 기도한다는 것은 모든 것을 그분과 함께 나누고 함께 살며 사랑하며 구한다는 것입니다. 그분 안에서 그분을 위해 사는 사람으로서 구한다는 것입니다. 그러므로 예수의 이름이 우리 마음과 생활에서 으뜸가는 것이 되게 해야 합니다. 그렇게 될 때 그분의 이름으로 구하는 것이 무엇이든 거절당하지 않으리라는 믿음이 자랍니다. 그러니까 이름과 구하는 힘은 서로 떨어지지 않고 나란히 갑니다. 예수의 이름이 내 생활을 다스리는 힘이 되었을 때 그 힘은 하나님께 드리는 기도에서도 분명히 나타난다 그런 말입니다.

모든 것이 우리가 그 이름과 어떤 관계를 맺느냐에 달렸습니다. 그 이름이 내 생활에 갖는 힘이 무엇이냐가 바로 내 기도에서 그 이름이 갖는 힘입니다. 성경도 이 점을 분명히 말하고 있습니다. "무엇을 하든지 말에나 일에나 다 주 예수의 이름으로 하라"고 했습니다(골 3:17). 그렇게 할 때 "무엇이든 구하는" 일도 가능한 것입니다. 무엇이든 주님의 이름으로 하는 것과 무엇이든 주님의 이름으로 구하는 일은 이렇듯 함께 가는 것입니다. "하나님의 이름으로 걸읍시다"와 같은 표현을 읽노라면 어떻게 우리의 삶이 온통 그 이름의 힘에 사로잡혀 살아야 할지 짐작해 볼 수 있지 않습니까? 사실 그렇게 살아야 기도의 힘이 생깁니다. 하나님은 우리 입술을 보시는 게 아니라 우리의 삶을 보시면서 그 속에서 당신의 이름이 어떤 의미를 띠는지 살피십니다. 성경에서 주 예수의 이름에 삶을 온통 내건 사람들이나 그 이름을 위해 죽을 채비가 된 사람들을 읽노라면 우리가 그분의 이름과 맺는 관계가 어떠해야 하는지 깨닫게 됩니다. 정말 그 이름이 나에게 전부일 때 그 이름은 내게 필요한 전부를 얻게 해줄 것입니다. 즉 그 이름으로 하여금 내가 가진 모든 것을 소유하게 할 때 나 또한 그 이름이 지닌 모든 것을 소유할 수 있다는 말입니다.

> 너희가 내 이름으로 무엇을 구하든지 내가 시행하리니
> (요 14:13)

예수께서 공연히 이 말씀을 하신 것이 아닙니다. 그런데 이 말씀을 제한하는 사람들은 정작 그리스도인들입니다. 너무나 그 말씀이 무제한이기에 도리어 걸립니다. 사실 사람끼리는 마냥 무제한으로 신뢰한다는 것이 안전해 보이질 않습니다. 그렇기에 "내 이름으로"라는 말씀이 어떻게 확실한 안전장치일 수 있는지 이해하질 못합니다. 사실 주님의 이름으로 살며 행동하는 사람이라야 그 말씀의 영적 힘을 이해하지 그렇지 못한 사람은 알 재간이 없습니다. 사람들 앞에서 그 이름을 내세울 만

해야 하나님 앞에서도 그 이름을 사용할 권세가 있는 법입니다. 부디 성령께 청하여 주님의 이름이 무엇을 의미하고 어떻게 그 이름을 올바로 사용할 수 있는지 보여 달라고 하십시오. 성령을 통하여 그 이름은 모든 이름 위에 높임을 받아 여러분의 마음과 생활을 다스리는 최고의 힘이 될 것이기 때문입니다.

주님을 따르는 여러분, 부디 이 교훈을 여러분 마음 깊이 간직하시기 바랍니다. 우리의 주인 되신 그분께서 당신의 이름으로 기도하라, 그러면 무엇이든지 받을 것이라고 말씀하십니다. 하늘이 여러분 앞에 활짝 열려 있고 영적 세계의 보물과 권세가 여러분이 주변사람들을 대신해서 청하는 대로 주어진다는 것이지요. 그러니 예수 이름으로 기도하는 법을 배웁시다. 일찍이 제자들에게 말씀하셨듯이 주님은 오늘 우리에게도 이렇게 말씀하십니다.

> 지금까지는 너희가 내 이름으로 아무 것도 구하지 아니하였으나 구하라, 그리하면 받으리니 (요 16:24)

주님의 제자라면 누구든지 왕 같은 제사장이 되어 가족과 일터의 모든 사람을 위해 대신 청할 수 있는 권세를 누려야 합니다. 그러니 그리스도인은 누구나 깨어 이 메시지를 받아야 합니다. 내가 드리는 기도로 해서 기도하지 않았으면 받을 수 없었을 것을 받고, 기도하지 않았으면 성취하지 못했을 일을 성취할 수 있다는 메시지 말입니다. 그러므로 예수의 이름을 써서 이 멸망해 가는 세상을 위해 하늘의 보화를 열어야 하겠습니다. 왕의 신하로 왕의 이름을 사용할 줄 알아야 합니다. 그러면 그 왕은 "무엇이든지 내 이름으로 구하는 것을 이루리라" 하실 것입니다.

다음은 새피어(A. Saphir)의 「주님이 가르치신 기도」에서 발췌한 글입니다.

그리스도의 이름으로 기도한다는 것은 무슨 뜻일까? 그저 구주를 생각하면서 하나님 앞에 나아간다는 의미만은 아니리라. 제자들은 예수께 기도를 가르쳐달라 했고 주님은 그들에게 어떻게 청원을 드릴지 가르쳐주셨다. 그런데 뒤에 가서 주님은 그들에게 "너희가 이제까지는 내 이름으로 아무 것도 구하지 않았다"고 말씀하셨다. 마치 이전에 가르쳐 주신 주기도문의 일곱 가지 청원은 아직까지 휴면상태라는 듯이 말이다. 마침내 주님께서 성령으로 각 사람 마음에 내려오시자 제자들은 그리스도께서 대제사장으로 아버지께 청했던 모든 축복을 갈망하게 되었고 그들의 청원은 늘 응답 받았다. 아버지께서는 아들이 청하는 것을 늘 들어주셨기 때문이다. 그리스도의 영은 늘 우리를 가르치고 영향을 끼치어 모든 청원을 그리스도께서 친히 아버지 앞에 내놓는 것과 마찬가지가 되게 하셨다. 그러므로 그리스도의 이름으로 기도한다고 하는 것은 그리스도를 나의 의로움으로 덧입는다는 것이요 성령의 내주하심으로 우리의 온갖 소망하는 바가 다 그분의 뜻과 일치하게 되었다는 말이다. 성령 안에서 기도한다는 것, 아버지의 뜻을 따라 기도한다는 것, 그리스도의 이름으로 기도한다는 것은 다 같은 말이다. 아버지께서 직접 우리를 사랑하시고 우리 기도를 들어주시고자 한다. 그러니까 우리에게는 아버지의 사랑으로 저 위에서 중보하시는 그리스도가 계시고 또 우리 내면에서 중보하시는 성령이 계시게 된 것이다.

위에서 한 얘기는 얼른 봐서 그리 위로가 안 될지 모르겠다. 그리스도의 이름으로 기도한다는 것이 그리스도의 공로에 기댄다는 의미로 보는 관점이 차라리 더 위안이 된다고 느낄 것이다. 하지만 이 관점의 약점은 기도에 있어 구주께서 아버지의 뜻에 일치하여 중보하신다는 점과 우리 안의 성령께서 기도를 도우신다는 점을 하나로 묶지 못하는 데 있다. 또한 그리스도께서 하나님과 우리 사이의 중보자 되심의 의미도 충분히 전달하지 못한다. 그것은 단순히 아버지께서 그리스도 때문에 나와 내 기도를 받아주신다는 정도인 것이 아니라 그리스도 안에서 내 청원이 실상 그리스도의 청원이 된다는 사실, 즉 그분이 나를 위해 소망하시는 것이 되며 그분의 보혈로 해서 모든 축복이 내게 베풀어진다는 사실이 소홀히 취급되기 때문이다.

기도에 있어 뺄 수 없는 한 가지 조건이 있다면 그것은 예수의 이름으로 기도해야 한다는 것이다. 그분의 이름으로 기도한다는 것은 곧 우리를 향하신 그분의 뜻을 따라, 그리고 결국은 아버지의 뜻과 성령의 가르치심을 따라 기도한다는 것과 동일하기 때문이다. 그러므로 그리스도의 이름으로 기도하려면 자기성찰과 반성, 자기부인이 따라야 한다. 그것은 한 마디로 성령의 도우심을 받아야 한다는 말이다.

　복되신 주님, 주님께서 주시는 교훈 하나 하나가 너무도 깊고 충만한 것이어서 하나라도 제대로 안다면 제대로 기도할 수 있을 그런 것이옵니다. 그러니 주님, 한 가지만을 구하면 족할 줄 아오니 주님의 이름으로 기도한다는 것이 무엇인지 깨우치게 하소서. 무엇이든지 주님의 이름으로 행하고 걷고 말하고 살아서 제가 드리는 기도 또한 주님의 복되신 이름 안에서 그 이름만을 위하여 드리는 것이 되게 하소서.

　무엇이든지 주님의 이름으로 구하면 시행하겠고 아버지께서 들어주시리라는 귀하신 약속을 굳게 붙들 줄 알게 하소서. 아직도 제대로 이해하지 못하고 주께서 "내 이름으로" 하신 뜻 안에 담긴 주님과의 일치를 온전히 얻지 못하였다 하여도 여전히 그 약속을 붙드옵니다. 제 마음이 한치의 의심도 없이 내가 구하는 모든 것이 과연 주님의 이름으로 구하는 것이라 믿을 수 있게 될 때까지 그리 하겠습니다.

　주님, 주님의 성령께서 제게 이것을 가르치게 하소서. 주님께서는 성령을 "아버지께서 내 이름으로 보내실 보혜사"라 하셨습니다. 그러므로 성령께서는 주님의 이름으로 보내심 받는 게 어떤 것인지 아십니다. 또 그 이름의 권세와 영광을 주님 종들에게 드러내고 오직 그 이름으로 주님을 영화롭게 하는 것이 어떤 것인지 아십니다. 그러니 주 예수여, 주님의 성령으로 제 안에 거하시어 저를 채우게 하소서. 제 모든 존재를 성령께 바쳐 그분이 다스리시고 그분이 이끌게 하겠습니다. 주님의 이름과 주님의 성령은 하나입니다. 성령을 통해 주님의 이름은 내 삶과 기도를 강하게 하십니다. 그때 저 또한 주님의 이름을 위해 모든 것을 포기하고 사람을 향해서나 하나님을 향해서나 오직 주님의 이름으로 말하고 기도할 수 있습니다. 그때 비로소 주님의 이름이 모든 이름 위에 뛰어나심을 증거할 수 있사옵니다.

주 예수여, 성령으로 저를 가르치시어 주님의 이름으로 기도할 줄 알게 하소서. 아멘.

25장
성령과 기도

그날에는 너희가 아무 것도 내게 묻지 아니하리라. 내가 진실로 진실로 너희에게
이르노니 너희가 무엇이든지 아버지께 구하는 것을 내 이름으로 주시리라.
지금까지는 너희가 내 이름으로 아무 것도 구하지 아니하였으나 구하라,
그리하면 받으리니 너희 기쁨이 충만하리라. 그날에 너희가 내 이름으로 구할 것이요,
내가 너희를 위하여 아버지께 구하겠다 하는 말이 아니니,
아버지께서 친히 너희를 사랑하심이니라.

요한복음 16:23-24, 26-27

성령으로 기도하며 하나님의 사랑 안에서 자기를 지키며

유다서 1:20-21

요한일서 2:12-14를 보면 아이들과 청년, 아비들을 대상으로 말하고 있는데 여기에는 그리스도인 생활에 성장의 세 단계가 있다는 관점이 들어 있습니다. 우선 첫째는 아이의 단계, 즉 용서의 확신과 기쁨을 누리며 새로 태어난 아기의 단계입니다. 둘째 단계는 성장의 투쟁을 거치면서 지식과 힘이 커지는 단계로서 힘차게 성장하는 청년의 단계라 할 것입니다. 이때 하나님의 말씀은 이들 속에 작용하면서 악한 자를 이길 힘을 주십니다. 그리고 마지막으로 성숙의 단계가 옵니다. 아비들이란 영원하신 분을 깊이 알면서 친교를 나누는 사람들을 의미합니다.

그런데 그리스도께서 기도생활에 대해 가르치신 것을 보면 거기도 성장의 단계처럼 세 단계가 있습니다.

산상수훈은 입문의 단계라 할 것입니다. 이 단계 기도의 가르침은 "아버지"란 말에 요약되어 있습니다. 아버지께 기도하라, 너희 아버지께서 보고 듣고 알고 상을 내리실 것이다. 하늘에 계신 아버지께서야 오죽하시랴! 그러니 어린아이처럼 되어 맡기고 신뢰하여라.

그런데 그 다음에는 싸워 이겨야 하는 과도기의 단계가 등장합니다. "이런 종류는 기도와 금식을 하지 않고는 나가지 않는다"와 같은 구절에서 엿볼 수 있는 단계입니다(마 17:21). 또한 "하물며 하나님께서 그 밤낮 부르짖는 택하신 자들의 원한을 풀어주지 아니하시겠느냐" 하는 구절도 이 단계의 씨름을 가리키는 구절입니다(눅 18:7).

그러다가 주님의 고별사를 보면 더 고도의 단계가 나옵니다. 아이들은 마침내 성숙한 어른이 되어 주인과 함께 모든 비밀을 함께 나누는 벗이 됩니다. 주님은 이들에게 "내가 내 아버지께 들은 것을 다 너희에게 알게 하였다"고 말합니다. 그리고 이들은 "무엇이든지 원하는 대로" 구할 수 있는 열쇠를 받습니다. 주님 나라의 열쇠가 이들 손에 있는 셈이지요. 그리고 마침내 주님의 이름으로 기도의 힘을 입증하고 발휘할 때가 도래했습니다.

그런데 이 마지막 단계와 그 앞의 예비단계들을 비교할 때 주님께서 하신 말씀을 깊이 묵상해 볼 필요가 있습니다. 예컨대 "지금까지는 너희가 내 이름으로 아무 것도 구하지 않았다"라든지(요 16:24), "그날에 너희가 내 이름으로 구할 것이다"와 같은 말씀입니다(요 16:26). "그날"이 무슨 의미인지 우리는 알고 있습니다. 바로 성령을 부어주신 날이지요. 그리스도께서 십자가상에서 위대한 일을 이루셨습니다. 그리고 부활과 승천을 통해 강한 권능과 승리를 드러내셨습니다. 그런 다음에 이제 영으로 하늘에서 내려오시어 그때부터 하나님의 영광이 사람 안에 거하게 하신 것입니다. 영화롭게 된 예수의 영은 내려오시어 제자들이 살아갈 생명의 힘이 되셔야 했던 것입니다. 그리고 그렇게 강림하신 영의 표지 중 하나가 바로 그때까지는 알 수도 누릴 수도 없었던, 예수 이름으로 무엇이든지 원하는 대로 구하여 얻음으로써 사람 안에 내주하시는 영의 실재를 선포하는 그것이었습니다.

성령의 강림이 기도세계의 새 시대를 여는 사건임을 제대로 이해하자면 성령이 누구며 그분의 일은 무엇인지, 또 예수께서 영화롭게 되시기까지는 왜 강림하지 않으셨는지를 생각해 보아야 합니다. 사실은 성령 안에서 하나님은 존재하십니다. 왜냐하면 하나님은 영이시기 때문이지요. 성령 안에서 아들은 아버지께로부터 나오셨습니다. 그리고 성령의 사귐 안에서 아버지와 아들은 하나이십니다. 아들에게 영원히, 끝없이 주시는 것이 아버지의 특권이요 또 아버지께 영원히 구하여 받는 것이 아들의 특권이자 복된 상태입니다. 이러한 생명과 사랑의 나눔이 다 성령을 통해서 이루어집니다. 이 모든 것이 다 영원히 그러합니다. 특히 아들이 중보자로서 사시며 기도하시는 지금 그 의미는 각별합니다. 하나님과 사람이 자기 몸 안에서 화해케 하시는 그 일을 주님은 지상에서 시작하셨는데 지금도 하늘에서 계속 그 일을 하고 계십니다. 그렇게 하시려고 그분은 하나님의 의와 인간의 죄 사이의 대립을 자기 존재에 짊어지신 것입니다. 십자가상에서 단 한번 그분은 그렇게 하시어 그 모든 갈등을 종식시키셨지요. 그런 다음 주님은 당신이 이루신 구원과 승리를 당신 몸 지체가 모두 누리도록 하기 위해 하늘로 승천하셨습니다. 지금도 주님은 그 일을 위해 하늘에서 기도하고 계십니다. 그렇게 쉼 없이 기도하시는 중에 주님은 구원받은 자들의 쉼 없는 기도와 하나로 결합되십니다. 즉 이제부터 주님의 이 중보직이 구원받은 자들의 기도 속에 나타나게 되었고 따라서 전에는 없었던 권세가 이들의 기도에 있게 된 것입니다.

그런데 이 모든 일이 성령을 통해서 이루어집니다. 성령은 바로 영화롭게 되신 예수의 영으로서 예수께서 영광을 받으신 후에 부어주시는 영이십니다(요 7:39). 아버지께서 주시는 이 선물은 구약의 성도들이 알았던 것과는 완연히 다릅니다. 그리스도께서 휘장 안에 들어가시어 당신의 보혈로 있게 하신 이 사건은 너무나 새로운 사건입니다.

인간의 본성이 구원을 받아 주님의 부활의 권능과 높으신 영광을 누릴 수 있게 되었다고 하는 것은 이제 실재가 되었고, 그리스도 안에서 우리의 인간성이 삼위일체 하나님의 내적 생명에로까지 올라가게 되었다는 것입니다. 그리고 이러한 너무도 놀라운 사실이 역으로 성령께서 주님의 고양된 인간성에서 임하여 내려오시어 우리 마음에 그리스도께서 성취하신 일을 일깨워주심으로써 알게 되었다고 하는 것은 구약에서와는 너무도 다른 것이란 말씀입니다.

우선 성령은 영화롭게 되신 예수의 영으로서 오십니다. 영원 전부터 하나님이셨던 아들이 사람이 되시어 새로운 존재양식을 취하셨고 전에는 갖고 계시지 않았던 그 인성을 지니고 다시 하늘로 돌아가셨습니다. 그래서 아들이 영화롭게 된 인성을 지니고 승천하시어 받게 되신 복되신 성령도 전에는 나눌 수 없었던 새로운 생명으로 우리에게 오시게 된 것입니다(행 2:33). 구약에서 성령은 단지 하나님의 영으로만 호칭되었지요. 그러나 오순절에 이르러 성령은 영화롭게 되신 예수의 영으로 임하셨고 그분이 성취하셨던 모든 열매와 권능을 전하신 것입니다.

그리스도의 중보가 계속되는 동안 그분이 성취하신 구원의 효력과 적용도 계속됩니다. 그리스도로부터 우리에게 오신 성령을 통해 우리는 그리스도께서 한없이 올리시는 기도의 위대한 흐름 속에 들어갑니다. 성령께서는 말없이 우리를 위해 기도하십니다. 마음속 깊은 곳, 때로 생각조차 형체가 없어지는 그 곳에서 성령은 우리를 삼위일체 하나님의 내적 생명의 흐름 속으로 데리고 들어가시는 것입니다. 이 성령을 통해서 그리스도의 기도는 바로 우리의 기도가 되고 우리 기도는 그분의 것이 됩니다. 이때 우리가 원하는 무엇이든지 기도해도 그대로 우리에게 주어집니다. 비로소 체험으로 우리는 "지금까지는 너희가 내 이름으로 아무 것도 구하지 아니하였으나… 그날에 너희가 내 이름으로 구할 것이요" 하신 말씀의 의미를 알게 되는 것입니다(요 16:24, 26).

그리스도의 이름으로 기도하고 구한 것을 받아 기쁨이 넘치게 된다는 것은 곧 성령세례를 의미합니다. 이것은 구약에서 성령을 단지 하나님의 영으로만 알았던 것과는 매우 다른 것입니다. 오순절 이전에 회개하고 거듭나는 것과 비교해도 그 이상의 것입니다. 성령께서 작용하시고 영향을 주시는 수단을 말하는 것도 아닙니다. 오직 성령께서 영화롭게 되신 예수께서 드높은 권능으로 임하신 영이요, 우리를 찾아오시어 내주하시는 예수의 영이요, 아버지와 아들을 드러내는 영이심을 말하는 것입니다(요 14:16-23). 이 성령께서 우리가 기도하는 시간의 영만이 아니라 생활과 활동 전체의 영이 되시고 그래서 이 성령으로 하여금 영광 받으신 예수의 중보 사역을 온통 드러내게 하시며 우리를 그분과 일치하여 그분처럼 되게 할 때, 비로소 우리는 예수의 이름으로 기도할 수 있는 것이고 그때 비로소 우리는 주님과 하나라고 말할 수 있습니다. 그리고 그때 "그날에 너희가 내 이름으로 구할 것이요, 내가 너희를 위하여 아버지께 구하겠다 하는 말이 아니니" 하고 예수께서 말씀하신, 우리가 아버지를 직접 만나는 만남이 이루어지는 것입니다(요 16:26).

하나님을 믿는 백성으로서 꼭 하나 알아야 할 것이 있다면 바로 이 영화롭게 되신 이의 영으로 충만하게 된다는 것이 무엇인지 알고 믿는 것입니다. 그것을 알면 "모든 기도와 간구로 하되 무시로 성령 안에서 기도한다"는 말(엡 6:18)과 "성령으로 기도한다"는 말(유 1:20)이 무슨 뜻인지 이해하게 됩니다.

다시 한번 기도의 응답은 우리가 어떤 존재이며 어떤 삶을 이끄느냐에 달려 있다는 점을 보게 됩니다. 그리스도의 이름으로 살 수 있는지 여부가 그리스도의 이름으로 기도할 수 있는 열쇠라는 말입니다. 그리스도 안에 거하는지 여부가 무엇이든지 원하는 대로 구할 권리와 힘을 갖는 비밀이란 얘기입니다. 얼마나 깊이 거하느냐가 곧 기도에서 어느 만큼의 능력을 지니게 될지 그 척도라는 말씀입니다. 우리 안에 거하시는 성령께서는 늘 말과 생각으로 기도하시는 것이 아니라 깊은 탄식으로 기도하십니다. 이 성령이 어느 정도로 우리를 주장하느냐가 얼마나 우리 기도가 참된 것이냐를 결정합니다. 만약 우리 삶이 그리스도로 가득하고 성령으로 충만하다면 제한 없는 기도의 응답 또한 그리 낯설거나 보기 힘든 것이 되지 않을 것입니다.

> 그날에는 너희가 아무 것도 내게 묻지 아니하리라. 내가 진실로 진실로 너희에게 이르노니 너희가 무엇이든지 아버지께 구하는 것을 내 이름으로 주시리라. 지금까지는 너희가 내 이름으로 아무 것도 구하지 아니하였으나 구하라, 그리하면 받으리니 너희 기쁨이 충만하리라. 그날에 너희가 내 이름으로 구할 것이요, 내가 너희를 위하여 아버지께 구하겠다 하는 말이 아니니, 아버지께서 친히 너희를 사랑하심이니라 (요 16:23-24, 26)

기도를 호흡에 비교하는 경우가 많지요. 성령께서 기도에서 차지하시는 위치가 어떤 것인지는 몸소 기도 실천을 통해 체험할 도리밖에 없습니다. 호흡할 때 내쉬는 숨만 있으면 어찌하겠습니까? 그 불순한 공기에 모두가 질식사하고 말 것입니다. 신선한 공기를 들이마시는 들숨이 있어 우리는 목숨을 부지하는 것입니다. 마찬가지로 죄를 고백하고 우리 마음에 원하는 것을 내놓고 청하는 것은 날숨에 비유할 수 있습니다. 그러나 그것만으로 그쳐서는 안 되고 약속을 들이마시고 그리스도 안에 있는 하나님 생명과 사랑을 들이마시는 들숨이 있어야 합니다. 우리는 그러한 영적 호흡을 바로 생명의 숨 자체이신 성령을 통해서 한다, 그런 말입니다.

아버지께서는 성령을 우리 안에 불어넣으시어 당신과 우리의 영이 하나가 되게 하십니다. 그리고 다시 숨을 거두어들이시면 성령께서는 우리 안의 온갖 청원과 필요한 바를 안고 아버지께 돌아갑니다. 이렇듯 성령께서는 바로 하나님의 생명이자 우리 안의 새 생명의 숨결입니다. 하나님의 영으로서 성령은 그 안에서 아버지와 아들이 하나가 되게 하십니다. 또 성령 안에서 아들의 중보는 아버지에게 이릅니다. 그 성령이 우리에게는 기도의 영이십니다. 그러므로 사실 기도란 거룩하신 삼위일체의 진리를 생생히 경험하는 것입니다. 성령의 호흡, 아들의 중보와 아버지의 뜻, 이 셋이 다 우리 안에서 하나가 되기 때문입니다.

거룩한 외경심으로 삼위일체 되신 주님 앞에 머리 조아립니다. 기도의 신비가 바로 삼위일체의 신비임을 보았습니다. 기도를 들으시는 아버지를 경배하고 늘 살아 중보기도 하시는 아들을 경배하며 아버지와 아들로부터 나오시어 우리를 쉼 없이 기도하는 영원한 지복의 상태로 끌어올리시는 성령을 경배하옵니다. 나의 하나님, 엎드려 그 무한하신 낮추심을 흠숭하오니 성령께서 우리를 하나님의 생명과 사랑에로 이끌어 들이시옵니다.

복되신 주 예수여, 내 안에 계신 성령께서는 이제 기도의 영이신 당신과 하나가 되도록 이끄신다는 사실을 깨닫게 하소서. 어떻게 완전히 텅 비고 온전히 거룩한 질그릇이 되어 나의 속생명이신 성령께 헌신할지 가르쳐 주소서. 성령께서 살아 계신 인격으로 나의 생활과 기도를 이끌어주는 분이심을 알게 하소서. 또 침묵으로 기다릴 줄 알아 성령께서 내 안에서 말할 수 없는 탄식으로 중보하실 수 있게 하소서. 오직 성령 안에서라야 쉬지 않고 기도하는 일이 가능하옵니다. 성령께서 나를 아들이 아버지에게 영원히 드리시는 기도에 참여케 만드시기 때문입니다. 주님, 부디 "내가 진실로 이르노니 너희가 무엇이든지 아버지께 구하는 것을 내 이름으로 주시리라" 하신 약속을 제 안에서 이루시옵소서. 아멘.

26장
중보자 그리스도

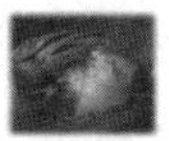

그러나 내가 너를 위하여 네 믿음이 떨어지지 않기를 기도하였노니…

누가복음 22:32

내가 너희를 위하여 아버지께 구하겠다 하는 말이 아니니

요한복음 16:26

그는 항상 살아서 저희를 위하여 간구하심이니라

히브리서 7:25

신앙생활의 성장은 예수가 나에게 어떤 존재냐 하고 알아보는 문제와 깊은 관련이 있습니다. 그리스도가 나에게, 또 내 안에서 모든 것이 되셔야 하는 분임을 깨달을수록, 그리고 그분 안의 모든 것이 나를 위한 것임을 깊이 알수록, 나도 믿음의 참 생명으로 산다는 것이 무엇이며 자아에 철저히 죽어야 그리스도 안에 살게 된다는 말이 무슨 뜻인지 이해한다 그 말입니다. 그리스도인 생활이란 그저 올바로 살자는 얘기로 그치는 것이 아니라 그리스도 안에서 안식을 찾고 힘을 얻어 선한 싸움을 싸우고 믿음의 승리를 거두려는 분투인 것입니다. 기도생활에 이르러 이런 점은 더욱 뚜렷이 드러납니다. 즉 기도도 결국 믿

음의 법칙과 관련된 것이며 예수 안의 완전함과 충만함이라는 견지에서 이해해야 하는 어떤 것이라고 알아야 합니다. 그럴 때 그리스도인은 비로소 기도를 너무 긴장해서 애쓰거나 늘 걱정해야 하는 무엇으로 대하지 않고 오로지 그리스도께서 그를 위해 행하시는 것을 체험하는 것으로 알게 될 것입니다. 나아가 기도는 아버지께 승천하여 중보자로 기도하시는 그리스도의 생명에 하늘에서와 같이 땅에서도 동참하는 일입니다. 즉 그리스도의 공로에 의지하는 것만으로 그치지 않고 그리스도의 중보에 나의 보잘것없는 기도도 동참하여 그분과 하나 되어 결국 그분이 내 안에서, 또 내가 그분 안에서 기도하는 것이 되어야 참된 기도라는 말입니다.* 결국 구원이란 바로 그리스도 자신입니다. 그분이 자신을 내어주는 것이 우리의 구원이라는 말씀입니다. 그분이 우리 안에 사십니다. 그리고 그분이 기도하시기 때문에 우리도 기도합니다. 예수께서 기도하시는 것을 보고 자기들도 기도에 동참할 수 있게 청했던 제자들처럼 우리도 그분이 하늘 보좌에서 중보자로 기도하시는 것을 보면서 그분 기도의 생명 안에 우리도 들여 달라고 청하는 것이지요.

그리스도 생애의 마지막 부분을 보면 이 점이 얼마나 분명히

---

* 그리스도를 단순히 나의 대리인이나 중보자로만 내세우는 것과 그분을 내 안에 모시는 것—즉 성령을 통해 내가 그리스도 안에 거하고 그리스도는 내 안에 거하게 되는 것—의 차이를 생각해 보라. 후자의 경우 나는 그리스도의 이름으로 직접 아버지께 나아갈 수가 있는 것이다(튀빙겐의 베크).

드러나는지 모릅니다. 그분이 대제사장의 기도를 드리신 내용을 보면(요 17장), 그리스도께서 하늘에 승천하신 후에도 어떤 내용을 어떻게 아버지께 기도하실 지 알 수 있지요. 그런데 주님은 고별사를 통해 여러 차례 당신이 아버지께 가는 것과 제자들에게 새로운 기도의 차원이 열리는 것을 결부시키셨습니다. 그 둘은 매우 밀접하게 관련되어 있기 때문입니다. 즉 주님께서 영원한 중보 사역에 들어가시는 것은 곧 주님의 이름으로 기도하는 일을 가능케 하는, 즉 기도가 새로운 생명의 차원으로 시작된다고 하는 의미입니다. 우리에게 주님의 이름으로 기도할 힘을 주는 것은 바로 중보자 그리스도의 시선입니다. 기도의 모든 권세와 능력은 그리스도에게서 나오는 것입니다. 우리는 단지 그분의 중보자 사역에 동참할 따름입니다.

이 점을 이해하려면 주님의 중보가 무엇인지 생각해 보아야 하겠습니다. 주님은 항상 살아 계시어 우리를 위해 간구하신다 하셨습니다. 지상에서 그리스도의 사역은 그분의 대제사장 직분으로 놓고 보면 단지 시작이었을 뿐입니다. 아론으로서 그분은 지상에서 피를 흘리셨습니다. 그리고 멜기세덱으로서 휘장 안에 들어가 늘 살아 계시며 영생의 힘으로 당신의 일을 계속하고 계신 것입니다. 멜기세덱이 아론보다 더 영화롭듯이 그리스도의 대속하심도 이 중보 사역에 이르러 그 참된 힘과 영광이 발휘됩니다.

죽으실 뿐 아니라 다시 살아나신 이는 그리스도 예수시니 그
는 하나님 우편에 계신 자요 우리를 위하여 간구하시는 자시
니라 (롬 8:34)

하나님 우편에서 간구하시는 주님의 중보는 너무도 분명한
현실입니다. 주님이 그렇게 하시지 않는다면 주님의 구원이 계
속해서 우리들에게 적용되는 일이 애초에 불가능했을 것입니
다.

예수께서 성육신하시고 부활하심으로써 놀랍게 화해가 이루
어져 인간이 하나님의 생명과 지복에 참여할 수 있게 되었습니
다. 그러나 이 화해가 주님 몸의 각 지체들에게 개별적으로 적
용되는 문제는 하늘의 보좌에서 머리되신 그분이 계속해서 구
원의 거룩한 능력을 행사하셔야만 가능합니다. 모든 회심과 성
화의 사건, 죄와 세상을 이기는 모든 승리는 다 구원의 능력자
이신 주님께로부터 힘을 받아 이룬 것입니다. 그런데 주님의
능력 행사는 기도를 통해서 일어납니다. 즉 주님이 아버지께
구하여 그 응답을 받는 행위로서 능력은 행사된다는 말입니다.

그러므로… 온전히 구원하실 수 있으니 이는 그가 항상 살아
서 저희를 위하여 간구하심이니라 (히 7:25)

주님이 중보기도하시어 하나님께서 줄 것을 받아내기 때문
에 주님 백성들 또한 필요한 것을 받아 누립니다. 주님께서 하

늘 보좌에서 기도하시는 사역은 십자가만큼이나 실질적이면서 십자가와도 뗄 레야 뗄 수 없는 사역입니다. 주님의 중보가 없이는 아무 일도 일어날 수가 없습니다. 주님은 그야말로 중보에 전심전력하십니다. 그것이 아버지의 우편에서 주님이 쉬지 않고 행하시는 일입니다.

우리는 주님의 몸입니다. 그러므로 주님 하신 일의 공로만 누리는 것이 아니라 그 일에도 동참해야 마땅합니다. 몸과 지체가 따로 놀 턱이 없질 않습니까.

> 머리가 발더러 내가 너를 쓸데없다하거나 하지 못하리라
> (고전 12:21)

예수가 이러저러한 분이다 하는 그분의 품성과 그분이 이러저러한 일을 하신다 하는 그분의 행위는 지체인 우리가 다 동참해 함께 나눠야 할 것들입니다. "내게 주신 영광을 내가 저희에게 주었사오니" 하신 말씀이 다 그 뜻입니다(요 17:22). 우리는 다 그분의 삶과 의로우심, 그분이 하시는 일에 동참하는 사람들이며 그분의 중보 사역 또한 우리와 함께 나눌 사역입니다. 우리와 무관하게 주님 홀로 하시는 일이 아니라는 말이지요.

왜 우리가 그렇게 하게끔 되어 있는가 하면 우리가 주님의 생명을 받아 살기 때문입니다. 그리스도가 우리의 생명이질 않습니까. "이제는 내가 산 것이 아니요 오직 내 안에 그리스도께서 사신 것"이라 그렇습니다(갈 2:20). 주님 안의 생명이나

우리 안의 생명이 같은 것이요 둘이 아니라 하나입니다. 그런데 하늘에서 주님의 삶이란 곧 쉬지 않고 기도하시는 삶입니다. 그러니 그러한 주님의 생명이 아래로 우리에게 부어진다 해도 그 삶의 특성이 어디 가는 것이 아니지요. 우리 안에서도 그 생명은 쉬지 않고 기도하는 생명으로 나타난다 그 말입니다. 기도가 무슨 두 갈래로 나뉘어져 한 갈래는 우리가 드리는 기도고 다른 한 갈래는 주님이 따로 드리는 기도인 그런 식이 아니라는 말씀입니다. 한 생명의 실체를 함께 나눈다고 하는 것은 기도에 있어서도 일치함을 의미합니다. 즉 주님은 우리를 통해 기도하시고 우리는 주님을 통해 기도합니다. 주님은 곧 황금 향로를 든 천사이십니다.

> 또 다른 천사가 와서 제단 곁에 서서 금향로를 가지고 많은 향을 받았으니 이는 모든 성도의 기도들과 합하여 보좌 앞 금단에 드리고자 함이라 (계 8:3)

하나님께로 나신 독생자만이 사실 기도를 드릴 자격이 있으십니다. "구하라, 얻을 것"이란 말씀은 사실 그분에게만 해당되는 말씀입니다. 그분 안에 충만한 다른 것들과 마찬가지로 참 기도 역시 주님에게만 충만히 있으니 주님만이 홀로 기도의 권세를 지니신 분입니다. 영적으로 성장한다고 하는 것은 주님 안에 온갖 영적 보화가 들어 있음을 더 분명히 볼 줄 알며 우리가 바로 그 주님 안에 있음을 본다고 하는 것입니다. 이는 기도

생활에 이르러서도 마찬가지입니다. 예수의 중보자 되심을 믿는다고 하는 것은 우리가 기도할 수 없을 때 그분이 우리 대신 기도하심을 믿는다는 그런 의미만은 아닙니다. 주님이 우리 생명과 믿음의 주인이시기에 기도 또한 당신과 연합하여 드릴 수 있도록 이끄심을 믿는다는 의미가 거기 들어 있지요. 이 점에서 기도 역시 믿음의 행위라고 말하는 것입니다. 예수께서 생명을 온통 우리에게 부어주셨듯이 참 기도의 권세 또한 우리에게 불어넣어 주심을 믿는 것이기 때문입니다.

그리스도가 진정으로 또 전적으로 나의 생명이로구나, 그래서 주님이 친히 내가 신실하고 순종하는 생활을 할 수 있는 보증이 되시는구나 하는 것을 깨닫게 될 때 신자들의 영적 생활에 신기원이 이루어집니다. 이때가 비로소 믿음의 삶을 제대로 살기 시작하는 시점이지요. 성령을 통해 나에게 그리스도가 부어지심으로 해서 주님 친히 내 기도생활의 보장이 되심을 알 때, 그래서 모든 기도의 중심도 주님이요, 기도로 구현되는 것도 주님임을 발견할 때보다 더 복된 일이 어디 있겠습니까?

주님은 머리로서, 그분이 여신 새롭고 생명 가득한 길로 이끄시는 분으로서, 또 우리 신앙의 주인이요 완성자로서, "항상 살아서 저희를 위하여 간구"하고 계십니다(히 7:25). 주님은 자기 생명을 부어주심으로써 구원받은 사람들에게 필요한 모든 것을 채워주십니다. 그리고 그들은 천상에서 중보하시는 사역에 들어올리시어 그들의 기도생활을 돌봐주십니다. 달리 말하면 그들에게 참 기도의 생명을 넣어주시고 그들 안에서 당신의 기도생명을 이어가신다 그 말입니다. 주님이 우리를 위해 기도하신다고 해서 우리 편의 믿음이 불필요한 것이 아닙니다. 도리어 주님의 기도는 우리 믿음이 "떨어지지 않기를" 위한 것입니다(눅 22:32). 우리의 믿음도 믿음의 기도도 다 주님 안에 뿌리가 있습니다. 항상 살아 우리를 위해 간구하시는 중보자이신 그분이 "너희가 내 안에 거하라" 하셨고(요 15:7), 그렇게 당신과 함께 당신 안에서 기도해야 "무엇이든지 원하는 대로 구하라, 그리하면 이루리라"는 약속도 성취되는 것입니다(요 15:7).

우리가 예수의 중보 사역에 함께 동참한다고 하는 점을 묵상하다 보니, 전에 주님께서 거듭 가르치신 요점이 떠오릅니다. 결국 모든 기도의 약속들이란 하나님 나라의 선포와 죄인들의 구원을 통해 하나님께 영광을 돌리고자 하는 목적이 있어 정당화된다는 점입니다. 자기만을 위해 기도하는 사람에게 주님께서 마지막날 밤에 제자들에게 하신 약속은 여전히 봉인된, 알 수 없는 비밀의 말씀으로 비칠 것입니다. 그 약속은 포도나무에 붙어 열매를 맺는 가지에게 주시는 약속이요, 아버지께서 아들을 보내시듯 아들이 멸망을 향해 가는 사람들을 위해 살라 보내신 제자들이 받는 약속이요, 주님이 지상에 남기고 가신 일을 자기 일로 떠맡는 주님의 충성된 종이자 친구인 사람들, 주님처럼 죽어 씨앗이 되어 몇 배로 결실을 맺고자 하는 이들이 받을 수 있는 약속입니다. 그러므로 각자 몫의 일이 무엇인지 또 각자에게 특별히 기도하도록 맡겨진 영혼들이 누구인지 알고 있어야만 하겠습니다. 그리고 그들을 위해 드리는 중보의 기도 그 자체가 하나님과의 사귐이 되게 합시다. 기도의 약속이 입증되는지 여부에만 관심을 갖기보다 내가 그리스도 안에 거하고 그리스도가 내 안에 거함으로써 어떻게 주님의 축복과 인간 구원의 기쁨에 나도 동참하게 되는지를 보도록 합시다.

복되신 주 예수의 중보 사역은 얼마나 멋진 일인지 모릅니다. 우리가 그 덕만 보고 있는 것이 아니라 적극적으로 동참해서 함께 일하는 사역자가 되다니 말입니다! 앞에서 주님의 이름으로 기도한다는 것이 무엇이며 그분의 이름으로, 즉 그분의 성령 안에서, 주님과 완전히 연합한 상태로 드리는 기도에 왜 그토록 놀라운 권세가 있는지 살펴보았습니다. 그러면 성육하신 그리스도 예수께서 드리시는 이 놀랍고 늘 살아 있으며 그 어떤 것보다 힘 있는 중보기도에 어찌해야 몰입할 수 있으며 어찌해야 늘 그 자리에서 기도할 수 있을까요?

아래의 글은 I. T. 베크 박사가 쓴 「기독교윤리」(Christliche Ethik)에서 발췌한 것입니다.

예수 이름으로 기도한다고 하는 기도의 신기원은 그리스도께서 제자들에게 성령을 부어주시어 구원의 경륜이 어떤 것인지 더 확실히 깨닫고 아버지와 아들이 하나이듯 주님과 하나가 되었다고 하는 일체감을 갖게 되었을 때에 이루어진다고 하는 사실을 주님은 가르쳐주셨다. 제자들이 주님의 이름으로 기도할 때 그 기도는 직접 아버지에게 이른다. 예수께서 성령 강림 이전에 이렇게 말씀하셨다. "내가 아버지께 기도하여 너희에게 보혜사를 보내겠다"고 말이다. 이 기도 안에서 우리가 어떻게 그리스도 안에서 하나님과 연합하는 것인지 그 핵심을 찾을 수 있다. 예수 그리스도는 머리의 진리로만 알 것이 아니라 깊은 내면의 인격적 만남과 그 의식에서 살아있는 분으로 알아야 한다. 그분 안에서 하나님의 아버지 되심과 사랑이 인간의 본성과 깊이 연합되어 있기 때문이다. 아버지께 직접 기도한다고 해서 그리스도의 중보자 되심이 어디 가는 것이 아니다. 그리고 그리스도의 중보자 되심 또한 우리 바깥에 멀게 존재하는 무엇으로 볼 일이 아니라 바로 내 안에서 영적으로 살아있는 실재로 보아야 한다. 그래야 우리의 중보자 되신 그리스도가 진정 나에게 그리스도이신 것이다.

물론 그리스도 안의 하나님과 그리스도 안의 내가 하나라는 의식이 죄의식으로 어두워질 때는 나를 대리해서 기도하시는 주님을 믿음으로 바라볼 때이다.(요 16:26을 14:16-17 및 9:20, 눅 22:32, 요일 2:1과 비교해 보라.) 요한복음 16:26은 그리스도께서 우리를 대신해서 기도하는 것과 우리가 주님의 이름으로 기도하는 것은 같은 게 아닌 걸로 확실히 구별하는 까닭이 바로 거기 있다.

그리스도께서 우리를 대리하신다는 것은 결국 우리로 하여금 깊은 내적 생명의 일치를 당신과 나누도록 하려는 데 있다. 아버지께서 그분 안에 계시고 그리스도가 아버지 안에 계시기 때문에 그리스도 안에서 우리는 아버지와 직접 관계를 맺고 하나로 연합될 수 있다. 그리고 그리스도 안에서 우리는 어떤 환경에 처하든지 하나님과의 직접적인 관계로 들어갈 수 있다. 그렇긴 해도 아직까지는 주님의 이름으로 기도한다는 것이 이루어진 것은 아니다. 제자들도 예수께서 가르치신 대로 "우리 아버지" 하며 기도할 수 있었지만 주님은 "너희가 지금까지는 내 이름으로 구하지 않았다"고 말씀하시지 않았는가? 오직 주님의 중보 사역이 성령의 내주하심을 통해 우리 안에서 생명과 권세로 나타나게 되었을 때, 그래서 주님의 마음이 우리 의식과 의지를 사로잡고 가득히 채우게 되었을 때 비로소 주님의 이름은 우리 안에서 진리와 능력이 될 수 있었고 우리는 예수의 이름으로 아버지께 직접 나아가며 원하는 대로 얻을 수 있게 되는 것이다.

결국 예수의 이름으로 기도한다는 것은 아버지 앞에서 아들이 누리는 자유, 즉 하나님의 독생자만이 누렸던 그 자유를 갖게 됨을 의미한다. 주님의 자리에서 기도한다는 것이 우리를 그분의 자리에 올린다는 의미가 아니라 우리가 주님 안에, 주님이 우리 안에 있는 한에서 그렇게 할 수 있다는 뜻이다. 그리고 우리가 아버지께 직접 나아간다고 하는 것도 그리스도 안에 계신 아버지를 만난다고 하는 것이지 그리스도와 따로 떨어져 아버지와 만난다는 뜻은 아니다. 우리의 속사람이 그리스도와 함께 거하지 않아 주님이 살아 계신 분으로 임재 해 계시지 않는다면, 그래서 주님의 말씀이 마음을 지배하고 있는 상태가 아니고 주님의 진리와 생명이 내 영혼의 생명이 되지 못하고 있다면, 기도 말미에 "주님의 이름" 운운하고 형식적으로 덧붙인다 한들 그게 무슨 소용이 있을까!

복되신 주님, 다시 한번 주님을 찬양하며 엎드리옵니다. 이제 주님의 구속하심이 온통 기도사역으로 옮겨졌기 때문입니다. 주님이 피 흘려 얻으신 모든 것이 계속 유지되고 또 나눌 수 있는 것은 오직 기도를 통해서입니다. 과연 주님은 항상 살아 계시어 저희를 위해 간구하시옵니다. 저희가 주님 안에 거할 때 아버지께 직접 나아갈 수 있는 길이 항상 열려 있습니다. 그리고 우리 삶 자체가 쉬지 않고 드리는 기도가 될 수 있습니다. 그리고 기도의 응답은 보장되어 있습니다.

복되신 주님, 저희더러 주님 기도의 삶에 동참하라 부르셨습니다. 또 주님은 저희를 당신의 몸으로 삼으시어 중보 기도의 사역으로 이끌어 들이셨으니 오직 그 기도를 통해서만 세상은 주님의 구원의 열매를 누리고 아버지의 영광을 볼 것입니다. 그러므로 그 어느 때보다 자유로움을 얻고 주님 앞에 나아와 구하오니, 나의 주님, 제게 기도를 가르쳐 주소서. 주님의 생명은 기도에 있는데 이제 주님의 생명이 제 것이질 않습니까? 주님처럼 기도할 줄 알게 하소서.

주님, 주님이 아버지 안에 계시고 나는 주님 안에, 주님은 내 안에 계시다고 하는 사실을 다시금 깨닫게 하여 주소서. 성령의 하나 되는 힘으로 제 삶이 온통 주님의 생명과 중보 안에 들어가 숨쉬게 하시며 제 기도는 그 울림이 되게 하소서. 주 예수여, 어떤 환경에서든 주님의 마음이 제게 전부가 되게 하시고 제 생활은 늘 주님 안에 있게 하소서. 그래서 제가 당신의 중보가 이 세상에 축복을 가져다줄 때 그 채널이 되도록 준비시켜 주소서. 아멘.

27장

대제사장 그리스도

아버지여, 내게 주신 자도 나 있는 곳에 나와 함께 있어…

요한복음 17:24

고별사를 통해 예수께서는 제자들에게 하나님의 나라가 능력으로 임할 때 펼쳐질 새로운 생명이 무엇인지 일러주셨습니다. 성령이 오시어 우리 안에 거하심으로써 천상의 포도나무이신 주님과 연합하여 세상에 나아가 주님의 증인이 되고, 또 주님을 위해 고통도 마다하지 않음으로써 자신의 소명과 축복을 발견하리라고 말입니다. 그런데 이렇게 다가올 새 생명을 말씀하시는 중에 주님은 여기저기에서 제자들의 기도에 제한 없는 약속을 주고 계십니다.

고별사를 마감하면서 주님은 기도하셨습니다. 이 기도는 제자들로 하여금 주님이 장차 하늘에서 대제사장으로서 아버지에게 기도하실 중보의 내용이 어떤 것인지 미리 알게 하는 그런 기도였습니다. 제자들도 결국 제사장으로서 주님과 함께 이 중보 사역에 동참해야 할 터였습니다. 그리고 우리도 그 거룩한 사역을 어떻게 행해야 하는지 이 기도를 통해 배울 수 있게 되었습니다. 수난하시기 전날 밤의 이 기도는 그저 우리를 위해서만 주신 것이 아니라 주님과 주님의 나라를 위해 주신 것입니다. 주님의 이름으로 드리는 기도가 어떤 것이며 그 기도를 통해 무엇을 얻을 수 있는지는 오직 주님만이 제대로 가르쳐 주실 수 있습니다. 지금까지 살펴본 것처럼 주님의 이름으로 드리는 기도란 주님과 완전히 연합하여 드리는 기도를 의미합니다. 주님이 대제사장으로서 드리신 이 기도를 통해 우리는 예수의 이름으로 드리는 기도에 관한 모든 것을 배울 수 있습니다.

주님의 이 기도는 보통 세 부분으로 나눕니다. 주님은 먼저 자신을 위해 기도하시고(요 17:1-5), 그 다음 제자들을 위해 기도하십니다(6-19절). 그리고 마지막으로 모든 세대에 걸쳐 믿는 모든 주님의 백성을 위해 기도하십니다(20-26절). 중보 사역에 헌신하면서 주님의 이름으로 드리는 기도의 온갖 축복을 주변사람들에게 전하기 원하는 사람이라면 성령의 인도를 받아 주님의 이 기도를 가장 중요한 기도의 가르침 중 하나로 세심히 연구해 볼 필요가 있습니다.

우선 예수께서는 자신을 영화롭게 해서 아버지를 영화롭게 하도록 기도하십니다.

아들을 영화롭게 하사 아들로 아버지를 영화롭게 하게 하옵소서 (요 17:1, 5)

여기서 주님은 당신 기도의 기반이 무엇인지 보여주신 것이지요. 아버지와 아들이 하늘에서 맺은 언약이 거기 깔려 있습니다. 아들이 지상에서 행하시는 일의 공로로 아버지는 모든 육체에게 권능을 주시겠다고 언약하셨던 것입니다. 이 언약에 따라 아들은 일하시어 아버지를 영화롭게 하셨습니다. 그리고 이제 주님은 한 걸음 더 나아가 주님을 더 영화롭게 하실 찰나에 있습니다. 그래서 더할 나위 없는 담대함으로 자신을 영화롭게 하여 주님의 백성을 위해 자신이 떠맡은 모든 것을 행할 수 있게 해달라고 기도하신 것입니다.

예수를 따르는 여러분, 중보기도로 제사장 역할을 해야 하는 여러분이 대제사장이신 주님께서 보여주신 기도의 모본을 통해 배워야 할 첫 번째 교훈은 이것입니다. 바로 예수의 이름으로 기도한다는 것은 바로 그분과 일치하고 공감하여 기도한다는 것입니다. 그런데 예수께서는 아버지와의 관계를 분명히 하시는 걸로 기도를 시작하셨지요. 자신이 일하고 순종하고 바라는 것이 온통 아버지를 영화롭게 하려는 것이라고 말입니다. 우리도 그렇게 해야 하겠습니다. 그리스도 안에서 아버지께 가까이 나아가 그 앞에 서도록 합시다. 그리고 주님께서 이미 마치신 일을 내세우고 내가 거기 일치해 있으며 거기 헌신해 있고 또 그 힘으로 산다고 말씀드립시다. 또 여러분도 주님처럼 자신을 드려 아버지께서 주신 일을 마치고 아버지를 영화롭게 하련다고 말씀드리십시오. 그런 다음 확신을 갖고 그리스도께서 내 안에서 영화롭게 되시도록 청하십시오.

이것이 주님의 이름으로 기도 드리는 것입니다. 말 그대로 예수의 영 안에서 예수와 연합해서 드리는 기도란 말씀입니다. 그렇게 드리는 기도가 능력이 없을 리 없지요. 예수와 더불어 여러분이 아버지를 영화롭게 하면 아버지께서는 여러분이 주님의 이름으로 청한 바를 응답하심으로써 예수를 영화롭게 하실 것이기 때문입니다. 그리스도께서 그렇게 하신 것처럼 여러분도 하나님과의 관계를 분명히 한다면, 그래서 여러분도 오로지 아버지를 영화롭게 하기만을 구한다면, 여러분도 주변의 사람들을 위해 중보할 권세를 얻게 될 것입니다.

그 다음으로 주님께서 기도하신 내용은 바로 당신의 제자들을 위한 것이었습니다. 그런데 주님은 그 제자들을 아버지께서 주신 사람들로 부르셨습니다. 제자들의 표지인즉슨 그들이 그리스도의 말씀을 받았다는 점입니다. 그래서 주님도 저들을 아버지께서 당신을 보내신 것처럼 세상에 보내신다고 말씀하십니다. 그러면서 주님은 두 가지를 구하시지요. 악한 자로부터 지켜달라는 것과 말씀으로 그들을 거룩하게 해달라는 것입니다. 주님께서 저들을 위해 스스로를 거룩하게 하셨듯이 말입니다.

주님이 그러하셨듯이 믿음 가진 중보 기도자들은 기도해 주어야 할 사람들의 한 무리가 그 주변에 있게 마련입니다. 부모에게는 자식이 있고 선생에게는 학생, 성직자에게는 양떼가, 일꾼들에게는 자기가 맡은 특별한 책임이 있습니다. 신자라면 누구나 자기 마음에 담아둔 사람들이 있다 그 말입니다. 그런데 중보기도를 하려면 매우 구체적이고 개별적이며 분명할 필요가 있습니다. 그래서 말씀을 받으려는 기도부터 먼저 해야 합니다. 주님처럼 "내가 아버지의 말씀을 저희에게 주었사오매" 할 지경이 되어야 한다는 것입니다(요 17:14). 그래야 다른 영혼들을 위한 기도가 담대함과 권세를 얻어 단순히 그들을 위한 기도로 그치지 않고 그들에게 하나님의 말씀을 전할 수 있는 기도가 됩니다. 그래서 그들이 말씀을 받아들이면 다시금 주님처럼 그들이 악한 자로부터 보호받고 말씀으로 거룩하게 되도록 기도합시다. 타락에 빠진 사람들을 회의에 차서 정죄하거나 포기해버리기보다는 내게 속했다 여기는 사람들을 위해 그저 기도합시다. "거룩하신 아버지, 아버지의 이름으로 저희를 지켜주소서"(요 17:11), 또 "저희를 진리로 거룩하게 하옵소서"(요 17:17) 하면서 말입니다. 예수의 이름으로 드리는 기도는 효력이 큽니다. "무엇이든지 원하는 대로 구하라, 그리하면 이루리라"는 말씀이 성취될 것입니다(요 15:7).

그런 다음 역시 주님을 본받아 기도의 범위를 더 넓게 확대하는 겁니다. 주님은 "내가 비옵는 것은 이 사람들만 위함이 아니요 또 저희 말을 인하여 나를 믿는 사람들도 위함이니" 하고 기도하셨습니다(요 17:20). 대제사장으로서 주님의 마음은 어느 시대 어떤 장소에서든 당신께 속한 모든 사람들을 끌어안으리만치 넓어 그들이 모두 그 안에서 하나가 되고 주님의 영광 안에 함께 머물 수 있도록 기도하신 것입니다. 또 그렇게 되는 것이야말로 세상을 향한 하나님의 징표가 될 것입니다. 그 때가 이를 때까지 주님은 "(아버지께서) 나를 사랑하신 사랑이 저희 안에 있고 나도 저희 안에 있게 하려 함이니이다" 하신 기도를 계속하십니다(요 17:26).

예수를 따르는 제자는 자신이 일차적으로 책임을 느끼는 사람들에게 중보기도의 위력을 입증하거니와 기도 대상의 범위를 거기에만 한정짓지 않습니다. 비록 여러 갈래로 나뉘어져 있으나 하나님의 교회 전체를 위해 기도합니다. 모두가 성령과 사랑으로 연합하여 하나 되길 기도하는 것입니다. 교회가 진정 그리스도가 하나가 되어 사랑이 모든 이기심과 분열보다 강한 힘이라는 사실을 증거하여 그리스도께서 과연 참되신 하나님의 아들이심을 증언할 수 있기 위하여 기도하는 것입니다. 신자라면 누구나 교회의 하나됨을 위해 기도해야 합니다. 단순히 외적 기관으로 하나되는 것이 아니라 신령과 진정으로 그리 되도록, 또 그렇게 하나됨이 세상에 알려지도록 기도해야 합니다.

기도하는 것 자체에 대해 말했으니 이제 기도의 스타일에 대해서도 좀 짚어보지요. 예수께서는 "아버지여,… 원하옵니다"는 식으로 기도하셨습니다(요 17:24). 아들로서, 아버지께서 일찍이 하신 약속을 기반으로, 또 주님 자신이 이룩한 공로를 근거로 하여 주님은 원하는 것은 무엇이든지 구하실 수 있었습니다. 아버지께서 "내게 구하라, 내가 이루리라" 약속하셨기 때문에 주님은 그저 아버지의 그 약속을 주장하며 기도하셨던 겁니다. 그런데 이제 예수께서도 우리에게 비슷한 약속을 주십니다. "무엇이든지 원하는 대로 구하라, 그리하면 이루리라"하고 말입니다(요 15:7). 즉 주님은 당신의 이름으로 내게 구하시길, 무엇이든지 원하는 대로 구하라 하신 것입니다.

주님 안에 거한다는 것, 그래서 그분과 너무도 생생히 일치하여 사람은 아무 것도 아니고 오직 그리스도가 전부가 된다는 그것이 신자로 하여금 대제사장 주님의 말씀을 자기 것으로 취할 자유와 담대함을 얻게 해줍니다. 그때 신자는 "네가 무엇을 원하느냐?"는 질문에 대해 "아버지, 저는 아버지께서 약속하신 모든 것을 원합니다"라고 말할 수 있게 됩니다. 이것이 참 신앙입니다. 구하는 것은 무엇이든지 받아들여질 것을 믿고 아는 이 확신이 있어 아버지를 영화롭게 합니다. 사실 이 약속을 처음 대하면 마음이 오그라듭니다. 감히 그렇게 청하거나 말할 자유와 담대함을 선뜻 갖지 못하기 때문이지요. 이 약속의 말씀은 자기 의지를 철저히 부인한 사람들에게 주시는 은혜를 말한 것이거니와 자기 의지를 주님의 의지로 대체한 사람에게는 분명히 그러한 은혜가 부어진다는 확신의 약속이기도 합니다. 자기 의지를 잃고자 하는 사람은 얻을 것이요, 자기 뜻을 포기하는 사람은 하나님의 힘으로 새롭게 된 뜻을 얻을 것입니다. "아버지, 원하옵니다…"(요 17:24). 주님이 하늘에서 영원히 바치시며 영원히 효력을 발휘할 중보의 기도가 바로 여기 이 표현 속에 함축되어 있습니다. 우리 기도도 오로지 주님과 연합됨으로써만 효력을 발휘할 것입니다. 그분과 하나되어 기도할 때 우리의 기도도 힘을 발휘하리란 말씀입니다.

우리가 주님 안에 거하며 생활하고 모든 것을 주님의 이름으로 행할 때, 우리가 내놓는 모든 청원은 죄다 주님의 말씀과 영으로 검증 받고 또 기름 부어져, 주님께서 친히 중보하시는 그 큰 흐름 속에 들어가 아버지께 상달되는 기도가 됩니다. 이때 우리는 청한 것을 받으리라는 완전한 확신을 지닐 수 있는 것이지요. 내가 "아버지, 원하옵니다…" 하고 기도한 것은 친히 우리 안에서 탄식하시는 성령의 숨결이 된다 그 말입니다. 그러니 주님 안에서 자기를 부인하여 무(無)가 됩시다. 자신의 무력함 속에서 도리어 능력과 응답의 비결을 찾을 수 있도록 말입니다.

예수의 제자란 모든 면에서 주님을 닮도록 부름 받은 사람을 의미합니다. 그러므로 중보사역에 있어서도 대제사장으로서 중보하시는 주님을 닮아야 하는 것이지요. 언제 그렇게 할 수 있을까요? 언제 우리가 모든 생각과 관념을 뛰어넘는 그 영광을 깨치어 멸망할 운명에 처한 다른 사람들을 위해 청하고 응답을 얻을 수 있는 걸까요? 어떻게 우리는 겸손을 가장한 태만을 떨쳐버릴 수 있을까요? 우리 자신을 하나님의 성령께 완전히 내어드립시다. 그래서 성령이 우리에게 빛과 능력을 부어주시어 하나님께서 우리에게 부어주시고자 지금도 기다리고 계시는 그 모든 것을 알고, 깨닫고, 청하여 받도록 합시다.

복되신 대제사장이시여, 제가 무엇이라고 당신의 놀라운 중보사역에 초청해 들이시옵니까? 그런데도 주님, 저는 왜 이리도 둔하고 믿음이 없어 주님이 모든 구원받은 백성들에게 나눠주고자 하시는 그 특권을 발휘하지 못하는 것입니까? 주님, 부디 은혜 내려주시어 제 주변의 모든 이들에게 하늘의 축복을 가져다주는 일을 제 평생의 사역으로 쉼 없이 행할 수 있게 하여주소서.

주님, 그것을 제 소명으로 받아들이고자 합니다. 이를 위해 제 모든 것을 버리고 주님을 따를 수 있게 하소서. 제 존재 전체를 주님 손에 믿고 맡기옵니다. 저를 기도의 용사로 빚어주시고 훈련하여 주소서. 영감을 그득히 부어주시어 기도에 늘 깨어 씨름하는 기도의 사람 되게 하소서. 이스라엘, 하나님의 왕자들에게는 능력과 권세가 있사옵니다. 제 마음을 사로잡아 오직 한 가지 소원으로 채워주소서. 아버지께서 제게 주시는 사람들을 수확하고 거룩하게 하며 한 마음이 되게 하여 하나님께 영광 돌리고자 하는 소원으로 말입니다. 제 정신을 사로잡아 언제 기도가 축복을 가져올 때인지 분별하고 아는 한 가지 지혜로 가득 차게 하소서. 제가 늘 하나님 앞에 서서 주님의 이름으로 축복하는 제사장이 되기에 합당한 사람 되게 하소서.

복되신 주님, 여기 임하시어 제 영적 생활 모든 면에서 주님만이 전부가 되시고 저는 아무 것도 아니게 하소서. 자신을 위해서는 아무 것도 구하지 않는 사람이 모든 것을 얻는 자가 되며 주님의 영원한 중보 사역에도 동참하는 놀라운 은총을 누린다는 것이 제가 직접 체험하는 사실이 되게 하옵소서. 아멘.

28장
희생 제물 되신 그리스도

불과 몇 시간만에 사태는 얼마나 급전직하(急轉直下), 달라지는지요! "아버지여, 때가 이르렀사옵니다"(요 17:1) 하고 담담히 말씀하시던 순간에서 땅에 엎드려 통곡하시면서 "아바 아버지여… 이 잔을 내게서 옮기시옵소서, 그러나 나의 원대로 마옵시고 아버지의 원대로 하옵소서" 하는 지경에 이르렀으니 말입니다. 저쪽에서 천상의 휘장 뒤에서 중보기도하시는 대제사장을 보았다면, 지금 이쪽에서는 휘장을 찢고 길을 내기 위해 제단에 바쳐지는 희생 제물을 보게 됩니다. 시간의 순서로 보면 "아버지여, 때가 이르렀습니다" 하는 대제사장의 기도가 있고 "아바 아버지!… 내 원대로 마옵소서" 하는 절규는 그 뒤에 나옵니다만, 이는 희생제사 이후에 이루어질 주님의 천상 중보사역이 어떤 것일지 미리 보여준 것이라 하겠습니다. 그리고 하나님 보좌 앞에서 드리는 대제사장의 기도도 이 제단 앞

274

의 기도가 있어 그 기원과 힘이 생긴 것이라 하겠습니다. 주님
께서 겟세마네에서 자기 의지를 굽히며 항복하는 기도를 드리
셨기 때문에 천상 보좌 앞에서 원하는 것을 구할 권세도 입으
신 것이다 그 말입니다. 겟세마네가 있어 주님은 당신을 따르
는 백성들도 원하는 대로 구할 권세를 나누어주실 수 있었던
것이지요.

겟세마네가 주는 교훈은 모든 교훈 중에서도 으뜸이요 가장
고귀한 것이라 할 수 있습니다. 깊이 들여다보지 않으면 얼핏
겟세마네란 믿음의 기도를 드릴 용기를 꺾는 것처럼 보일 수
있습니다. 성자께서 "이 잔을 치워주십시오" 한 기도가 응답되
지 않았다면, 그리고 "내 뜻대로 마옵소서" 해야 했다면 우리
야 더 말해 무엇하겠는가 하고 말입니다. 불과 몇 시간 전에 주
님께서 "무엇이든지 원하는 대로 구하라, 이루리라" 하신 약속
이 갑자기 다 말이 안 되게 된 것 같이 느껴집니다. 그러나 겟
세마네 기도의 깊은 뜻을 제대로 헤아린다면 오히려 바로 이
기도야말로 우리 기도의 근거요 응답 받을 확실한 길을 열어준
다는 사실을 발견할 것입니다. 하나님의 아들이 통곡과 눈물로
드리신 기도, 그런데도 구한 것을 얻지 못하신 이 기도를 좀 더
깊숙이 들여다봅시다. 주님은 우리 스승이시며 이 장엄한 기도
를 통해서 당신의 거룩한 희생과 그 신비를 우리에게 열어 보
여주고 계십니다.

이 기도를 이해하기 위해 주님께서 앞서 거룩한 대제사장으로서 드리신 기도와 이제 여기서 연약함을 안고 간청하시는 기도가 얼마나 다른지 살펴봅시다. 앞에서 주님은 아버지의 영광을 위해, 그리고 아버지께서 당신에게 주신 약속을 이루심으로써 당신과 당신의 백성을 영화롭게 해 달라는 기도를 드리셨지요. 그때 주님은 아버지의 뜻과 말씀을 따라 기도하고 있었기 때문에 "아버지, 제가 원하오니!" 하며 담대히 청하셨던 것입니다. 그런데 지금 여기서는 아버지의 뜻이 상대적으로 덜 분명한 상태에서 기도하고 계십니다. 물론 자신이 그 잔을 마시는 것이 아버지의 뜻이라고 알고는 계십니다. 그래서 전에 제자들에게 자신이 고난의 잔을 마셔야 한다고 말씀하신 적도 있습니다. 그리고 겟세마네의 이 기도 이후에도 "아버지께서 주신 잔을 내가 마시지 아니하겠느냐?" 하고 말씀하십니다(요 18:11). 주님은 바로 그 잔을 마시려고 세상에 오신 것입니다.

그런데 영혼의 고통이 극심하여 어둠의 힘이 주님을 뒤덮고 죄에 대한 하나님의 분노를 담은 죽음의 잔을 맛보기 시작하자 주님의 인성은 저주의 끔찍한 현실에 몸서리치실 수밖에 없었습니다. 그래서 주님은 크나큰 고통 속에서 그런 끔찍함이 없이도 하나님의 계획을 이루실 수는 없는 것인지, 그 고난의 쓴 잔을 피할 수는 없는 것인지 묻게 되신 것입니다. "할만 하시거든 이 잔을 내게서 지나가게 하옵소서" 하고 말입니다(마

26:39). 이렇게 원하신다는 것 자체가 주님께서도 우리처럼 연약한 인성을 지니셨다고 하는 명백한 증거이지요. 그럼에도 불구하고 "그러나 나의 원대로 마옵시고" 하는 여기에서 주님은 죄를 피하시는 것입니다. 여하튼 주님께서는 "아버지께는 무엇이든 가능합니다" 하고 청하시면서 고난의 잔을 피할 수 있게 해달라고 거듭 구하셨습니다.

그런데 주님께서 세 번이나 "그러나 나의 원대로 마옵시고" 하신 거기에 주님 바치신 희생의 본질과 가치가 들어 있습니다. 겟세마네에서 주님은 "아버지의 뜻을 제가 확실히 압니다" 하는 식으로 말할 수 없는 무언가를 놓고 기도하셨지요. 그래서 무엇이든지 하실 수 있는 하나님의 능력과 사랑에 기대어 청하시고는 마지막으로 "아버지의 원대로 하옵소서" 하고 물러나신 것입니다(마 26:42). 결과적으로 고난의 잔을 면케 해달라는 기도는 응답 받을 수 없는 것이었던 반면, 아버지의 뜻대로 하옵소서 하는 복종의 기도는 철두철미 응답된 셈입니다. 먼저 주님의 마음 안에서 두려움을 극복케 함으로써, 그리고 나아가 죽음의 권세를 이김으로써 말입니다.

자기 의지를 쳐서 아버지의 뜻에 철저히 종속시키심으로써 그리스도의 순종은 그 완성을 보게 됩니다. 겟세마네에서 자기 의지를 희생물로 바치셨기 때문에 갈보리에서 목숨을 또한 희생물로 바치실 수 있었던 것이니까요. 성경은 그리스도께서 이렇듯 순종하셨기 때문에 주님께 순종하는 모든 이들에게 영원한 구원을 베푸실 수 있는 주님이 되셨다고 말합니다. 죽도록 즉 십자가의 죽음에 이르기까지 순종하셨기 때문에 하나님께서 주님을 높이시어 무엇이든지 원하는 것을 청할 권세를 주셨다고 말입니다. 겟세마네에서 주님이 자기 소원을 굽히셨기 때문에 역으로 당신의 백성들에게 "원하는 대로 구할 " 권세를 마련해 주실 수 있었던 것입니다(요 15:7).

겟세마네에는 불가사의가 많습니다. 우선 아버지께서 사랑하는 아들에게 진노의 잔을 마시게 하셨다는 것부터가 불가사의입니다. 그 다음 늘 순종하셨던 그리스도께서 이 순간만큼은 한 걸음 물러나셔서 그 잔을 안 마셨으면 하고 청했다는 것도 불가사의입니다. 아버지께서 아들의 청을 들어주지 않으시고 고난의 잔을 그대로 주신 것도 불가사의이지요. 마침내 아들도 자기 뜻을 꺾고 갈보리로 나아가 그 잔을 마신 것도 그렇습니다. 저는 겟세마네에서 주님께서 저에게 기도 응답의 무한한 확신을 주셨다고 봅니다. 당신의 청원이 그대로 응답되지 않았지만 그걸 받아들이심으로써 제게 놀라운 특권을 마련해 주신 것이라고 말입니다.

그런데 이 모든 일이 구원의 큰 계획과 맞아떨어집니다. 구원의 관점에서 보면 주님은 언제나 고통받으신 그 반대의 것을 우리에게 마련해 주시는 분이십니다. 그분이 묶이셨기에 우리는 자유를 얻었습니다. 그분이 죄를 뒤집어썼기에 우리는 하나님께 의롭다 인정받는 의인이 되었습니다. 그분이 죽어 우리가 살았습니다. 그분이 하나님의 저주를 담당하셨기에 하나님의 축복은 우리 것이 되었습니다. 마찬가지로 그분의 기도가 응답되지 않았기 때문에 우리 기도가 응답 받을 수 있게 된 것입니다. 주님이 "내 원대로 마옵시고" 하셨기 때문에 "너희가 내 안에 거하면 무엇이든지 원하는 대로 구하라, 그리하면 이루리라"고 약속하실 수 있었던 것입니다(요 15:7).

겟세마네에 이르러 "너희가 내 안에 거하면"이란 말씀에 새로운 힘과 깊이가 부여됩니다. 겟세마네에서 우리의 머리되신 주님께서 우리를 대신하여 우리가 영원히 받았어야 할 것을 대신 받으셨습니다. 사실 우리는 하나님께서 귀를 막으시고 우리 부르짖음을 들어주지 않으신다 해도 할 말이 없는 그런 존재들입니다. 그런데 그리스도께서 오셔서 바로 그 지경마저 우리를 대신해 겪으신 것입니다. 우리가 받아야 마땅할 고통을 그분이 대신 받으셨다 그 말입니다. 그래서 주님이 기도가 응답되지 않는 경험마저 치르신 것입니다. 그러나 이후로는 주님의 고통이 내게 효험이 됩니다. 그래서 그분의 공로로 내 기도는 응답을 받게 되었습니다. 내가 주님 안에 거하기만 하면 말입니다.

겟세마네에 엎드린 주님 안에 나는 거해야 합니다. 내 머리되신 주님은 나를 위해 고통 당하셨을 뿐만 아니라 내 안에 거하고 계십니다. 내 안에서 숨쉬고 살아 일하시어 나와 당신의 본성이 하나로 일치하게 하십니다. 주님은 성령을 통해 당신을 하나님께 바치셨거니와 같은 성령을 통해 이제 내 안에 거하시며 하나님의 뜻에 자신을 드리셨던 같은 순종과 같은 희생에 내가 동참하도록 하십니다. 그리고 그 성령께서는 나를 가르치시어 내 의지를 온전히 아버지의 의지에 종속시키도록 하십니다. 비록 그 의지가 완전히 죄 된 것이 아니라 하더라도 말입니다.

　성령께서는 내가 부드럽고 겸손한 마음으로 아버지께 귀 기울여 매일 하나님의 음성을 듣도록 하십니다. 하나님의 뜻을 따르는 것이 어째서 하나님과 하나가 되는 것인지 일깨워주시는 분도 성령이십니다. 그리스도처럼 하나님의 뜻에 완전히 복종하는 것이 우리를 향하신 아버지의 뜻이요, 사실 그렇게 항복할 때 우리 영혼이 참된 지복의 상태에 있을 수 있음을 가르치시는 것도 성령이십니다. 성령께서 내 의지를 이끄시어 그리스도와 죽음과 부활에서 함께 일치하도록 인도하십니다. 내 의지가 성령 안에서 죽을 때 다시 삶도 성령 안에서 얻게 될 것입니다. 내 의지에 입김을 불어넣으시어 깨어 주저하지 않는 마음으로 하나님의 완전하신 뜻이 무엇인지 얼른 분별하고 그 뜻을 따르는 도구되길 기뻐하는 마음으로 바꾸시는 것도 성령의 일입니다. 성령이라야 기도의 응답이 하나님의 뜻이라고 담대히 주장할 수 있는 자유와 권세가 나옵니다. 온 마음으로 나는 하나님과 그 나라를 위해 살기만을 배우렵니다. 내 품성에, 내 기도생활에, 땅에서나 하늘에서나, 하나님을 향해서나 사람을 향해서, 오직 주님과 함께 십자가에 죽고 다시 부활한 의지와 그 권세를 사는 법을 배우렵니다.

주님의 "내 원대로 마옵시고" 하는 이 겟세마네의 기도에 깊이 들어가면 들어갈수록, 그래서 그렇게 기도하셨던 분 안에 깊이 거하면 거할수록 "아버지의 원대로 하옵소서" 할 수 있었던 주님의 권세를 더 충만히 얻게 됩니다. 그리고 영혼은 하나님의 뜻이 이루어질 수 있도록, 아무 것도 아닌 것으로 만든 자신의 의지가 하나님이 뜻하시는 바를 자신도 뜻할 수 있는 거룩한 힘으로 가득하여, 그리스도의 이름으로 약속된 것을 주장할 권세를 누리게 됩니다.

"너희가 내 안에 거하면 무엇이든지 원하는 대로 구하라, 그리하면 이루리라" 하신 말씀을 기억하며 겟세마네의 주님께 귀 기울여 보십시오(요 15:7). 모든 것을 아버지의 뜻에 맡기는 주님의 마음에 하나로 일치하여 오직 아버지께 순종하고 항복하여 사신 그분처럼 사는 것이 바로 주님 안에 거함입니다. 기도의 권세를 얻는 비결이 바로 거기에 있습니다.

복되신 주 예수여, 겟세마네라는 기도학교를 통해 주님은 기

도와 순종을 철저히 배우셨습니다. 겟세마네는 주님의 제자 된 모든 이들에게 여전히 학교가 되어 주님처럼 기도하고 순종하도록 가르칩니다. 주님, 우리가 자기 의지를 정복할 수 있는 믿음을 갖고 기도하게 하소서. 그리고 주님처럼 기도할 수 있는 은혜를 허락하소서.

하나님의 어린양이시여, 겟세마네의 주님을 따르오니 거기서 죽음에 이르기까지 순종하신 주님과 하나가 되게 하소서. 주님과 함께, 주님을 통하여, 주님 안에서 저도 제 의지를 완전히 아버지의 뜻에 종속시킵니다. 제 의지가 슬그머니 되살아나 자기를 주장하고 심지어 보좌에 오르려 할까 두려워 믿음으로 구하오니 주님 승리의 권세를 주소서. 주님은 그것을 정복하고 또 우리를 그것으로부터 건지셨습니다. 저는 매일 죽으렵니다. 그리고 주님의 생명으로 매일 살렵니다. 주님 영원하신 성령의 능력으로 주님 안에 거하여 내 의지가 어느 한 구석 빠짐없이 하나님의 뜻과 일치하여 맞춰진 도구가 되게 하소서. 저도 주님과 함께 온 마음을 다해 "아버지, 내 원대로 마옵시고 아버지의 원대로 하옵소서" 할 수 있게 하소서.

복되신 주님, 저와 주님의 온 백성의 마음을 열어 오직 하나님의 뜻에 철저히 숙인 의지만이 하나님께서 받아들이시어 당신을 섬기는 데 사용하실 수 있는 의지임을 깨달아 알게 하소서. 모든 것을 아버지의 뜻대로 욕망하고 목적하고 결정하고 원하는 의지만이 말입니다. 그런 의지를 지닌 연후에 비로소 성령의 능력으로 하늘에서나 땅에서나 맺고 푸는 권세를 발하며 구하고 기도하는 무엇이나 이루어질 것이옵니다.

주 예수여, 제게 기도를 가르쳐 주소서. 아멘.

29장

기도의 담대함

그를 향하여 우리의 가진 바 담대한 것이 이것이니
그의 뜻대로 무엇을 구하면 들으심이라. 우리가 무엇이든지 구하는 바를 들으시는 줄을
안즉 우리가 그에게 구한 그것을 얻은 줄을 또한 아느니라.

요한일서 5:14-15

기도의 장애 중 큰 것 하나를 꼽으라면 빠지지 않는 것이 있습니다. 내가 구하는 것이 하나님의 뜻과 맞는지 잘 모르겠다는 것이지요. 사실 그런 의심이 있는 한 담대히 구하기란 매우 어려운 노릇입니다. 그래서 얼마간 골머리를 썩다가 계속 응답이 없으면 그저 하나님께 맡기는 것이 최상이라는 결론을 내려버리고 맙니다. 이러니 "그의 뜻대로 무엇을 구하면 들으심이라"(요일 5:14) 한 요한의 말은 되려 기도 응답을 어렵게 만드는 구절로 비칩니다. 대체 무엇이 하나님의 뜻인지 잘 모르겠으니 말입니다. 이런 사람들한테 하나님의 뜻이란 어딘가에 꼭꼭 숨어 있는 무엇입니다. 전지전능하신 하나님의 뜻을 사람이 감히 어찌 헤아린단 말인가 하면서 체념할 수밖에요.

그러나 이런 태도는 요한이 뜻한 바와는 정반대입니다. 요한이 원한 것은 우리가 기도에 이르러 정말 담대하고 확신과 민음에 가득 차는 것이었습니다. "그를 향하여 우리의 가진바 담대한 것이 이것이니" 하고 말할 때 요한은 우리가 "아버지, 제가 기도하는 내용이 아버지의 뜻에 맞는 것임을 아버지도 알고 저도 압니다, 그러니 제 기도를 들어주실 줄로 확실히 압니다" 하는 식으로 말할 수 있길 원했던 것이죠. 그런데 이 구절에 이어 요한은 이렇게 덧붙이고 있습니다. "우리가 무엇이든지 구하는 바를 들으시는 줄을 안즉," 즉 그렇게 아는 믿음을 통해 "우리가 그에게 구한 그것을 얻은 줄을 또한 안다"고 말입니다(15절). 다시 말해 기도가 채 끝나기도 전에 내가 하나님께 청한 그 특별한 청원이 이미 이루어지고 있다는 것입니다.

요한은 우리가 기도할 때 하나님의 뜻에 맞는 기도인지 먼저 알아낼 것을 전제하고 있는 셈입니다. 하나님의 뜻에 맞는 기도라도 응답이 즉각 이루어지지 않을 수도 있고 줄기차게 기도하지 않기 때문에 응답을 얻지 못할 수도 있습니다. 그래서 기도할 땐 끝까지 하고 믿음도 강하게 하라고 요한은 하나님의 뜻에 맞는 기도를 하면 하나님은 들으시게끔 되어 있다고 짚고 있는 것입니다. 달리 말하면, 내가 하나님의 뜻에 맞는 기도를 하는지 확실치 않으면 "구한 그것을 얻은 줄을 또한 아는" 기도의 위안이란 어림없다는 뜻도 됩니다.

그런데 문제가 하나 있습니다. "제가 원하는 것이 하나님의 뜻에 맞는지 잘 모르겠습니다, 사실 한량없는 지혜를 갖고 계신 하나님께서 뜻하시는 바를 어떻게 헤아리겠습니까, 하나님은 제가 원하는 것보다 더 좋은 것을 뜻하실 지도 모르고 또 제가 모를 다른 이유가 있어 응답을 거절하실 수도 있는 것 아니겠습니까” 하는 식으로 말하는 신자가 어디 하나 둘이냐 그 말입니다. 그런 식으로 생각하는 한 예수께서 말씀하신 믿음의 기도란 애당초 불가능합니다. 하나님의 지혜에 맡기고 따르는 기도는 할 수 있을지언정 믿음의 기도는 안 되는 것입니다. 그런데 여기서 함정은 하나님의 자녀들이 막상 하나님의 뜻은 알 수 없다고 상정하는 데 있습니다. 설령 알 수 있다고 믿더라도 그 뜻을 찾는데 수고와 시간을 들이지 않는다는 문제도 있구요. 이 책 부록에 실린 조지 뮬러의 발췌문 중의 예를 읽어 보십시오.

이제 우리는 마음과 생활, 의지에 받아들인 하나님의 거룩한 말씀을 통해, 또 내주하시며 인도하시는 하나님의 성령을 통해 우리가 구한 것이 하나님의 뜻에 합당한지 여부를 알 수 있는 법을 알아보려 합니다.

우리는 왕왕 하나님의 은밀한 뜻, 숨은 계획이 있어 내 기도가 거기 합치되지 않을 수 있다고 두려워합니다. 그러나 기도에 이르러 우리가 찾는 하나님의 뜻은 그런 뜻이 아니라 말씀을 통해 명백히 드러나 있는 하나님의 뜻입니다. 하나님께서 숨은 뜻이 있다느니 그래서 기도 응답이 어렵다느니 하는 건

대개 오류입니다. 어린아이처럼 믿는 믿음은 그저 내 기도를 아버지께서 들어주시리라 믿는 것입니다. 아버지의 말씀에 드러난 뜻대로 믿고 구한 것을 아버지께서 행하시리라 단순히 믿는 것이다 그 말입니다.

자기 백성을 향한 하나님 아버지의 뜻의 대원칙은 말씀에 들어 있는 약속들을 통해서 알 수 있습니다. 그러므로 하나님의 자녀 된 사람은 그 약속을 가지고 자기 형편에 적용하면 됩니다. 이렇게 드러나 있는 하나님의 뜻 안에서 무엇을 구하면 그 사람은 자기 기도가 하나님의 뜻에 맞으니 응답 받으리라 확신해도 좋은 것입니다. 하나님의 말씀이란 하나님의 백성과 세상을 향한 하나님의 뜻과 계획이 무엇인지 계시하신 말씀이니까요. 그리고 이 말씀에는 하나님께서 은혜와 권세를 주시겠다는 귀한 약속도 들어 있습니다. 하나님의 백성이 하나님의 계획과 사역을 수행할 수 있을 은혜와 권세를 말입니다.

어떤 상황에서 하나님의 약속을 믿고 주장하리만치 강한 믿음과 담대함이 있으면 그때 기도하는 사람은 자기가 하나님의 뜻대로 구하였으니 틀림없이 응답 받으리라는 확신을 갖습니다. 이 장에서 인용한 요한일서의 구절 다음에는 이런 내용이 나옵니다.

누구든지 형제가 사망에 이르지 아니한 죄 범하는 것을 보거든 구하라. 그러면 사망에 이르지 아니하는 범죄자들을 위하

여 저에게 생명을 주시리라 (요일 5:16)

이 구절 역시 말씀에서 찾을 수 있는 어떤 원칙과도 같은 것입니다. 따라서 신자들은 이 구절의 약속에 근거해서 하나님의 뜻에 따른 기도를 드릴 수 있는 것이지요.

하지만 하나님의 뜻을 안다는 것은 영적인 일이므로 그 분별 또한 영적으로 이루어져야 하겠습니다. 그저 말씀에 이렇게 되어 있으니 나도 그렇게 알겠다는 식으로 따져서 추론할 성질의 것은 아니라는 말입니다. 게다가 신자들이라고 은사나 소명이 죄다 똑같은 것도 아닙니다. 물론 말씀에 담긴 일반적인 약속이야 모두에게 똑같이 주신 약속이겠으나 각자에 따른 하나님의 특별한 뜻도 있습니다. 그래서 옛 성도들은 지혜롭게 주신 은혜를 따라 하나님의 뜻을 따로 분별했던 것입니다. 우리도 기도할 때 하나님께서 각자를 위해 마련하고 예비하신 그것을 구할 줄 알아야 합니다. 성령께서 우리 안에 내주하시는 것도 이와 같은 지혜를 우리에게 주시기 위함입니다. 한 마디로 성령은 말씀에 들어있는 일반적인 약속을 각자의 특별한 처지에 맞춰 적용할 수 있도록 인도하시려고 우리에게 오신 것입니다.

그런데 말씀의 가르침과 성령의 인도하심이 이렇듯 유기적으로 결합되어 있다는 사실을 이해하는 이가 드뭅니다. 그래서 하나님의 뜻을 발견하는 데 이중적인 어려움이 있습니다. 어떤 이들은 말씀은 상관없이 그저 자신의 내적 감정과 확신, 소원을 통해서 성령의 인도만을 구합니다. 반면에 성령의 인도는 무시하고 말씀을 통해서만 하나님의 뜻을 찾으려드는 이들도 있습니다. 하지만 그 둘–말씀과 성령–은 하나로 결합되어야 합니다. 그래야 하나님의 뜻을 제대로 알 수 있고 또 그 뜻대로 구할 수 있습니다.

그런데 말씀과 성령이 하나로 만나는 자리는 바로 우리의 마음입니다. 말씀과 성령이 내 안에 들어있어야 말씀의 가르침도, 성령의 인도도 받을 수 있는 것이지요. 말씀이 우리 안에 거하고 있어야 합니다. 그래서 매일 그 말씀의 영향력을 실감할 수 있어야 합니다. 그런데 이렇게 체험하는 말씀이란 우리 바깥에서 오는 것이 아니라 우리 안에서, 성령의 작용으로 오는 말씀입니다. 그러므로 말씀에 자신을 드리고 하나님의 뜻을 찾는데 헌신한 사람이라야 그 뜻을 알고 그 뜻대로 담대히 구할 수 있는 법입니다. 즉 말씀과 성령을 통해 하나님의 뜻을 행하길 즐기는 사람만이 하나님의 뜻대로 구하면서 구한 그것을 얻은 줄 아는 확신을 지닐 수 있다 그 말입니다.

제가 정말로 바라기는, 그리스도인들이 자기 기도가 하나님의 뜻에 합당한지를 몰라서 응답이 없어도 그걸 당연히 여기는 사태가 얼마나 한심한 일인지 알았으면 합니다. 하나님의 말씀은 우리가 바르게 구하지 못했기 때문에 응답이 없다는 사실을 분명히 일러줍니다. "구하여도 받지 못함은 정욕으로 쓰려고 잘못 구함"이라 하지 않았습니까! (약 4:3) 응답하지 않으심으로써 아버지께서는 우리 기도에 무언가 잘못된 것이 있음을 말씀하시는 셈입니다. 그래서 그 잘못을 발견하고 고백하게 하시어 믿음으로 구하여 응답 받는 기도란 어떤 것인지 훈련하십니다. 우리가 왜 기도 응답을 받지 못하는지 눈을 열고 볼 때라야 하나님께서도 그 훈련 목적을 달성하실 게 아닙니까! 기도의 동기, 믿음, 나아가 우리의 삶이 너무나 많이 하나님의 뜻과 어그러져 있는 탓입니다. 그런데도 우리가 마냥 "아마 내 기도가 하나님의 숨은 뜻과 합치하지 않으니까 안 이루어지나 봐" 하고만 앉아 있으면 하나님의 훈련하시는 뜻도 어이없게 좌절되고 말 수 밖에 없지요.

그러니 공연히 하나님의 숨은 뜻 운운하면서 응답 받지 못한 기도를 합리화할 것이 아니라 내 기도의 문제가 무엇인지를 보아야 하겠습니다. "너희가 구하여도 받지 못함은 잘못 구한 까닭"이라는 주님의 말씀으로 하여금 내 마음과 삶을 헤쳐 그릇된 동기를 드러내게 하는 것이 온당한 처사입니다. 내 기도가 하나님의 뜻에 맞는지 여부를 분명히 알 수 있다고 믿으십시오. 그리고 모든 것을 알게 하시는 성령의 기름 부으심을 받으며 매일을 살아가십시오. 그러면 아버지의 뜻은 사랑하는 자녀들이 아버지의 뜻을 알기 바라며 또 구하는 것을 기꺼이 주는 데 있음을 확연히 이해하게 될 것입니다. "그를 향하여 우리의 가진바 담대한 것이 이것이니 그의 뜻대로 무엇을 구하면 들으심이라” 하신 말씀도 그때 비로소 내 것이 됩니다(요일 5:14).

하나님의 뜻에 관해 혼선을 빚고 있는 것이 정말 많습니다. 사람들은 하나님의 뜻은 이러고저러고 간에 이뤄지기 마련이라는 식으로 생각합니다. 전혀 그렇지 않습니다. 하나님께서 뜻하신 축복이 전혀 임하지 않고 끝나는 경우가 얼마나 많은지 모릅니다. 하나님의 뜻은 거기 있었지만 사람들의 뜻은 거기 있질 않았기 때문에 축복을 받을 수가 없었던 것입니다. 인간이 자유의지를 지니고 지음 받았다는 크나큰 신비가 있는 까닭입니다. 인간을 구원하시려는 하나님의 뜻도 마찬가지로 인간의 의지에 좌우됩니다. 약속에 드러난 하나님의 뜻이 이뤄지려면 인간편의 믿음이 있어야 합니다. 기도란 기도가 없었으면 애초에 일어나지도 않았을 일을 일어나게 하는 힘입니다. 믿음은 하나님의 뜻이 어느 정도로 성취될지 결정하는 요인입니다. 그러므로 한번 하나님이 우리에게 원하시는 뜻을 계시하신 연후에는 그 뜻이 실행되고 안 되고의 책임은 우리에게 달려있습니다.

어떤 이들은 이렇게 말하면 인간에게 너무 많은 권세를 인정하는 것이 아니냐고 반문합니다. 그러나 사실로 말하면 예수 그리스도 안에서 모든 권세가 인간의 손에 주어졌습니다. 어떤 기도 어떤 권세든지 열쇠는 예수 그리스도에게 있습니다. 그리스도는 아버지와 하나이신 만치 우리와도 하나이십니다. 우리 역시 그분이 아버지와 하나이신 만치 그분과 하나입니다. 그러므로 기도에 있어 그리스도에게 주어진 모든 권세가 우리에게도 주어지는 것이 지극히 당연하고 자연스런 결론입니다. 자신이 원하는 대로 구할 권세란 사실 그리스도의 것입니다. 그런데 우리가 그리스도 안에 거하고 그리스도가 내 안에 거하심(비록 이 놀라운 영적 현실을 우리가 조금밖에 이해하지 못하지만)으로써, 그리스도의 영이 우리 안에 호흡하심으로써 그리스도께서 우리를 통해 구하시고 우리를 통해 응답을 받으시게 된 것이지요. 우리는 그리스도의 이름으로 기도합니다. 무슨 말이냐 하면, 우리 기도란 사실로는 그리스도의 기도다 그런 뜻입니다.

어떤 이들은 기도에 그렇게 큰 권세가 있다고 하면 하나님의 자유와 사랑이 제한 받는 것 아닌가 하는 의문을 품습니다. 오히려 우리가 하나님께서 정하신 방법대로 행하실 수 있도록 응하지 않기 때문에 제한 받으시는 하나님을 생각하여야 할 일입니다. 또 하나 제가 종종 받은 질문 중 하나는, 우리가 다른 이들을 사랑하고 그들이 축복 받길 원해야 하나님도 그들을 사랑하고 축복하길 원하게 된다는 식으로 사고할 위험성이 있지 않느냐는 것입니다. 이 문제는 물이 수도관을 통해서 흐르는 것을 생각하면 될 것입니다. 즉 수도관이 형성된 모양과 방향을 따라 물이 흘러가되 수도관이 물을 만드는 것도 아니오, 물이 위에서 아래로 흐르게끔 하는 것도 아니오, 마셔서 갈증을 풀게 하는 것도 수도관은 아니다 그런 얘기입니다. 단지 수도관은 자기 모양과 방향을 통해 물을 전달할 뿐이지요. 하나님이 사람을 사랑하고 축복하실 때도 마찬가지입니다. 하나님은 어디에나 당신의 사랑을 전하기 원하십니다. 그러나 우리 기도라는 수도관이 있어 실제로 전달될 수 있도록 일을 정하셨습니다. 즉 축복이 구체적으로 어디에 흘러야 할지를 사람의 기도가 정하도록 하셨다는 말입니다. 그러므로 하나님을 믿는 사람들에게 이 생수를 사막과 같은 곳으로 전달하는 수도관 역할을 맡기신 것입니다. 축복하고자 하시는 하나님의 뜻은 그 축복이 구체적으로 어디 임해야 할지 기도하는 사람의 뜻과 상호 작용해야 합니다. 하나님의 성도들은 누구나 다 이 영예를 지니고 있지요. "그를 향하여 우리의 가진바 담대한 것이 이것이니 그의 뜻대로 무엇을 구하면 들으심이라" 하신 그 영예가 말입니다(요일 5:14).

　　복되신 주님, 온 마음으로 주신 교훈 감사드립니다. 기도의 응답으로 가득한 생활은 바로 하나님의 뜻을 알고 행하는 데 있다는 교훈이옵니다. 주님의 뜻을 깨닫도록 가르치시어 그 뜻을 생활로 삼고 사랑하고 행하게 하소서. 주님의 뜻대로 구하고 또 구한 그것을 얻은 줄 아는 담대함이 있게 하소서.

아버지, 아버지의 뜻은 당신의 자녀들이 아버지와 함께 있길 즐거워하며 아버지의 축복을 누리게 하는 데 있습니다. 성령께서 그들 안에서 일하시어 모든 것을 아버지의 뜻과 같이 흐르도록 하는 것이 아버지의 뜻이옵니다. 그들이 매일 기도의 응답을 체험하고 아버지와의 사귐을 누리도록 하는 것이 아버지의 뜻이옵니다. 그들 안에서, 그들을 통해 이름에 영광이 있게 하는 것이 아버지의 뜻이오니 부디 제가 구하는 모든 것에 아버지의 뜻에 대한 확신이 있게 하소서.

복되신 구주여, 주님의 뜻의 실체를 제가 확신할 수 있도록 가르치소서. 자신을 온전히 드리는 이의 생활 안에서 오직 주님의 영원하신 사랑만이 유일한 목적이 되게 하소서. 말씀에 담긴 온갖 명령과 약속, 그 뒤에 있는 권세가 무엇인지 알게 하시어 하나님께서 보장하신 대로 이루어지게 하소서. 하나님의 뜻이 제게 바위가 되어 기도와 응답의 확신이 거기서 비롯되게 하소서. 아멘.

30장

중보기도 사역

너희도 산 돌 같이 신령한 집으로 세워지고 예수 그리스도로 말미암아
하나님이 기쁘게 받으실 신령한 제사를 드릴 거룩한 제사장이 될지니라.

베드로전서 2:5

오직 너희는 여호와의 제사장이라 일컬음을 얻을 것이라.

이사야 61:6

주의 성령이 내게 임하셨으니…내게 기름을 부으시고.

누가복음 4:18

위의 인용구 중 누가복음 구절은 예수께서 친히 하신 말씀입니다. 예수의 공로에 힘입어 모든 구원받은 사람들은 제사장이 됩니다. 그래서 성령의 기름 부으심을 통해 대제사장이신 주님의 사역에 동참하게 되는 것이지요.

머리에 있는 보배로운 기름이 수염 곧 아론의 수염에 흘러서
그 옷깃까지 내림 같고 (시 133:2)

아론의 자손이 다 그러했듯 그리스도의 몸 된 모든 지체들 또한 제사장 될 권리가 있습니다. 하지만 권리가 있다고 전부가 다 그 권리를 행사하는 것은 아닙니다. 아직도 그 권리를 내

동냉이치고 지내는 이가 너무 많습니다. "항상 살아서 저희를 위하여 간구하시는" 그리스도와 같이 될 수 있는 더할 나위 없는 특권임에도 불구하고 말입니다(히 7:25). 여러분도 이 사실을 의심하고 계십니까? 도대체 제사장 직분은 어떤 것인지 생각해보도록 합시다.

우선 제사장이 하는 일이 있습니다. 이 일은 양면이 있어 하나는 하나님을 향한 것이고 다른 하나는 인간을 향한 것입니다. "대제사장마다…하나님께 속한 일에 사람을 위하여…"(히 5:1)라는 말씀이 있고 모세의 기록을 보면 "그 때에 여호와께서 레위 지파를 구별하여…여호와 앞에 서서 그를 섬기며 또 여호와의 이름으로 축복하게 하셨고"(신 10:8; 또한 21:5; 33:10; 말 2:6-7을 보라)라는 말씀이 나옵니다. 그러니까 제사장은 하나님께 가까이 나아가 하나님의 집에 함께 거할 수 있고 또 하나님 앞에 희생제물의 피 및 향을 살라 바칠 수 있는 권위를 받은 존재입니다. 그런데 제사장은 자신을 위해서 그런 일을 하는 것이 아니고 다른 사람들을 위해서 합니다. 이것이 제사장 직무의 또 한 면이라는 얘기입니다. 즉 제사장은 사람들에게서 희생제물을 받아 하나님 앞에 가져오는 일을 하는 한 면이 있는가 하면, 하나님의 이름으로 사람들에게 나아가 축복하면서 하나님의 사랑을 느끼게 하고 또 율법을 가르치는 측면이 있다 그 말입니다.

그러므로 제사장은 자신을 위해서 사는 존재가 아닙니다. 하나님과 함께, 하나님을 위해 사는 사람이 제사장입니다. 하나님의 종으로서 제사장은 하나님의 집을 돌보고 그분의 명예를 지키며 그분께 경배 드리는 한편으로 사람들에게 하나님의 사랑과 뜻을 알리는 역할을 합니다. 그러므로 제사장은 동시에 다른 사람들과 자신을 하나로 여기고 그들을 섬기는 존재이기도 합니다(히 5:2). 제사장의 직무는 사람들을 혼란스럽게 하는 죄가 무엇인지 발견하고 그 사람들의 이름으로 하나님 앞에 나아와 제물을 드리고 향을 살라 하나님의 용서와 축복을 얻은 다음, 다시 사람들에게 가 하나님의 이름으로 축복하는 일입니다. 모든 신자들이 받은 이 제사장의 사명은 정말 고귀한 직분이 아닐 수 없습니다.

이런 영광은 그 모든 성도에게 있도다 (시 149:9)

사실 우리는 주변의 멸망해 가는 사람들을 위해 하나님의 제사장 노릇을 하라고 구원받은 것입니다. 대제사장 예수 그리스도를 닮아 제사장 된 우리는 주님의 은혜를 맡아 전하는 존재들이어야 합니다.

제사장에게는 제사장다운 처신이 있어야 합니다. 하나님이 거룩하시니 제사장 또한 거룩해야 합니다. 온갖 불결한 것을 멀리해야 함은 물론 하나님에게 거룩해서 하나님께서 따로 구별하여 사용하실 수 있는 존재가 되어야 한다는 말입니다. 이렇게 세상에서 분리되고 하나님에게 따로 구별되었다 하는 데서 실로 많은 뜻이 가지쳐 나옵니다.

우선 제사장은 옷부터 다르게 입습니다. 좋은 천으로 만든 긴 옷을 입었으니 이는 하나님께서 친히 제정하시어 자신에게 속했음을 드러내는 표로 삼으신 것입니다(출 28장). 둘째로 제사장은 시신과 기타 오염된 것을 멀리해서 각별히 깨끗하고 물들지 않은 상태를 유지할 책임이 있습니다(레 21장). 일반 백성들한테는 아무렇지 않은 일 상당부분이 제사장들에게는 금기였습니다. 셋째로 제사장은 신체적으로도 결함이나 흠이 없어야 했습니다. 이는 제사장이란 하나님을 섬기는 데 온전함과 거룩함의 표상이 되어야 할 존재였기 때문입니다. 넷째로 제사장 지파는 다른 지파와 달리 지분을 상속받지 못했다는 것입니다. 이는 하나님만이 그들의 지분이 되어 오직 믿음으로 살라 하는 뜻이었습니다. 즉 하나님에게 따로 구별된 존재로서 그들은 오직 하나님 안에서, 하나님을 위해 사는 사람들이어야 했습니다.

이상의 모든 특징이 그대로 신약의 제사장 직분에서도 계승됩니다. 우리가 하나님의 제사장으로서 권세를 가지려면 우리의 생활과 처신이 어떤지에 달려 있습니다. 예수께서 "그 옷을 더럽히지 아니한 자 몇 명이 네게 있어 흰옷을 입고 나와 함께 다니리니” 하고 지칭하신 사람들처럼 생활하는 사람들이 되어야 한다 그 말입니다(계 3:4).

세상과 분리된 존재로서 우리는 다른 사람들한테는 문제가 되지 않을 일들도 포기하는 모습이 있어야 합니다. 주님의 거룩함에 온 마음을 다해 이르러야 하는 존재이기 때문에 그렇습니다. 제사장이 신체적으로 흠이 없어야 한다는 말은 우리 존재에 흠이 없어야 한다는 말에 상응하는 것입니다.

> 무릇 흠이 있는 자는 가까이 못할지니 곧 소경이나 절뚝발이나… (레 21:17-21)

> 티나 주름잡힌 것이나 이런 것들이 없이 거룩하고 흠이 없게 하려 하심이니라 (엡 5:27)

> 이는 하나님의 사람으로 온전케 하며 모든 선한 일을 행하기에 온전케 하려 함이니라 (딤후 3:17)

> 이는 너희로 온전하고 구비하여 조금도 부족함이 없게 하려 함이라 (약 1:4)

무엇보다 제사장 된 우리는 이 땅에 속한 모든 것을 포기하고 그리스도처럼 오직 하나님만을 소유하려는 마음을 품어야 합니다. 가진 것도 자기 것이라 하지 않고 하나님 한 분께 돌리는 것이 오직 하나님과 남을 위해 사는 참된 제사장의 표지인 것입니다.

아론을 선택하실 때 하나님께서는 아론 안의 모든 후손들을 선택하셨습니다. 그러므로 아론의 후손은 출생과 함께 제사장이 되는 셈이나 따로 성별 되는 행위가 있지 않고는 제사장 직무를 실제로 행할 수 없었지요. 마찬가지로 모든 하나님의 자녀는 거듭날 때 위대한 대제사장과 혈연관계가 되면서 제사장의 권리를 받습니다. 그러나 그걸로 다가 아닙니다. 자신이 따로 성별되었음을 받아들이고 그 내용을 실현해서라야 비로소 제사장의 권세를 행할 수가 있다는 말입니다.

아론과 그 후손이 제사장이 되는 과정은 이랬습니다(출 29장). 깨끗이 씻고 옷을 입은 다음 그들은 기름부음을 받습니다. 그리고 제물의 피를 오른 귀와 오른 손, 오른 발에 붓습니다. 그리고 입은 옷에도 기름과 피를 같이 뿌립니다. 하나님의 자녀라면 이 피와 기름이 무엇인지 이해할 것입니다. 이미 성령 안에서 거룩한 제사장 직분에 동참하고 있을 테니까요. 주님의 보혈이 있어 우리가 자격 없다는 마음을 없애고, 성령의 기름 부으심이 있어 우리가 부적합한 존재라는 의식이 사라지는 것입니다.

그런데 여기서 제사장에게 피를 뿌리는 의미의 남다름을 한 번 짚어보도록 합시다. 보통 사람이 자기 죄를 참회해서 희생 제물을 가지고 나아오는 경우 그 피는 제단에 뿌릴 뿐 사람에게 뿌리지는 않습니다. 그런데 제사장으로 성별되는 의식에서는 피를 사람에게 붓습니다. 즉 귀와 손과 발에 피를 묻히는 것인데 이는 그 사람의 전 존재가 하나님께 귀속되고 바쳐졌음을 의미하는 것입니다. 그러므로 신자가 자기 죄 사함을 위해서는 은혜의 제단에 보혈이 뿌려졌다는 생각만으로 족할지 모르지만 제사장의 직무를 감당하기 위해서는 보혈의 능력에 훨씬 더 깊이 강렬하게 가 닿아야 합니다. 온갖 악한 생각에서 깨끗해져 양심에 거리낌이 없도록, 보혈에 힘입어 그 어떤 죄의식도 갖지 않도록 말입니다. 이 상태를 누릴 수 있어야 그의 양심은 깨어나 하나님께 친밀히 다가갈 수 있고 또 그가 하는 중보기도 역시 하나님께 받아들여지리라는 확신을 가질 수 있기 때문입니다.

보혈이 우리에게 제사장 될 권리를 준다면 성령께서는 권세를 주시고 실질적으로 우리를 예비하시어 믿음에 찬 기도를 드릴 수 있게 해 줍니다. 즉 성령께서는 우리 안에 제사장적 영을 불어넣으시고 하나님을 향한 불타는 사랑과 영혼 구원의 열망을 넣어주십니다. 우리를 예수와 하나가 되게 하시어 예수의 이름으로 드리는 기도가 실제가 되게 하시는 분도 성령이십니다. 그리고 우리에게 힘을 주시어 기도를 포기하지 않게 하시는 분도 성령이십니다. 그리스도인이 그리스도의 영으로 충만하면 충만할수록 자발적으로 제사장의 중보사역에 나서게 되는 법입니다. 그러니 나의 동료 되신 여러분, 하나님께서는 당신께 나아오고 당신의 임재 안에 늘 살아가며 중보사역을 통해 당신의 축복을 세상에 전달할 제사장들을 지금도 필요로 하고 계십니다. 이 세상도 진정 멸망의 짐을 대신 짊어지고 힘 있게 중보해 줄 제사장들을 목마르게 기다리고 있습니다.

여러분은 이 사역에 기꺼이 자신을 드리시겠습니까? 자신을 항복하여 드린다 할 때 그게 무슨 뜻인지 이젠 아시지요? 바로 그리스도처럼 모든 것을 포기하고 오로지 하나님의 구원하시려는 뜻이 사람들 가운데 이루어지기만을 원하며 산다는 말입니다. 더 이상 자신의 구원만으로 만족하고 자기만 살고 편안하면 그만이라고 생각하는 사람 중 하나가 되지 마십시오. 가장 높으신 하나님의 제사장으로서 살아가는 데 그 무엇도 장애가 되지 않도록 하십시오. 자신을 무가치하고 부적합하게 여겨서 물러서는 일도 있어서는 안 되겠습니다. 주님의 보혈로 해서 완벽한 구원의 객관적 능력이 여러분 안에 이미 작용하고 있습니다. 그리고 하나님의 새 생명을 주관적이고 개인적으로 체험하는 일은 성령을 통해서 일어납니다. 주님의 보혈은 여러분의 기도가 하나님께 받아들여질 만한 가치가 있도록 만들어 줍니다. 그리고 성령은 하나님의 뜻을 맞게 기도하는 법을 가르쳐주십니다. 제사장은 누구나 성전의 법에 맞게 제사를 드리면 받아들여지게 되어 있음을 압니다. 그리스도의 보혈과 성령이 덮어주실 때 여러분은 예수의 이름으로 기도할 때 따르는 온갖 놀라운 약속이 그대로 이루어진다는 확신을 가질 수 있습니다. 위대한 대제사장과 하나가 되어 그분 안에 거할 때 "너희가 내 이름으로 무엇을 구하든지 내가 시행하리니" 하는 약속은 이루어질 것입니다(요 14:13). 의인의 기도는 큰 힘이 있다고 하는 말 그대로 기도의 위력을 실감하게 될 것입니다. 그리고 교회가 세상을 위해 기도하는 일반적 기도에 동참하는 정도가 아닌, 여러분이 제사장으로서 특별한 영역에 특별한 영향을 끼치면서 하나님과 대면하고 기도의 응답을 받으면서 하나님의 축복을 남에게 전달하는 일이 가능해질 것입니다. 그러니 모두 나아와 하나님의 제사장들이 되시기 바랍니다. 중보사역을 위해 따로 성별된 존재로 자신을 여기고 온전히 깨어있는 양심으로 하나님 앞에 행하십시오. 제사장이 되는 일이야말로 하나님의 아들의 형상을 닮는 참으로 복된 일입니다.

나의 복되신 대제사장이시여, 내 영혼이 과연 성별되어 주님의 특별한 부르심에 응답할 수 있게 하소서.

성도들에게는 제사장의 사명이 있음을 믿습니다. 저 또한 아버지 앞에 나아가 주변의 멸망해 가는 영혼들을 위해 기도하고 또 그들에게 축복을 전할 권세를 받은 제사장임을 믿습니다.

주님의 보혈이 저를 모든 죄에서 씻기시어 하나님 앞에 담대히 나아가 중보기도한 모든 것을 얻을 확신 주셨음을 믿습니다.

성령의 기름 부으심이 매일 제게 있어 제사장의 사명을 감당하도록 성화시켜 주시고 무엇이 하나님의 뜻이며 어떻게 기도하는 것이 믿음의 기도인지 가르쳐 주실 줄 믿습니다.

주 예수께서 제 생활의 전부이시니 주님께서 또한 제 기도생활의 확실한 기반이시옵니다. 그러니 주님의 놀라운 중보사역에 저도 함께 참여케 하옵소서.

이러한 믿음으로 오늘도 제 자신을 기름부음 받은 제사장으로 하나님께 드리오니 하나님 앞에 서서 죄인들을 위해 중보하며 그들을 축복할 수 있게 하소서.

거룩하신 주 예수여, 제 성별됨을 받아주시고 인 쳐주옵소서. 주님의 손으로 제게 안수하시어 이 거룩한 사명을 감당하게 하소서. 가장 높으신 대제사장과 같은 양심과 품성을 지니고 사람들 가운데 살아가게 하소서.

우리를 사랑하시어 보혈로 모든 죄에서 자유케 하신 주님, 그래서 우리를 하나님 아버지를 섬기는 하나님 나라와 제사장이 되게 하신 주님께 영광과 권세가 세세 무궁토록 있을지어다. 아멘.

31 장
기도생활

항상 기뻐하라. 쉬지 말고 기도하라. 범사에 감사하라.

데살로니가전서 5:16-18

주님께서 과부와 불의한 재판관 비유를 통해서 언제나 기도하고 포기하지 말아야 할 것을 말씀하셨습니다(눅 18:1-5). 물론 비유 속의 과부는 특별한 한 가지 일을 구하는 데 끈질겼던 것이지만, 비유 자체는 하나님께서 응답을 늦추시거나 거절하시는 것처럼 보일 때 끈질긴 기도의 중요성을 말하는 것입니다. 서신을 읽노라면 끊임없이 기도하라든지 늘 깨어 기도하라, 언제나 성령 안에서 기도하라 등등의 표현이 나오는데 마치 생활 전체가 통째로 기도가 되라는 말씀처럼 보입니다. 사실 한 영혼이 하나님의 영광이 나타나길 간절히 원하게 될 때, 우리 안에서 우리를 통해 우리 주변에 그 영광이 드러나길 원할 때, 그리고 하나님께서 그 소원을 분명코 들어주시리라 확신할 때, 그 영혼의 내적 생명은 하나님께 기대는 믿음과 소망, 기대 가운데 계속해서 위로 들어올려지는 법입니다.

그렇게 위로 끊임없이 들어올려지는 기도의 삶을 살려면 무

305

엇이 필요한 걸까요? 무엇보다 자신의 삶을 하나님의 나라와 영광을 위해 철두철미 드려야 한다는 것이 그 첫째이겠습니다. 그저 경건하고 선량하게 되려는 소원만으로는 쉬지 않고 기도하는 삶을 얻을 수 없습니다. 자신을 잊고 삶을 온통 하나님과 그분의 영광만을 위해 포기한 사람이라야 그 마음이 트여서 하나님의 빛을 알고 뜻을 아는 법입니다. 이 마음은 주변의 모든 것이 하나님의 도움과 축복을 필요로 한다는 사실을 아는 마음입니다. 그리고 역경조차도 하나님께 영광을 드릴 수 있는 기회로 여기는 마음입니다. 오로지 하나님의 영광만을 원하는 한 가지로 꽉 찬 이 마음은 모든 것이 이 관점에서만 판단하고 견줍니다. 이 마음은 하나님께 속한 것이라야 하나님께 참으로 영광 돌릴 수 있다는 것을 알기에 평생을 오직 한 마음으로 위를 올려보며 하나님께 부르짖습니다. 하나님의 능력과 사랑이 나타나야 하나님께 영광 돌릴 수 있으니까요. 결국 신자란 자신이 시온의 성벽을 지키는 파수꾼 중 하나요 주님을 생각나게 하는 존재로서, 기도로 하늘의 임금님을 움직여 기도가 없었으면 일어나지 않았을 일을 일어나게 할 의무가 있는 존재라는 자각이 있는 사람입니다. 이런 신자는 바울의 권고가 얼마나 현실적인 것인지 깨닫습니다. "모든 기도와 간구로 하되 무시로 성령 안에서 기도하고 이를 위하여 깨어 구하기를 항상 힘쓰며 여러 성도를 위하여 구하라" 하신 권고 말입니다(엡

6:18). "기도에 항상 힘쓰고… 또한 우리를 위하여 기도하되…" 하는 권고도 마찬가지입니다(골 4:2-3). 자기를 잊으려면, 그래서 사람 가운데 살되 오직 하나님과 그분의 나라를 위해서만 살려면 꼭 배워야 할 것이 쉬지 않고 기도하는 삶입니다.

하나님께 헌신한 삶에 꼭 따라야 할 것이 기도의 힘을 깊이 확신하는 마음입니다. 주님께서 기도를 가르치시면서 하나님을 기도를 들어주시는 선하신 아버지로 믿는 믿음만큼 강조하신 것이 없습니다. "구하면 얻을 것"(요 16:24)이라고 하는 응답의 확신이야말로 주님의 기도학교에서 처음이자 마지막입니다(마 7:8과 요 16:24를 비교해 보십시오). 이 확신의 정도에 비례해서 기도가 살아있고 하나님의 응답도 얻게 될 것이니, 그때 가서 기도의 이 놀라운 힘을 감히 내동댕이치지는 못할 것입니다. 이때 영혼은 온전히 하나님만을 향하고 우리의 생활은 기도 그 자체가 될 것입니다. 물론 우리가 시간을 사는 피조물이며 성장의 법칙이 작용하는 시간 속의 존재들이기 때문에 주님께서도 시간을 들여 그 일을 이루실 것입니다. 믿음으로 드린 기도가 그 어느 하나라도 땅에 떨어지는 법이 없음을 알 때, 때로는 기도를 마냥 쌓으며 기다려야 할 때도 있지만, 끈질긴 기도가 거절되는 법이 없음을 또한 생각한다면, 우리의 삶 자체가 하나님의 임재를 믿고 기다리는 조용하나 끈질긴 기도가 아니 될 수 없는 것이지요.

이제 자꾸 사람의 생각으로 무엇에도 속박 받지 않으며 확실한 살아 계신 하나님의 약속을 제한하지 맙시다. 약속의 능력을 강탈하지 말며 약속에서 비롯되어야 할 확신을 묽게 만들지 말자는 얘기입니다. 하나님께 문제가 있는 것도 아니고 하나님의 숨은 뜻이 문제인 것도 아니며 약속에 무슨 제한이 있는 탓도 아닙니다. 문제는 우리에게 있습니다. 우리가 어떻게 해서 약속을 얻어내야 하는 것도 아닙니다. 그저 하나님 약속의 말씀에 단순하고 진정 어린 태도로 온 마음을 열기만 하면 되는 것입니다. 우리를 살피고 겸손케 하는 것도 말씀의 몫입니다. 말씀이 우리를 들어올리고 기쁨을 주며 강하게 만들어줄 것입니다. 구한 것을 얻은 줄 아는 믿음에 이르러 기도는 일이나 짐이 아니고 기쁨이요 승리입니다. 그리고 그러한 믿음이 후천적 습성처럼 될 수 있습니다.

강한 열망과 분명한 확신이 하나가 된 모습이 다름 아닌 우리 안에 계신 성령의 생명입니다. 우리 안에 내주하시는 성령, 우리 존재의 깊은 곳에 자신을 숨기고 계시는 성령이 보이지 않으나 거룩하신 분 하나님을 찾는 소원을 일으켜주시는 분이시기 때문입니다. 때로는 말로 옮길 수 없는 탄식으로 때로는 분명하고 뚜렷한 확신을 통해서 성령은 자신을 드러내십니다. 그리고 그리스도를 더 깊이 우리에게 계시해 달라 청하게 되는 것, 또 한 영혼을 위해서나 일과 교회, 세상을 위해 간절히 청하는 것이 다 성령이 일하신 까닭입니다. 성령이 작용하시어 사람의 마음이 하나님께 가까이 가고자 하며 하나님의 존재가 알려지고 또 영광 받으시길 소원하게 되는 것입니다.

하나님의 자녀가 진정 성령 안에서 걷고 생활할 때, 그래서 그저 육적인 삶에 만족할 수 없어 영적인 것을 구하며 모든 것이 성령께서 그리스도와 그분의 생명을 드러내는 도구가 되길 목말라하게 될 때, 거기에 지금도 그치지 않고 중보기도하시는 복되신 성자의 생명이 내 체험 안에 구현됩니다. 우리 안에서 기도하시는 이는 바로 그리스도의 영이시기 때문에 우리 기도는 응답 받는 것입니다. 한편으로 성령 안에서 기도하되 기도하는 이는 바로 우리 인간이기 때문에 시간도 필요하고 인내도 필요하고 장애를 만날 때마다 꾸준한 기도로 정복하여 마침내 하나님의 성령과 우리 사이의 조화가 완전하게 되도록 해야 하는 것입니다.

쉬지 않고 기도하는 생활에 있어 그리스도께서 우리에게 친히 기도를 가르쳐 주신다는 사실을 알고 있어야 한다는 점이 가장 중요합니다. 이제 주님께서 기도에 대해 어떤 것을 가르치셨는지 조금이나마 이해하셨으리라 믿습니다. 지금까지 설명하면서 새삼 새로운 사상이나 관점을 소개한 것도 아니고 무슨 결함이나 약점을 꼬집으려 하지도 않았습니다. 중요한 것이

긴 하되 믿음이나 열망을 불러일으키려고 들지도 않았습니다. 다만 아버지 앞에 기도하시는 주님의 기도와 그 삶에 우리도 동참하자는 것이었고 이를 통해 주님께서 친히 우리에게 기도를 가르치시도록 하자는 것이었습니다.

제자들은 예수께서 친히 기도하시는 모습을 보면서 기도의 열망이 생겼고 어떻게 기도해야 하는지 묻기에 이르렀습니다. 기도의 힘도 기도를 배울 수 있는 것도 이렇게 늘 기도하시는 예수를 믿는 믿음에서 비롯됩니다. 우리의 머리요 생명 되신 주님은 기도하는 분이십니다. 그 주님에게 우리 자신을 드릴 때 주님께 속한 모든 것이 우리 것이 됩니다. 주님은 당신의 보혈로 우리를 하나님의 임재 안에 이끌어들이십니다. 이 하나님 임재의 내적 지성소가 바로 우리의 참 고향이요 머물 곳입니다. 이렇게 하나님께 가까이 가 있고 또 하나님에게서 멀어진 주변사람들을 축복하기 원하는 사람은 기도하지 않을 도리가 없습니다. 그리스도는 우리를 당신 기도의 힘과 생명에 동참하는 사람들이길 원하십니다. 그러므로 우리가 품는 목적도 일을 더 많이 하는 데 있는 것이 아니라 도리어 일이 제대로 되도록 충분히 기도하는 것이어야 합니다. 우리가 더욱 기도해서 넉넉한 힘과 축복을 얻어 일을 해야 남에게 전달할 것도 있는 법입니다. 항상 살아 우리를 위해 간구하시는 그리스도께서 우리를 구원하시고 다스리십니다. 그분은 당신의 기도하는 생명을 우리에게 전해주십니다. 그리고 우리가 당신을 신뢰하고 맡기면 우리 안에서 기도하는 삶을 지속하시는 것입니다. 우리가 쉬지 않고 기도하는 생활을 이룰 수 있는 힘이 여기 있습니다. 그리스도께서는 당신이 어떻게 기도하시는지 보여주시고 우리 안에서 친히 기도하시며 또 당신을 통해 우리 또한 당신처럼 기도하게 하심으로써 우리에게 기도를 가르쳐주십니다. 그리스도 자신이 쉬지 않고 기도하는 기도생활의 생명이요 힘 자체입니다.

늘 살아 기도하시는 주님을 보아야 쉬지 않고 기도하는 삶을 이룰 수 있습니다. 그분의 대제사장직이 끝없는 생명, 즉 결코 쇠하지 않으며 결코 무너지지 않을 부활의 생명을 힘으로 삼기 때문에, 그 천상의 생명이 바로 우리의 생명이기 때문에, 쉬지 않고 기도하는 삶에는 바로 천상의 기쁨이 깃들게 마련입니다. 그래서 바울 사도가 "항상 기뻐하라, 쉬지 말고 기도하라, 범사에 감사하라" 했던 것입니다(살전 5:16-18). 늘 끊이지 않는 기쁨과 감사, 쉬지 않는 기도가 영원한 생명의 힘이 드러나는 모습이다 그 말이지요. 포도나무와 가지가 하나로 붙어있는 모습이란 기도에 있어서도 하나가 되는 모습입니다. 그리스도와 가장 깊이 일치하여 그분의 천상 생명의 영광에 가장 복되게 참여하는 모습이 있다면 바로 그리스도의 중보사역에 참여하는 모습입니다. 우리가 그리스도와 깊이 일치하는 체험 안에서 쉬지 않고 기도하는 삶이란 가능성으로 그치지 않고 현실로 이루어집니다. 하나님과 가장 거룩하고 복되게 사귐을 갖는 모습이 바로 이 쉬지 않고 기도하는 삶이란 말씀이지요. 우리는 아버지의 임재하심 안에, 즉 휘장 안 지성소에 거하는 존재들입니다. 그래서 아버지께서 말씀하시면 우리는 행합니다. 아들이 청하시면 아버지께서 행하십니다. 쉬지 않고 기도하는 생활이야말로 하늘이 땅에 임한 모습이요 밤낮 쉬지 않고 경배와 찬양을 드리는 천상 생명을 미리 구현한 모습입니다.

아버지, 온 마음으로 찬양하오니 영원한 생명이 한없는 기도와 사귐, 한없는 응답을 통해 항상 살아 기도하시는 그리스도와 한없이 하나되는 체험으로 나타나기 때문입니다. 아버지 하나님, 저를 도우시어 아버지의 영광 안에 늘 머물고 생활하여 기도가 제 안에서 스스로 드러나는 당신 생명의 표현이 되게 하소서.

복되신 구주여, 온 마음으로 찬양하오니 하늘에서 내려오시어 원하고 부르짖는 저와 하나가 되어주셨으며, 저 또한 늘 기도하여 응답 받으시는 주님과 하나가 되게 하셨기 때문입니다. 그리고 저를 주님의 기도학교에 들이시어 기도로 표출되는 주님, 생명의 복됨과 힘을 알게 하셨으니 감사합니다. 또 늘 살아 기도하시는 주님의 중보사역에 이르러 주님과 사귐을 갖게 하시고 이를 통해 제 주변의 사람들에게 축복을 전할 수 있게 하셨으니 감사합니다.

성령이시여, 깊은 경외심으로 감사드리오니 제 안에서 살아 일하시기 때문입니다. 당신을 통해 저도 아버지와 아들의 하나 됨을 누리며 삼위일체의 생명과 사랑의 사귐 가운데 들도록 허락 받았습니다. 하나님의 영이시여, 당신의 일을 제 안에서 완성하소서. 그리하여 저의 중보 되신 그리스도와 완전히 하나가 되게 하소서. 성령께서 제 안에 늘 내주하고 계심이 제게 늘 쉬지 않고 중보하는 기도의 삶으로 표출되어 제가 이 땅에서 당신에게 영광을 돌리고 당신이 주시는 축복을 다른 이들에게 전하며 살게 하소서. 아멘.

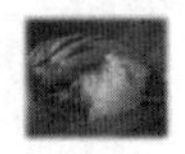

조지 뮬러의 기도 능력의 비밀

교회가 어떤 진리를 제대로 이해하지도 실천하지도 못할 때는 하나님께서 한 사람을 들어 그 진리를 말과 행위로 증언케 하심으로써 일깨우시는 것이 보통입니다. 19세기에 과연 하나님께서 한 사람 조지 뮬러를 들어 하나님께서 기도를 들어주시는 분이심을 증언케 하셨습니다. 기도에 관한 하나님 말씀의 진리를 알려면 조지 뮬러의 생애와 기도 체험을 살펴보는 것보다 더 힘 있는 방법이 있는지 저는 알지 못합니다.

뮬러는 1805년 9월 25일 프러시아에서 출생해서 1898년 3월 10일 92세를 일기로 사망했습니다. 뮬러의 초기 생애를 보면 할레대학의 신학생이 된 이후까지도 선량하다고 할 수 없을 생활을 했습니다. 그런데 그가 스무 살이 되던 해 친구 하나가 그를 기도회에 데리고 갔습니다. 거기서 뮬러는 깊은 감동을 받고 구주를 알게 됩니다. 곧 그는 선교 소식지와 글을 탐독하기 시작했고 마침내 유대인들에게 그리스도교 신앙을 전하는 런던 선교회에 입회하게 됩니다. 아직 학생 신분으로 선교회에 입회한 것인데 오래지 않아 뮬러는 선교회의 규칙이 성령의 인도하심에 거의 여지를 주지 않는다고 느끼며 불편해 합니다. 결국 1830년에 이르러 쌍방 합의하에 뮬러는 선교회와의 관계를 끊고 테인머스(Teignmouth)의 한 작은 교회에 목사로 부임합니다. 그러다가 1832년에 뮬러는 브리스톨로 가게 되는데 거기서 그는 베데스다 채플의 목사로서 고아원 일을 하게 됩니다. 이 일을 통해 하나님께서는 뮬러로 하여금 말씀을 신뢰하고 기도의 응답을 놀랍게 체험하게 하십니다.

뮬러의 영성생활에 관해서는 그 자신의 글을 좀 인용해두는 것이 그의 놀라운 기도 간증을 들을 준비가 되지 않을까 합니다.

"이에 관해 말해두자면 나는 신앙생활 초기부터 단순하고 어린아이 같은 태도를 통해 풍성히 주시는 하나님을 체험했다. 그래서 가끔은 성경을 무시하고 외적 죄에 빠질 때도 없지 않았지만 나는 대부분의 일을 기도로 주님께 맡기면서 해낼 수 있었던 것이다. 즉 나는 무슨 일에나 유익이 있는 경건을 알게 된 것인데 이는 이생과 내생에 다 적용될 약속이었다. 어리석고 연약하지만 지금껏 나는 하나님의 은혜로 다른 사람들에게 유익을 전하고픈 소원을 지녔고 그렇게 사탄의 종노릇했던 내가 그리스도에게로 영혼을 이끌고자 원하게 되었던 것이다."

테인머스에서 생활할 때 뮬러는 어떻게 기도에 하나님의 말씀을 사용하며 성령께서 스승이 되셔서 말씀의 뜻을 밝혀주시는지 배우게 됩니다.

"당시 하나님께서는 내게 오직 말씀만이 영적인 모든 일을 판단하는 잣대가 된다는 사실을 보여주셨으니 말씀은 오직 성령만이 풀이해 주실 수 있다는 사실, 그리고 그 사실은 전에나 우리 시대에나 마찬가지라는 사실을 깨닫게 해주셨다. 오직 성령만이 하나님 백성을 지도하시는 유일한 스승이시다. 그 전까지는 성령의 사역이 무엇인지 체험적으로 알고 있질 못했다.

그러나 한번 깨닫고 보니 그 사실은 내게 엄청난 변화를 가져왔는데 주석이며 온갖 다른 책들은 다 치워놓고 오로지 하나님의 말씀을 읽고 상고하게끔 된 것이다.

그렇게 하기 시작한 첫날밤 나는 내 방에 들어가 문을 닫고 기도와 말씀 묵상에 들어갔다. 그리고 불과 몇 시간만에 지난 몇 달 간 공부한 것보다 훨씬 더 많은 것을 깨달았다. 무엇보다 중요한 차이는 내가 그렇게 할 수 있는 실질적인 힘이 영혼에 생겨났다고 하는 점이다. 이제 나는 내가 성경에서 배웠고 찾게 된 모든 것을 실제로 실험에 옮기게 되었고 그 결과 성경 말씀과 그 원리란 다 그러한 실험을 통과할 수 있는 것임을 몸소 알게 된 것이다."

뮬러는 하나님의 말씀에 순종하는 문제를 세례와 결부시켜 기록하고 있습니다.

"세례는 하나님을 기쁘시게 하여 당신의 크신 은혜로 성경에서 찾는 무엇이나 내 생활 가운데 실천하고자 하는 상태에 나를 들어가게 한다. 그래서 '나는 하나님의 뜻을 행하련다'고 말할 수 있는 것이 다 세례에 근거해서 생기는 일이라고 나는 믿는다. 그러므로 세례는 진정 하나님께서 세우신 일이다. 이 점과 관련해서 내가 크게 도움을 얻은 구절은 바로 요한복음 7:17이다. 이 구절 덕분에 나는 여러 교리와 신앙의 교훈들을 이해할 수 있었으니 이만한 주석이 달리 없다. 예를 들어 '악한 자를 대적하지 말아라. 누가 네 오른뺨을 치거든 왼뺨도 들이대라. 누가 네 겉옷을 뺏으려고 소송을 걸거든 속옷까지 내주어라. 누가 억지로 일 마일을 가자고 하면 이 마일을 함께 가주어라. 구하는 자에게 내어주고 꾸고자 하는 사람을 물리치지 말아라. '네 이웃은 사랑하되 원수를 미워하라' 는 말을 너희가 들었지만 나는 '네 원수를 사랑하고 너희를 핍박하는 자들을 위해 기도하라' 고 말한다는 말씀(마 5:39-44)이라든가 '네 소유를 모두 팔아 가난한 사람들에게 주어라' 는 말씀(눅 12:33), '서로 사랑의 빚 외에는 어떤 빚도 지지 말라' 는 말씀(롬 13:8) 등이 이해가 가게 된 것이다. 요한복음 7: 17에 들어있는 마음 상태가 되고 보면 그 어떤 장애도 사라지고 만다. 그러므로 누구든지 주님께서 말씀하신 것을 말 그대로 실행에 옮기고자 하는 사람은 나처럼 왜 그 성경구절들을 문자 그대로 취하는 것이 하나님의 뜻인지 이해하게 될 것이다. 즉 그런 식으로 말씀을 대하는 사람들은 필경 육적으로는 쉽게 납득이 가지 않는 어려움을 맞이하게 될 것이지만 그 어려움들이 있어 우리가 이 땅에서 이방인이요 나그네임을, 이 세상은 내 집이 아님을 새기게 될 것이다. 그래서 하나님께 온전히 자신을 내맡기어 그 모든 어려움을 뚫고 말씀을 그대로 따를 줄 아는 순종에 이르게 될 것이다."

하나님의 말씀에 이렇게 분명하게 자신을 숙임으로써 뮬러는 장차 자기 인생에 크나큰 영향을 미치게 될 돈에 대한 확고한 관점을 지니게 됩니다. 즉 말씀을 통해 뮬러는 돈이란 하나님께서 활용하시는 도구이기 때문에 돈을 주고받는 일은 곧장 하나님과의 사귐 가운데 이루어져야 할 일이라는 관점을 갖게 된 것입니다. 그리하여 뮬러는 다음과 같은 네 가지 규칙을 세우기에 이릅니다.

1. 정해진 봉급을 받지 않는다. 봉급을 받음으로써 하나님께 자발적으로 봉사하는 마음과 상충될 수 있고 또 살아 계신 하나님을 의지하기보다 사람에 더 의존할 수 있기 때문이다.

2. 누구에게도 도움을 청하지 않는다. 아무리 아쉬워도 내가 필요한 것은 오직 당신의 종을 보살피며 기도를 들어주시겠다 하신 하나님께만 말씀드린다.

3. "가진 것을 모두 팔아 가난한 사람들에게 주라" 하신 누가복음 12:33의 말씀을 문자 그대로 실행에 옮긴다. 따라서 저금을 하지 않고 하나님께서 맡기신 모든 것을 가난한 자와 하나님 나라 사역에 소비한다.

4. "사랑의 빚 외에는 지지 말라" 하신 로마서 13:8의 말씀을 문자 그대로 실행한다. 따라서 외상으로 물건을 사거나 어떤 형태의 빚도 지지 않고 오직 모든 것을 공급하시는 하나님만을 의지한다.

물론 이런 식의 생활이 처음에는 결코 쉽지 않았으나 뮬러는 자기 영혼이 오직 하나님만을 의지하고 자칫 타락할 수도 있었을 때에도 그분께 더 가까이 가게 만드는 역할을 했다고 간증합니다. 즉 생활의 모든 것을 하나님께만 의지해야 하는데 죄 가운데 머물러 산다는 것은 양립할 수 없는 것임을 발견했노라고 말입니다.

뮬러가 브리스톨에 정착한 지 얼마 지나지 않아 국내 및 해외 성경지식 학회(the Scriptural Knowledge Institution for Home and Abroad)가 주일학교와 선교, 성경연구 활동을 돕기 위해 발족합니다. 뮬러를 유명하게 만든 고아원 사업은 사실 이 기구가 벌인 여러 활동 중 하나였을 따름입니다. 뮬러가 고아원을 시작하게 된 것은 1834년 어느 학교에서 그리스도를 영접한 한 고아가 돈 때문에 신앙생활하기엔 너무도 좋지 않은 빈민구호소로 갈 수밖에 없게 된 사정을 전해 듣고 마음이 움직였기 때문입니다. 그리고 1835년 11월 20일 일기에 뮬러는 이렇게 기록하고 있습니다. "오늘 더 이상 고아원 세우는 문제를 생각만 하고 앉아 있지는 않으리라는 결심이 내 마음에

섰다. 그 동안 나는 고아원 문제를 놓고 주님의 마음을 알기 위해 기도했다. 하나님의 뜻이 분명히 드러나시길." 그리고 11월 25일 일기는 이러합니다. "어제와 오늘 나는 고아원 세우는 문제를 놓고 기도를 적잖이 했다. 기도할수록 그것이 하나님의 뜻이라는 확신이 커졌다. 주님께서 은혜로 나를 이끄시길. 고아원 세우는 것이 하나님의 뜻이라는 세 가지 이유인즉슨, (1) 그 일을 통해 하나님께서 영광 받으실 수 있다는 이유. 즉 고아원을 세울 온갖 방도를 만들어주시고 그 과정에서 주님만을 신뢰한다는 것이 헛된 일이 아님을 증거할 수 있고 이로 인해 하나님 자녀들의 믿음이 커지게 될 것이기 때문이다. (2) 그 일을 통해 부모 없는 아이들이 영적인 도움을 받을 수 있다는 이유. (3) 고아들이 이 세상에서 필요한 것도 채워줄 수 있다는 이유."

뮬러는 이렇게 몇 달을 주님을 기다리며 기도로 보낸 후에 집을 한 채 빌려 서른 명의 고아를 받아들였고 오래지 않아 집 세 채를 더 구해 120명의 아이들을 수용하기에 이릅니다. 이 아이들한테 필요한 모든 것을 오직 하나님께만 구하고 응답 받는 식으로 뮬러는 십 년간 그 일을 합니다. 때로는 시간의 압박은 심하고 기도를 많이 해야 했지만 늘 금보다 귀한 믿음의 시련을 통해 하나님께 영광과 찬미를 돌릴 수 있었지요. 하나님의 섭리와 성령의 작용을 통해 뮬러는 마침내 300명의 고아를 수용할 수 있도록 만5천 파운드의 돈을 구할 소원을 세우고 하나님의 응답을 기다리게 됩니다. 이 첫 번째 고아원은 1849년에 개원됩니다. 1858년에는 두 번째와 세 번째 고아원이 개원되어 고아 950명이 더 뮬러의 고아원에 들어오게 되는데 3만5천 파운드의 돈이 들었습니다. 그리고 1869년과 1870년에는 네 번째와 다섯 번째 고아원이 생겨 고아 850명을 더 수용하게 되는데 여기엔 5만8천 파운드가 들어갑니다. 그리하여 뮬러의 고아원에는 총 2,100명의 고아들이 있게 됩니다.

고아원 일뿐만 아니라 하나님께서는 뮬러에게 학교를 세우고 선교사들을 도우며 성경을 보급하는 일에 필요한 돈도 모두 공급해 주셨습니다. 그 비용을 다 합치면 뮬러는 당시 하나님께 백만 파운드가 넘는 돈을 받았던 것이지요. 하나님의 말씀과 성령의 인도하심을 따르기 위해 연봉 30파운드의 봉급을 포기했을 때 받을 순종과 믿음의 대가가 얼마나 클지, 하나님의 말씀이 얼마나 놀랍게 이루어질지 알 사람이 우리 중 몇이나 될까요! "내 착한 종아, 잘하였도다!" 하면서 뮬러의 주님은 응답하셨습니다. "네가 작은 일에 충성을 다하였으니 이제 내가 네게 성 열 개를 맡기겠다" 하고 말입니다(눅 19:17).

이 모든 일이 우리에게 산 증거가 되라고 일어난 것입니다. 즉 하나님께서는 우리더러 조지 뮬러처럼 그리스도의 사람이 되라고 하시는 것입니다. 뮬러의 하나님이 우리 하나님이십니다. 우리도 뮬러와 똑같은 약속이 주어져 있습니다. 뮬러가 행한 사랑과 믿음의 봉사를 우리도 소명으로 받고 있는지 모릅니다. 기도의 사람 조지 뮬러에게 하나님께서 그토록 놀라운 권세를 허락하셨다는 사실을 눈여겨봅시다. 우리가 이제껏 이 책에서 공부한 교훈이 그 안에 다 들어있음을 볼 수 있을 것입니다. 특히 하나님께서 뮬러의 삶을 통해 웅변으로 우리에게 전해주는 교훈인즉슨 하나님께서 정하신 방식으로 하나님께 나아가 말씀과 성령을 통해 분명히 하나님의 뜻으로 확신한 바를 구체적으로 구하면 그 구한 것을 꼭 얻게 된다고 하는 것입니다.

기도와 하나님의 말씀

앞에서 하나님께서 우리 음성을 들어주시는 것은 우리가 그분의 음성을 경청하는 문제에 달려있다는 점을 거듭 살펴보았습니다.(22장과 23장을 보십시오.) 하나님께 특별한 청원을 드릴 근거가 될 특별한 약속을 갖고 있는 것도 중요하지만 무엇보다 우리의 삶 전체가 하나님 말씀을 따르는 순종의 삶이어야 합니다. 이 점에 있어 조지 뮬러의 삶은 각별합니다. 하나님 말씀과 성령의 인도하심에 참된 자리를 부여할 수 있게 되었을 때가 조지 뮬러의 영적 삶에 있어 전환점이었기 때문입니다. 이에 관해 그는 이렇게 쓰고 있습니다.

"성경에 대해서 이렇게 말할 수 있을 것이다. 성경이란 하나님께서 자신을 낮추시어 친히 저자가 되어주신 책이다. 그런데 정작 나는 성령께서 하나님의 종들을 도구로 삼으셔서 기록하신 이 귀한 책에 대해 무지하다. 이 책에는 내가 참으로 알아야 할 것, 즉 참 행복으로 이끄는 지식이 들어있다. 그러므로 이 책은 내가 가장 진지한 자세로, 기도하는 마음으로 묵상하며 읽어야 할 책이다. 그것도 내 사는 날 동안 쉬지 않고 말이다. 비록 내가 성경을 좀 읽긴 했지만 아직도 내가 아는 것은 너무도 적다. 그런데 이렇게 하나님의 말씀에 대해 아는 것이 적다고 여기면서 더 연구하면 좋으련만 이해가 부족하고 말씀을 즐기는 마음이 부족해서 막상 깊이 있게 읽질 못하는 어려움이 내게 있다(말씀을 좀 더 기도하면서 읽는다면 지식만 느는 것이 아니라 말씀을 읽는 즐거움도 더 커질 텐데 말이다). 그래서 대다수 신자들이 그렇듯이 나도 신앙생활 초기 4년여 동안을 살아 계신 하나님 말씀의 신탁에 대해 도무지 영감 받지 못한 사람들의 저술을 읽느라 허비하고 말았다. 그 결과 나는 지식도 은혜도 서툴게 아는 어린아이나 다를 바 없었다. 지식을 놓고 말하자면 말씀을 통해 얻는 모든 참된 지식은 성령으로 말미암은 것이다. 그런데 내가 말씀을 젖혀놓고 지냈으니 근 4년간 나는 신앙의 기본적인 요점을 명료하게 알지 못한 채로 지낼 수밖에 없었다. 불행히도 참 지식이 없으니 하나님의 방식으로 인생의 길을 꾸준히 걷는 일이란 애초부터 불가능했다.

그러나 1829년 8월에 이르러 주님께서는 내가 성경 말씀에 참되게 다가가는 것을 기뻐하셨고 내 인생과 걸음은 확 달라졌다. 물론 그때 이후로도 나 자신은 내가 할 수 있고 또 되어야 하는 기준에서 보면 턱없이 못 미쳤으나 하나님의 은혜로 이전에 비하면 훨씬 하나님께 가까이 생활할 수 있었던 것이다. 혹시 성경보다 사람이 쓴 책을 더 즐기고 하나님의 말씀보다 인간의 글을 더 좋아하는 이가 있다면 내 경험이 그 사람에게 쓴 약이 되었으면 한다. 부디 내 글이 선한 도구가 되어 혹시 주님께서 그렇게 쓰시길 기뻐하신다면 이제까지 성경을 소홀히 여기던 사람들이 마음을 돌이켜 유한한 인간의 글에 쏟아 부었던 정성을 하나님의 말씀에 붓게 하는 역할을 하면 좋겠다.

얘기를 마치면서 한 마디 더 보태자면, 독자가 지금까지 하나님의 말씀을 잘 모르고 지냈다면 이제부터 더 많이 읽도록 하라. 성령께서 말씀을 하나하나 풀이해 주실 것이다. 지금까지 말씀을 별로 읽지 않았다면 이제부터라도 더 읽도록 하라. 읽으면 읽을수록 기쁨도 더할 터이니 읽을수록 더 읽고 싶은 욕구가 일 것이다.

무엇보다 독자가 맘속에 명확히 해 둘 것은, 오직 하나님만이 성령으로 우리를 깨우치실 수 있고 오직 하나님만이 축복을 주실 수 있는 분이시니 말씀을 읽기 전에나 읽는 중에도 하나님의 축복을 구해야 한다는 것이다.

성령께서 최고로 유능한 스승이시지만 우리가 원한다고 해서 늘 다 가르쳐주시는 것은 아니라는 점을 알아야 한다. 그러므로 어떤 본문을 놓고 자꾸 반복해서 물어야 할 때도 있을 것이다. 그러나 기도하는 마음으로 인내심을 갖고 하나님의 영광을 위하는 마음으로 말씀의 빛을 구하면 성령께서는 확실히 깨우쳐 주실 것이다."

(이상의 인용구는 네 권으로 된 The Lord's Dealings With George Muller(London: Nisbet & Co.) 여기저기에서 발췌하였다. 출판에 관한 정보는 이것이 전부임.)

뮬러의 일기를 읽노라면 그가 자신의 영적 생활을 위해 말씀을 놓고 하루에 두 세 시간을 기도했다는 기록을 자주 발견하게 됩니다. 그렇게 기도했기 때문에 성경의 약속은 그저 말로 그치지 않고 뮬러의 삶에 필요한 힘과 격려의 원천이 될 수 있었던 것이지요. 즉 뮬러 자신에게 들려주시는 아버지의 살아있는 음성으로 말씀을 접했기 때문에 아버지에 대한 산 믿음을 일으킬 수 있는 살아있는 말씀으로 성경을 체험할 수 있었다 그 말입니다.

기도와 하나님의 뜻

아직 미숙한 신자들이 겪는 큰 어려움 중 하나가 자기 소원이 하나님의 뜻과 합하는 것인지 아는 문제입니다. 조지 뮬러를 통해서 하나님께서 주시는 고귀한 가르침 하나를 들라면, 하나님께서는 성경 말씀이 직접적으로 언급하지 않는 문제들에 대해서도 당신의 뜻을 기꺼이 알려주시며 따라서 우리가 그 뜻을 따라 구할 수 있다고 하는 점입니다. 성령의 가르침(말씀과 무관하지도 상치되지도 않는)이 말씀에, 말씀 너머에, 말씀에 덧대어 함께 있기 때문입니다. 이 성령이 안 계시면 우리는 하나님의 뜻을 모릅니다. 그런데 성령은 말씀을 통해서, 오직 말씀만을 통해서 가르치시는데, 이 가르침이란 성경 말씀에 들어있는 일반적인 원리나 약속을 우리 각자의 개별적인 상황에 맞게 적용하는 것입니다. 말씀이 우리 길을 비추는 등불이 되게 하는 것은 성령, 오직 성령 한 분만이 하실 수 있는 일입니다. 매일 걸어야 하는 의무의 길이 되었든 하나님께 믿음으로 더 가까이 나아가는 길이 되었든 성령은 우리를 인도하십니다. 조지 뮬러가 어린아이 같은 단순함과 겸허함을 지녔기에 하나님의 뜻을 명쾌하게 알 수 있었다는 사실을 기억하시기 바랍니다.

첫 번째 고아원을 세울 무렵 뮬러는 하나님의 뜻에 어떻게 확신을 갖게 되었는지 1850년 5월의 일기 속에 적고 있습니다. 당시 얼마나 많은 난관이 산재해 있었는지, 그리고 그 난관들이 그냥 봐서는 결코 사라질 것 같지 않았는지 언급하면서 뮬러는 다음과 같이 기록합니다. "내 앞에 놓인 어려움은 어찌나 큰지 몰랐으나 나는 처음부터 그 어려움이 어떻게 종식될지 아예 의문을 품지 않았다. 처음부터 나는 큰 고아원을 세우는 것이 하나님의 뜻이라는 확신을 품고 있었고 처음부터 내게는 그 큰 고아원이 이미 꽉 찼다는 확신이 있었던 것이다."

뮬러가 두 번째 고아원을 세운 기록을 보면 그가 얼마나 분명하게 하나님의 뜻을 분별하고 있었는지 알 수 있습니다.

"1850년 12월 5일. 이런 환경에서는 오로지 하나님께 기도하여 자비를 베푸시어 사탄이 나를 누를 수 없도록 해 달라고 할 수밖에 없다. 하나님의 은혜로 내 가슴은 이렇게 외치고 있다. '주님, 제가 이 문제에 관해 앞으로 전진하는 것이 당신의 뜻이라면 제가 기쁨으로 그렇게 할 수 있을 것이옵니다. 하지만 이 일이 헛되고 어리석고 자만심에서 비롯된 일이라면, 그래서 주님에게서 온 일이 아니라면, 저는 주님의 은혜로 이 일을 싫어하고 완전히 젖혀둘 것이옵니다.'

내 희망은 오직 하나님께만 있다. 그분이 나를 도우시고 일깨워주실 것이다. 이전에 비추어보건대 하나님께서 설령 나더러 더 큰 사업을 일으키도록 이끄신다 해도 이상하거나 놀라울 것은 없다.

돈이 많이 들어와서 고아원을 확장할 생각을 했던 것은 아니다. 오히려 내가 하나님의 뜻을 찾으며 기다렸던 약 칠 주간 동안 전보다도 적은 돈이 들어왔고 지출은 수입의 네 배에 달했다. 그 전에 주님께서 상당히 많은 돈을 보내주지 않으셨다면 지금쯤 굉장히 힘들었을 것이다.

'주님, 이 일에 관해 당신의 뜻을 이 종이 어떻게 알 수 있습니까? 이 종에게 기꺼이 가르쳐주시렵니까?'

12월 11일. 지난 6일 간 나는 이 문제를 놓고 밤낮으로 주님을 기다렸다. 매일 온종일 그 생각에 사로잡혀 있었다고 해야 할 것이다. 밤에 자다 말고 깨어도 그 생각은 그리 멀리 있지 않았다. 그럼에도 불구하고 조금도 걱정하는 마음이 들지 않았다. 완전히 고요하고 침착한 마음이었다. 주님의 뜻이 확실하기만 하다면 내 영혼은 기꺼이 그 방향으로 나아갈 것이다. 분명히 그렇기만 하다면 헤아릴 수 없는 난관에도 불구하고 모든 일이 잘될 것이다. 주님의 이름이 존귀함을 받으실 터이니까.

만약 주님께서 내가 지금 하고 있는 일에 만족하라 하시면, 그래서 일의 확장을 놓고 기도하지 않아야 한다면, 주님의 은혜로 별다른 애씀 없이 기꺼운 마음으로 그 일을 포기하리라. 주님은 나를 오직 주님만을 기쁘시게 해드리려는 소원의 상태에 넣어주실 것이니까. 사실 난 이제껏 함께 이십 년 넘게 기쁨과 슬픔, 수고를 함께 한 사랑하는 아내에게조차 이 일을 말하지 않고 있다. 앞으로도 당분간은 그럴 것 같다. 차라리 누구와도 말하지 않고 묵묵히 주님을 기다리는 쪽을 택하련다. 그래

야 바깥의 사물에 영향받기보다 주님의 축복을 더 쉽사리 알아
차릴 수 있을 터이니까. 이 문제와 관련해 내 기도에 짐이 있다
면 다만 주님께서 내가 실수하지 않도록 지켜주시길, 그래서
주님의 뜻을 내게 일러주시길 바라는 것뿐이다.

12월 26일. 앞의 일기를 쓰고 벌써 15일이 흘렀다. 매일 나
는 하나님의 도우심을 입어 진지하게 문제를 놓고 기도를 계속
했다. 하나님께서 분명 당신의 뜻을 알려주시리라는 확신이 평
화와 함께 내게 가득하다. 오늘 저녁은 특별히 하나님의 뜻을
구하는 장중한 기도를 드릴 수 있었다. 그런데 이 문제에 관해
내가 결코 실수하지 않도록 하나님께 구하고 맡기는 동안에도
내 마음에는 의심이 별로 없다. 닥쳐올 결과에 대해서나, 이 일
에 관해 앞으로 나가야 하는지에 관해서도 마음의 동요가 없
다. 이 일은 내 필생의 거보(巨步)를 떼는 일이니 만큼 너무 주
의하거나 지나치게 기도하며 숙고한다고는 생각할 수 없는 노
릇이다. 절대 서두르지 않으리라. 만약 하나님의 뜻이 그러하
다면 몇 년이라도 기다리며 한 발짝도 움직이지 않고 누구한테
도 말하지 않으리라. 그러나 주님이 그렇게 하라고 하시면 내
일부터라도 당장 일에 착수하겠다. 이 마음의 고요함, 내 뜻이
없음, 오직 하늘 아버지를 기쁘게 해드리려는 소원, 내가 아니
라 아버지의 이름을 높이려는 이 마음의 상태야말로 내가 육의
영향에 있지 않다는 확신을 가져도 좋은 근거이리라. 하지만

일에 착수하려면 하나님의 뜻을 완전히 알아야만 한다. 이 글을 쓰는 동안에도 나는 오직 주님께 쓰일 만한 명예와 영광스러운 특권을 내가 구하고 있음을 자각한다.

나는 삼 백 명이 아니라 천 명의 고아들에게 성경을 가르칠 수 있도록 허락 받길 소원한다. 나는 삼 백 명이 아니라 천 명의 고아들에게 정기적으로 성경을 풀어줄 수 있기를 소원한다. 나는 하나님이 지금도 기도를 들어주시며 응답하시는 분임을 분명하게 증언할 수 있기를 소원한다. 전에도 그러했고 앞으로도 그러하듯이 하나님은 이제도 살아 계시어 칠백 명 더 많은 고아들에게 집을 주고 돌볼 수 있게 해달라는 내 기도에 응답해 주셨으면 하는 것이 내 소원이다. 내 생각으로는 이 마지막 소원이 가장 중요한 것으로 여겨진다. 기도하고 있는 문제와 관련해서 하나님께 영예를 돌리는 것이 내게는 가장 핵심이기 때문이다. 같은 이유로 해서 내가 일을 더 벌이지 않는 것이 하나님을 더 영화롭게 한다면, 나는 주님의 은혜에 힘입어 일에 관한 생각 일체를 기꺼이 접을 참이다. 성령에 힘입은 이러한 마음가짐으로 청하오니 하늘에 계신 아버지시여, 부디 이 자녀로 하여금 실수하지 않도록, 현혹되지 않도록 지켜주소서. 하나님의 도우심을 힘입어 나는 이 문제에 관한 기도를 매일 계속할 참이다. 주님께서 나더러 행하라 명하실 때까지.

1851년 1월 2일. 이 주간 내내 나는 하루에 한번 이상 고아원을 하나 더 설립하는 문제를 놓고 주님의 인도하심을 구했다. 역시 내 기도의 짐은 부디 주님께서 크신 은혜로 내가 실수하지 않도록 지켜달라는 데 있었다. 그런데 지난주간은 성경을 읽는 중에 잠언의 말씀이 많이 와 닿았고 그 말씀을 통해 마음에 새 힘이 생겼다. '너는 마음을 다하여 여호와를 의뢰하고 네 명철을 의지하지 말라, 너는 범사에 그를 인정하라. 그리하면 네 길을 지도하시리라'(잠 3:5-6). 진정 주님의 은혜로 범사에, 특히 이번 일에 주님을 인정할 수 있기를. 주님께서 이번 일에 내가 움직여야 할지 말아야 할지 확실히 길을 보여주시리라는 확신이 들었다. '정직한 자의 성실은 자기를 인도하거니와 사특한 자의 패역은 자기를 망케 하느니라'(잠 11:3). 진정 하나님의 은혜로 이번 일에 내가 정직할 수 있기를. 나의 정직한 목적이 하나님께 영광 돌리고자 하는 것이다. 그러므로 제대로 인도 받을 수 있으리라 기대한다. '너의 행사를 여호와께 맡기라, 그리하면 너의 경영하는 것이 이루리라"(잠 16:3). 나의 행사를 주님께 맡긴다. 내 마음은 점점 더 고요하고 차분해지며 주님께서 고아를 돌보는 이 일에 나를 사용하시리라는 확신이 강하게 든다. 주여, 여기 당신의 종이 있나이다."

나중에 뮬러는 고아들을 위한 집 두 채를 더 세우기로 결심하게 되는데 당시 그는 이런 기록을 남겼습니다.

"지금껏 나는 아무에게도 생각을 말하지 않았다. 이 생각을 갖게 된 지 벌써 7주가 흘렀고 매일 이를 놓고 기도했지만 다른 사람은 아무도 이 일을 모르고 있다. 오늘 저녁은 특별히 기도에 할애해서 한번 더 내가 그르치거나 악마에 현혹되지 않도록 주님께 청하였다. 한편으로 나는 새 고아원을 짓는 데 반대가 될 만한 이유와 찬성할 만한 이유가 뭔지 마음에 떠오르는 대로 살피고자 했다. 그 이유들을 여기 적어보련다….

비록 위에 적은 아홉 가지 이유가 내게는 타당한 것이지만 한 가지가 더 없다면 그것들만으로는 결심의 근거가 되지 못한다. 즉 내가 평화로운가 하는 점이다. 벌써 여러 달 이 문제를 놓고 숙고하면서 여러 각도에서 살피고 여러 난점들을 고려했지만 최종적으로 내가 고아원을 확장하는 문제를 결심케 된 것은 기도를 하고 난 후에 내 마음이 평화롭더라는 데 있다. 거듭해서 하늘 아버지에게 속거나 실수하지 않게 해달라고 기도한 후에도 나는 이 문제에 관해 아주 평안했다. 몇 주간, 아니 몇 달간 계속 기도한 끝에 평화가 찾아왔는데 나는 이를 성령의 인도하심으로 믿는다. 그래서 일을 진행하기로 결심하였고 내가 하나님을 신뢰하였으니 결코 실망하지 않으리라 믿는다. 어려움도 많을 것이고 완전한 응답을 얻으려면 더 많이 기도하고 믿음과 인내도 발휘해야 할 터이지만, 종국에 가서 하나님께 신뢰를 둔 나 하나님의 종은 결단코 실망을 맛보지 않으리라."

기도와 하나님의 영광

벌써 몇 차례 강조한 사실입니다. 기도가 응답 받지 못하는 이유를 우리는 보통 하나님의 뜻에 맞는 기도를 했는지 여부에서 찾으려 든다고 말입니다. 그런데 성경은 이에 관해 우리 자신 안에서 원인을 찾으라고 합니다. 즉 내가 올바른 영적 상태에 있는지 혹은 올바른 동기를 가지고 구했는지를 보라는 것이지요. 기도 제목 자체는 하나님의 뜻과 완전히 합치했을 수 있지만 구하는 자의 동기나 영적인 상태는 그렇질 못해서 응답을 받지 못했을 수도 있는 것입니다. 모든 죄의 뿌리가 자아에 있기 때문에 기도하는 자가 자기만족이나 자기 영광을 구하는 은밀한 동기가 있다면 그것만치 하나님의 응답을 훼방하는 것도 달리 없습니다. 능력 있는 기도, 응답 받는 기도는 하나님의 영광을 구하는 기도입니다. 하나님의 영광을 위해 사는 사람이 아니라면 어떻게 그런 기도를 드릴 수 있겠습니까!

조지 뮬러의 생애에서 하나님의 성령께서 한 사람을 그토록 치밀하고 조직적으로 하나님의 영광만을 목적으로 살도록 인도하셨는지 그 놀라운 예를 발견하게 됩니다. 뮬러가 한 말을 곱씹어보면서 그를 통해 하나님께서 가르쳐주시는 바를 배우도록 합시다.

"우리 시대의 하나님 자녀들은 정말 믿음을 새롭게 하지 않으면 안 된다고 느끼게 만드는 사건을 나는 계속해서 만난다.

그래서 나는 우리 아버지 하나님은 어제나 오늘이나 동일하게 신실하신 하나님이심을 내 믿음의 형제들에게 눈에 보이게 증언할 수 있기를 소망했던 것이다. 하나님을 신뢰하는 사람 누구에게나 당신의 살아 계심을 기꺼이 증명하시는 분이라고 말이다.

내 영혼은 형제들의 믿음을 강하게 만드는 도구로 쓰임 받길 원했다. 하나님께서 당신을 의지하는 사람들을 능히 도울 수 있는 분이시라는 사실을 단순히 성경에서 예를 드는 정도로 그치지 않고 우리 시대에도 하나님은 성경 시대와 똑같이 그리하실 수 있음을 증언하고 싶었던 것이다. 물론 이러한 믿음을 갖는데 성경만으로도 충분해야 옳으며, 내 경우는 하나님의 은혜로 그렇게 될 수 있었지만 여전히 내 믿음의 동료들에게는 도움이 필요하다고 느꼈던 것이다.

그래서 나는 내가 은혜를 입은 특정한 영역, 즉 하나님의 말씀에만 의지해서 사는 체험에 이르러 그리스도의 교회를 섬기는 종이 되어야 할 사명이 있다고 믿기에 이르렀다. 그리고 그 사명을 이룸에 있어 하나님께서 내가 돌보는 고아들에게 필요한 모든 것을 채워주심으로써 영광 받으시도록 하는 데 뜻을 두었다. 즉 누구에게도 청하지 않고 오직 기도와 믿음만으로 그렇게 하여 하나님께서 과연 신실하시며 기도를 들어주시는 분임이 만천하에 드러나게끔 원했던 것이다.

내가 1835년에 고아를 돌보는 일을 시작하면서 품은 목적은 하나님께 영광 돌리려는 것이었는데, 기도와 믿음만을 도구로 삼아 얼마나 많은 것을 이룰 수 있는지 실천적으로 드러냄으로써 그리하려 한 것이다. 그래서 전체 교회도 거기서 유익을 얻고 이 믿음 없는 세상도 하나님 하시는 일을 실제로 목격함으로써 하나님이 살아 계신 분임을 시인하게 되길 원했다. 이러한 내 의도는 매우 풍성한 결실을 맺었다. 내가 기대했던 대로 수천 명의 죄인이 회심하였으며 세계 곳곳에서 일하는 하나님의 자녀들이 이 일을 통해 유익을 얻었던 것이다. 그런데 사업이 커지면 커질수록 축복도 더 크게 임했으니 이제 수십만이 이 일에 관심을 보내고 있으며 실제로 방문한 사람만도 수만 명에 달한다. 이 모든 열매로 인해 내게는 계속해서 이런 식으로 주님의 이름에 영광을 돌리고자 하는 소원이 생겼다. 이 일을 통해서 나는 언제나 사람들이 내 주님을 뵙고 그분께 존귀와 영광을 드리며 그분께 믿고 맡기며 살게 되길 소원한다. 특히 이제 곧 확장될 일을 통해서도 그렇게 되길 원한다. 그것은 한 사람이 단지 하나님을 신뢰하고 모든 것을 기도에 의지하는 것만으로도 얼마나 많은 일을 이루는지 보여줌으로써, 또한 다른 하나님의 자녀들도 하나님의 일을 할 때 마찬가지로 그렇게 의지하게 됨으로써 가능하다. 하나님의 자녀들이 제각기 처한 상황과 환경 속에서 더 하나님을 의지하고 맡길 수 있도록 하기 위해 나는 시설을 확충하도록 인도 받았다고 믿는다.”

기도와 하나님을 향한 신뢰

조지 뮬러의 생애에서 제가 강조하고픈 마지막 요점은 하나님의 약속을 흔들림 없이 신뢰하는 것이야말로 기도를 포기하지 않을 수 있는 비결이라는 점입니다. 한번 말씀에서 성령의 가르침을 통해 하나님의 약속을 붙들었다면, 그래서 아버지께서 기도를 들어주시리라 믿었다면, 응답이 좀 지연되고 눈에 보이는 결과가 뜻 같지 않다고 믿음이 흔들려서는 안 된다는 것입니다.

“내가 매일 기도한 것이 완전히 응답되려면 아직 멀었지만 기도를 계속할 만한 위로와 격려는 주님께 넉넉히 받고 있다. 하지만 내가 하는 일에 이보다 응답이 적었다면 어떻게 되었을까? 설령 그렇더라도 내 기도가 성경에 근거했고 많이 기도했으며 구하는 바가 하나님의 뜻에 합당하다고 성찰을 통해 결론을 내렸다면 정하신 때에 반드시 응답은 온다고 믿으며 인내로 기도할 수 있어야 한다.

나는 지금 10년하고도 6개월 째 하루도 거르지 않고 구한 축복이 임하길 기다리고 있다. 몇몇 개인의 회심을 구하는 기도는 아직도 완전히 응답 받지 못했지만 그 동안 내가 얻은 응답만도 수천에 달한다. 회심하기까지 6년 혹은 7년을 매일 거르지 않고 기도해야 했던 사람들도 있고 2-3년만으로 응답을 얻은 사람들이 있는가 하면 아직도 응답을 얻지 못한 사람들도 있다. 그래도 그 동안 많은 기도가 응답 받았고 기도했던 많은 사람들이 주님께 돌아왔다. 이 얘기를 하는 까닭은 나는 그저 하나님께 구하기만 하면 즉각 응답을 받는 걸로 생각하는 사람들이 있어서다. 이 사람들은 나는 무엇이든 구하기만 하면 항상 단박에 응답을 받는 것으로 생각하는데 그렇지 않다.

하나님의 마음에 합당한 기도라야 응답을 얻을 수 있는 법이거니와 그런 경우조차도 여러 해에 걸쳐 믿음과 인내를 발휘해야 할 때도 있다. 나조차도 그런 경우가 있다고 언급했거니와 지금도 나는 기도를 멈추지 않고 있다. 그래서 마침내 주셔서 감사하다고 하나님께 기도할 수 있을 때까지 설령 19년을 기도해야 한다 해도 포기하지 않으리라. 그러니 사랑하는 신자들이여, 용기를 잃지 마시라. 결심을 새롭게 하여 기도에 헌신하고 오직 하나님의 영광만을 구할 것을 다짐하시라.

요즘 가장 놀라운 기도 응답이 꼽는다면 스코틀랜드에서 보내준 기금인데 내가 계산해보니 새 고아원 건물들을 짓는 데 필요한 모든 것을 채울 만한 돈이었다. 나는 6년하고도 8개월을 매일, 하루에도 몇 차례씩 주님께 고아원 일을 확장할 수 있을 방법을 열어달라고 기도했는데 1861년 봄에 한 계산으로는 5만 파운드의 돈이 필요했다. 그런데 나중에 계산해 보니 5만

8천 파운드가 필요했는데 지금 그 만한 돈이 수중에 들어온 것이다. 먼저 내 가슴에 일을 확장할 소원을 넣어주셨고 그렇게 할 믿음을 넣어주셨으며 무엇보다 그 긴 세월을 흔들림 없이 매일 기도할 수 있도록 인내를 주신 주님께 영광과 찬미를 드린다. 마지막 입금이 완료되었을 때나 기부금의 기미도 보이지 않았던 초기에나 마음의 확신에는 전혀 차이가 없었다. 인내심을 갖고 하나님의 뜻을 찾다가 마침내 그 뜻을 확신하게 된 이래 마치 내 눈앞에 이미 수백 명의 고아들이 이미 들어가 살고 있는 집 두 채가 서 있는 듯이 여겨졌기 때문이다.

아직 이런 주제에 미숙한 신자들을 위해 몇 가지를 짚어두고자 한다. (1) 주님의 일을 할 때나 사업을 할 때나 아니면 가족과 관련된 일을 할 때에도 늘 새로운 일을 시작할 때는 서두르지 말라. 모든 것을 신중히 고려하되 하나님을 경외하는 마음으로 성경의 관점에서 숙고해 볼 일이다. (2) 앞으로 하려고 하는 일과 관련해서 하나님의 마음을 알려면 내 뜻은 접어서 정직하게 하나님께서 인도하시는 대로 하나님의 뜻만을 추구한다고 말할 수 있어야 한다. (3) 하나님의 뜻이 무엇인지 분별했거든 이제 도우심을 구하라. 구하되 열심으로 인내와 믿음을 가지고 기대하는 마음으로 구하라. 그러면 하나님께서 정하신 때에 정하신 방법으로 그것을 얻을 수 있게 될 것이다.

돈만이 문제라고 생각하는 것은 실수다. 수백 가지 다른 어려움과 문제가 있을 수 있다. 도대체 문제나 필요한 것이 없는 채로 흘러가는 날은 단 하루도 보기 어렵다. 그러나 그날을 넘기지 않고 해결되는 문제도 많다. 언제나 답은 기도와 믿음이다. 기도와 믿음만으로도 우리는 이제껏 실망을 맛본 적이 없다. 인내와 꾸준함, 믿음으로 기도하되 주 예수의 이름으로 하나님께 드린 기도는 좀 빠르고 느린 차이는 있을지언정 꼭 축복을 가져온다는 사실을 믿으며 기도하라. 하나님의 은혜로 나는 분명히 선한 열매를 맺으며 하나님께 영광을 돌릴 만한 복된 기도 제목을 중간에 포기한 적이 없다."